《国际汉语文化研究》第八辑

编委会

主　　　　席：姚乐野　曹顺庆
副　主　席：王晓路
编　　　委：（以姓氏笔画为序）
　　　　　　甘瑞媛（韩国）
　　　　　　司马德琳（Madeline K. Spring）（美国）
　　　　　　白乐桑（Joel Marc Bellassen）（法国）
　　　　　　石　坚（四川大学）
　　　　　　刘乐宁（美国）
　　　　　　吴伏生（美国）
　　　　　　周小兵（中山大学）
　　　　　　郝　瑞（Stevan Harrell）（美国）
　　　　　　高德耀（Joe Cutter）（美国）

编辑团队

主　　　　编：高　伟
副　主　编：雷　莉
编辑部主任：李　韵　何　婉
本　期编审：鲜丽霞　欧翔英　周　丹
　　　　　　王　丹　李月炯
编　　　务：黄　娟

国际汉语文化研究

International Studies of
Chinese Language & Culture

（第八辑）

四川大学出版社
SICHUAN UNIVERSITY PRESS

图书在版编目（CIP）数据

国际汉语文化研究. 第八辑 / 高伟主编. — 成都：四川大学出版社，2023.10
ISBN 978-7-5690-6361-5

Ⅰ．①国… Ⅱ．①高… Ⅲ．①汉语－对外汉语教学－教学研究 Ⅳ．① H195.3

中国国家版本馆CIP数据核字（2023）第183467号

书　　名：	国际汉语文化研究（第八辑）
	Guoji Hanyu Wenhua Yanjiu (Di-ba Ji)
主　　编：	高　伟
选题策划：	周　洁
责任编辑：	周　洁
责任校对：	余　芳
装帧设计：	墨创文化
责任印制：	王　炜
出版发行：	四川大学出版社有限责任公司
	地址：成都市一环路南一段24号（610065）
	电话：（028）85408311（发行部）、85400276（总编室）
	电子邮箱：scupress@vip.163.com
	网址：https://press.scu.edu.cn
印前制作：	四川胜翔数码印务设计有限公司
印刷装订：	四川盛图彩色印刷有限公司
成品尺寸：	170 mm×240 mm
印　　张：	16.25
字　　数：	292千字
版　　次：	2023年11月 第1版
印　　次：	2023年11月 第1次印刷
定　　价：	68.00元

本社图书如有印装质量问题，请联系发行部调换

版权所有 ◆ 侵权必究

目　录

国际中文教育

国际中文新手教师的 TPACK 认知网络分析 ……… 方紫帆　徐　娟（ 3 ）
海外孔子学院课程设置研究
　　——以日本 13 所孔子学院为例……………… 梁吉平　王　郊（17）
国际中文写作教学研究的史脉回溯与未来展望 ………… 马瑞祾（32）
6～12 岁儿童中文教材教师手册比较分析与数字化编写建议
　　………………………………………………………… 王　淼（47）
外向型汉语学习词典的发展脉络及三大转向 ……… 望清华　余江英（65）
文本可读性自动分析研究综述及展望 …………………… 殷晓君（80）

对外汉语教学

再谈对外汉语近义词辨析教学中语素分析法与结构分析法的运用
　　……………………………………………… 游　黎　王　缪（ 93 ）
对外汉语教学背景下方位介词"在"的语义地图模型研究
　　……………………………………………… 王　磊　崔　璨（103）
基于对外汉语教学的副词"毕竟"用法再分析 ………… 李月炯（120）

跨文化研究

来蓉留学生学位论文中的地域文化适应研究
　　——以四川大学海外教育学院留学生本科学位论文为例
　　………………………………… 周　丹　付仪洁　胡　翼（133）

中亚五国来华留学生社交媒体使用与主观幸福感关系研究
　　…………………………………………… 吕　晶　单韵鸣（150）
试论高校如何对留学生讲好中国故事 ………………… 冉宪达（166）
非物质文化遗产融入城市的对策
　　——以四川地区为例 ………………………………… 胡　畔（177）

新汉学专栏

栏目语 …………………………………………………… 张　科（187）
面向国际中文远程教育的教师发展实证研究 ………… 许丽嫱（189）
论"把"字句宾语属性明确性与焦点的关系
　　………………………………… 郭昕慈　陈思齐　周　巧（202）
面向国际中文教育的文言文词汇排序研究初探
　　——基于 CRITIC 法 ………………………………… 史惠善（217）
中国说唱音乐的现状与发展研究
　　——一个空间理论的视角 ………… Simon Tom Decker（232）
浅谈唐诗印尼语译文中的用韵情况
　　——以周福源译文为例 ……………………………… 陈衍宏（244）

国际中文教育

国际中文新手教师的TPACK认知网络分析*

方紫帆　徐　娟

北京语言大学信息科学学院

摘　要：在教育数字化转型背景下，发展与完善教师TPACK知识结构是推动国际中文教育迈向智慧教育新样态的关键一环。本研究以TPACK知识框架为基础，对15节国际中文新手教师的在线课程进行TPACK要素解构，采用认知网络分析法构建网络模型，分析教师在课程初段、中段和后段的认知网络演变特征。我们通过TPACK认知网络模型挖掘新手教师知识结构方面存在的潜在问题，提出提升在线教学实效的改进策略，以期催生更加高效、富有创新的国际中文教育新生态。

关键词：数字化转型；国际中文教育；认知网络分析；新手教师；TPACK

TPACK Epistemic Network Analysis of Novice International Chinese Teachers

Fang Zifan　Xu Juan

College of Information Science, Beijing Language and Culture University

Abstract: Under the background of education digital transformation, the development and improvement of teachers' TPACK knowledge

---

* 本文受教育部中外语言交流合作中心2022年国际中文教育研究课题重点项目（项目编号：22YH50B）、2022年国际中文教育教学资源项目（YHJC22YB001）资助。

structure is a key link to promote international Chinese education into a new smart education pattern. Based on the TPACK knowledge framework, this study deconstructs the TPACK elements of 15 online courses for novice international Chinese teachers, uses cognitive network analysis method to build a network model, and analyzes the evolution characteristics of teachers' cognitive network at the beginning, middle and end of the course. Through the perspective of TPACK cognitive network model, the potential problems existing in the knowledge structure of novice teachers are explored, so as to propose improvement strategies to improve the effectiveness of online teaching, in order to foster a more efficient and innovative new ecology of international Chinese education.

Keywords: Digital transformation; International Chinese education; Cognitive network analysis; Novice teacher; TPACK

一、研究背景

2019年，教育部等十一部门联合印发了《关于促进在线教育健康发展的指导意见》，强调遵循教育发展规律，充分运用现代信息技术手段，创新教育组织形态，丰富现代学习方式，促进在线教育健康、规范、有序发展。2021年，教育部中外语言交流合作中心发布了《国际中文在线教育行动计划（2021—2025年）》，提出发展国际中文在线教育是顺应国际中文教育智能化建设的必然选择，要求促进数字技术与国际中文教育、线上教学与线下教学的深度融合，提高教师数字化教学思维能力、在线教学能力和信息化运用能力。世界汉语教学学会于2022年发布了《国际中文教师专业能力标准》，强调教师应了解并关注前沿技术在国际中文教育领域的应用进展，理解教育技术在中文教学中的本质作用，具有将信息技术与中文教学过程深层次整合的意识。

教学是一个复杂、动态的系统。在教育数字化转型时代，国际中文教育教学方式发生了深刻变革，传统的线下教学理念、方法、手段等面临着新的挑战和要求，促使国际中文教育领域的信息技术与课程的深度整合向着新的发展阶段迈进。TPACK 可以看作国际中文教师融合技术进行有效教学的重要参考，是国际中文教师应当具备的重要知识与能力（刘婷婷、李洪修、郭梦，2023）。新手教师是国际中文教师队伍的新生力量，也是推动教育数字化转型的重要角色。然而当前仅有较少研究对国际中文新手教师的 TPACK 知识进行解构与整合分析，探索教师专业发展路径。鉴于此，本研究通过采集新手教师在线教学过程中体现出的 TPACK 知识元素数据，从认知网络角度剖析各要素之间的关系，客观描述在课堂教学不同阶段体现出的新手教师 TPACK 知识特征，探索新手教师在线教学的优化路径，推动会技术、懂教育的高水平的国际中文教师队伍建设。

二、研究综述

（一）国际中文教师 TPACK 知识框架研究

2005 年，美国密歇根州立大学的 Koehler 和 Mishra 基于前人研究首次提出 TPACK 概念，其植根于学科知识（Content Knowledge，CK）、教学知识（Pedagogical Knowledge，PK）和技术知识（Technological Knowledge，TK）三个要素。三要素交叉融合衍生出四个成分，即学科教学知识（Pedagogical Content Knowledge，PCK）、整合技术的学科知识（Technological Content Knowledge，TCK）、整合技术的教学知识（Technological Pedagogical Knowledge，TPK）和整合技术的学科教学知识（Technological Pedagogical Content Knowledge，TPACK）。教师发展 TPACK 知识对其整合技术开展教学具有重要的支撑作用，并催生信息化教学方式和教师培训方式发生改变（全美教师教育学院协会创新与技术委员会，2011）。当前学界主要持有两种 TPACK 观点。一是整合观，认为 TPACK 是教师对学科、技术、教学之间相互作用理解的知识综合体，将 TPACK 结构分解为七个知识因子（CK、PK、TK、PCK、TCK、TPK、TPACK）以及一个静脉因子，即影响教学实践的其他相关因素，通过对各基础要素的分析研究了解 TPACK 整体知识结构（张哲、张海、王以宁，2015）。二是转化观，认为教师的 TPACK 结构是由多种知识交汇融合而成的动态知识结构，各种知识要素共同作用并推进教师专业发展。

TPACK 日渐成为学界窥见教师知识结构和数字素养的一个窗口。Zou 等人研究了 2000—2020 年的 TPACK 相关文献，发现 TPACK 在教师培训中被广泛应用，预计 TPACK 仍是未来促进教师专业发展的重要研究方向之一（ZOU，HUANG，XKOHNKE，et al.，2022）。Anderson 等对多名开展在线教学的高校教师进行访谈，分析教师 TPACK 知识特征，记录教师 TPACK 发展过程，并以此作为反思工具，促进教师提升在线上教学、混合式教学等不同情境下的教学成效（ANDERSON，BARHAM，NORTHCOTE，2013）。何克抗（2012）基于美国信息技术与课程整合的方式和路径研究，认为 TPACK 知识结构为推动教育信息化、促进教师实现技术的深度整合提供了重要支撑。

随着中文教育和数字技术的融合日趋深化，TPACK 知识结构成为国际中文教师有效开展智慧教学的基础，同时也为中文教师培训提供了科学依据和发展方向。王琦（2020）采用结构方程模型，分析了国际中文职前教师的 TPACK、技术态度和技术整合自我效能关系，发现教师的学科内容知识、技术知识储备欠佳，技术整合自我效能有待提升，积极的技术态度对提升技术整合自我效能具有重要作用。董艳等利用基于 TPACK 建立的 TPCLK 量表对某师范大学汉语职前教师进行调查分析，提出教师亟须加强信息技术与学科整合的理念与方法的学习，提升信息技术运用能力基础（董艳、陈丽竹、胡秋萍等，2017）。

（二）认知网络分析

认知网络分析法（Epistemic Network Analysis，简称 ENA）是一种基于认知框架理论，以动态网络结构模型表征话语数据中各认知要素间关系的研究方法，既可以呈现要素之间的关联强度，又可以表征结构模型随时间演变的情况，适用于个体和群体的认知网络分析（王志军、杨阳，2019）。认知网络分析法作为一种重要的量化民族志方法，逐渐引起学界关注。王辞晓（2021）利用认知网络分析学生合作视频，研究技术供给对具身参与的影响，探索身体及其经验在小组合作中的作用和体现形式。张思佳等利用认知网络分析法和内容分析法，分析了 165 位参与网络研修活动的教师在不同阶段的实践性知识认知网络特征，针对新手教师、胜任教师和成熟教师分别提出了实践性知识发展的有效路径（张思佳、王陆、梁友明，2022）。彭文辉等利用认知网络分析法，研究混合式学习共同体的演化动态以及学习者交互模式特征，建议在混合式教学中创建与维持学习共同体，鼓励跨界协作学习，提供动态教学支架进行动态干预（彭文辉、王中国、上超望等，2021）。刘慧等运用认知网络分析法对教师在网络研修过程中体现出的TPACK知识发展轨迹与演化特征进行了深入探究，并针对教师专业发展和网络研修的开展提出建议（刘慧、王帆、朱奕霖等，2021）。

目前学界对教师TPACK的研究从问卷调查法、绩效评估法以及半结构化访谈法等逐步转向关注认知网络分析法，但是鲜有学者在国际中文教育领域讨论认知网络分析法在TPACK研究中的应用。新手教师是未来国际中文教师队伍的中坚力量，本研究拟基于新手教师群体提出以下两个研究问题：（1）国际中文教学中，新手教师有何TPACK知识结构特征？（2）针对认知网络模型反映出的问题，如何对新手教师予以干预，提升国际中文教学成效？本研究将利用认知网络分析法对国际中文教育领域的新手教师TPACK知识结构进行探讨。

三、研究设计

（一）研究目的

为了深入了解国际中文教育领域的新手教师TPACK知识结构以及在课程初期、中期和后期教师TPACK结构的迁移变化，本研究采用认知网络分析法，对教师的TPACK认知网络特征进行模型构建与分析，发现新手教师在线上教学过程中体现出的TPACK潜在问题，提出优化路径，以期为培养国际中文教育后备人才提供借鉴。

（二）研究对象

本研究选取某高校教龄为0～5年的新手教师所开展的15节在线教学课程为研究样本，每节课程时长约为1小时30分钟，均为新知识授课，授课对象为学习中文的国际学生。15节在线教学课程中，教师利用不同信息技术支持在线教学的开展。

（三）研究方法

ENA是一种能够用来分析教学中具身参与情况的分析技术，采用该技术可以对视频会话中的认知元素进行分析。本研究利用 ENA 挖掘新手教师在线上教学中呈现的 TPACK 知识结构，采用威斯康星教育研究中心与麦迪逊分校联合开发的 ENA Webkit，用以高效处理编码数据和构建 TPACK 认知网络（SHAFFER D W，COLLIER W，RUIS A R，2016）。认知网络分析主要包括以下四个阶段：（1）明确研究问题和目标；（2）收集研究数据；（3）对数据进行分节处理，基于预先确定的编码框架对研究对象的认知元素进行二进制编码，涵盖框架要素标为 1，否则记为 0；（4）在 ENA Webkit 中录入编码数据，平台按照认知网络分析法自动处理数据，构建认知网络模型，深入解析模型。

（四）研究过程

本研究利用张海等研发的 OKC 课堂视频编码系统及 TPACK 知识框架（张海、崔宇路、余露瑶等，2020），聚焦 CK、PK、TK、PCK、TCK、TPK、TPACK 七个维度，对在线教学视频进行数据采集。将在线教学视频分为课程初段、中段和后段，由两位编码人员进行二进制编码，使用 SPSS 检验一致性，结果表明，Kappa 系数为 0.82，信度较好。将编码数据录入 ENA Webkit 生成不同阶段的认知网络模型。通过七个维度的共现关系来表征教师的 TPACK 认知网络结构，发现潜在问题，提出教学优化策略。

四、研究结果

（一）教师 TPACK 认知网络模型整体分析

ENA 根据编码数据在 X 轴与 Y 轴形成的二维空间中可视化呈现认知元素的连接结构，投射质心和节点。质心可理解为物体的重心，在模型中以小方块呈现，位置取决于认知元素连线权重的算术平均值。节点即认知元素，呈现为二维空间中投射的圆点，通过节点布局与位置可判断认知网络的特征。

本研究利用 ENA 构建新手教师 TPACK 认知网络模型，如图 1 所示，各要素间均产生了连接。新手教师在线教学过程中呈现出以 PK、TCK 和 TPACK 知识元素为主，结构模型偏重于三要素的稳定连接，如 PK—TCK、TCK—TPACK、PK—TPACK，连线较粗、颜色较深，共现系数较高；以

CK、TK 为中心的连线最细、颜色最浅，相关共现系数最低，如图 1 所示。

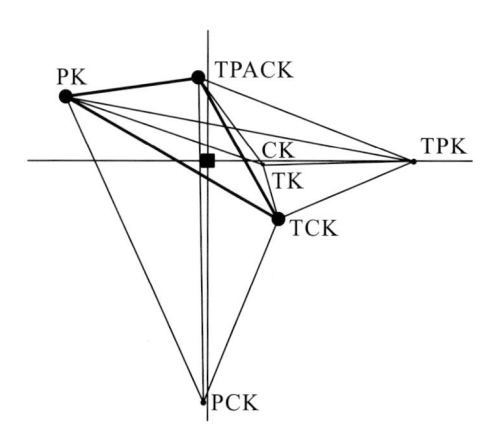

图 1　新手教师 TPACK 认知网络模型

认知网络模型中 TCK—TPACK 的共现系数最高（0.45），其次是 TCK—PK（0.44）。数据表明，在线上中文教学师生时空分隔的情况下，新手教师对 TCK 的感知与运用能力最强，能够以 TCK 为支点，深化与 TPACK、PK 的交互连接，将整合技术的汉语学科内容知识灵活运用于课堂教学。在认知网络模型中，新手教师还表现出对 TPACK 的较高关注，对融合技术的学科教学知识的多维感知与运用程度也较高，这一点与刘慧等的研究相契合。

从连续统思维角度（钟志贤，2005）观察图 1 中教师 TPACK 认知网络模型各维度的分布情况，发现偏向 X 轴两个端点的维度是 PK、TPK，偏向 Y 轴两个端点的维度是 PCK、TPACK。可以理解为，X 轴从左至右形成了 PK 和 TPK 的连续统，表示教师从教学法到整合技术的教学法的过渡与发展；Y 轴从下至上形成了 PCK 和 TPACK 的连续统，体现出学科内容教学法到整合技术的学科内容教学法的过渡与发展。

（二）不同教学阶段的教师 TPACK 认知网络模型演变

为了探究不同教学阶段的教师认知网络特征，笔者利用 ENA Webkit 生成了不同教学阶段的教师 TPACK 认知网络模型，并将显著共现系数列表呈现，如图 2 和表 1 所示。

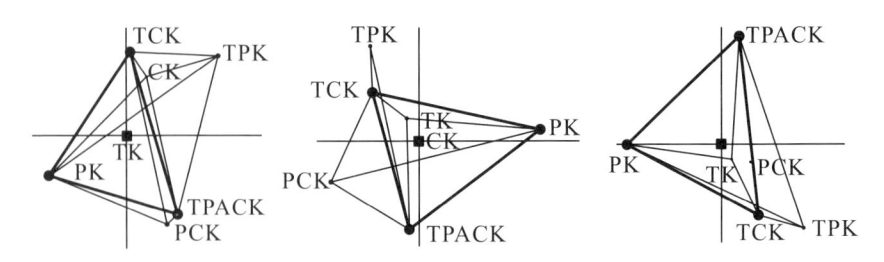

图 2　在线课程初段、中段、后段教师 TPACK 认知网络模型

表 1　TPACK 认知网络模型显著共现系数

维度	课初段	课中段	课后段
TCK—TPACK	0.38	0.47	0.51
TCK—PK	0.47	0.42	0.46
PK—TPACK	0.27	0.29	0.32

通过透视不同课程阶段的认知网络模型，我们发现教师的知识重心有所转移。如图 2 和表 1 所示，在线课程初段，以教师教学法知识 PK 为支点，与 TCK 的共现关系突显，表明教师能够积极结合教学设计和教学目标采取适当的教学方法，营造轻松愉快的学习氛围。回顾课堂发现，教师擅长通过讲授法、情境教学法、鼓励教学法等，激发学生的学习兴趣。比如在上课初期，教师与学生用中文进行情境对话，在交流过程中整合先前所授的知识内容，并及时对学生的发言进行提升肯定或引导否定，增强学生在不同场景中使用中文进行跨文化交流的能力。

相较于课程初段和后段，在课程中段，以 TCK 为中心连接点的 TCK-PCK、TCK-TK 共现关系突显，体现出教师能够积极融合信息技术实现学科知识转移。比如，教师利用信息技术生动演示生字笔画、播放对话录音并引导学生根据录音内容做对话练习，选择恰当的技术使课堂变得生动有趣，调动了学生参与的积极性。

在课程后段，以 TPACK 为支点的 TCK-TPACK、PK-TPACK 的共现系数逐步达到最高，体现出教师从课程前段到后段对 TPACK 的关注度逐渐加强，打破了学科内容、教学法与技术之间的孤立关系，使整合技术的学科教学体现得更为突出。回顾课堂情境发现，教师在课程后段更加突显出讲练结合的教学理念，通过在线连线题、排序题等多样题型，促进学生对知识的内化理解与迁移运用。

五、教师 TPACK 知识结构的问题发现与改进策略

（一）问题发现

根据新手教师的认知网络模型，我们发现其 TPACK 知识结构存在以下问题。

在课程不同阶段存在明显薄弱的共现关系。课程初段，有多个要素与 TCK、TPACK 连接产生较高的共现系数，而 TK 较少与其他要素存在共现关系。新手教师虽然有整合技术支持教学的意识，但是由于技术知识薄弱，使用的技术手段单一，仅实现了浅层次的信息技术与课程整合。如部分教师全程仅使用了 PPT 的基础演示功能支持课程内容教学，有些教师照本宣科，较少用技术支持学生主动建构知识，深化培养学生的言语交际能力、创新思维能力。课程中段，明显缺少 TPK 与其他要素的共现关系。这体现出教师未能基于教学情境的需要，灵活利用技术开展合作式、探究性、项目化的活动，难以支持学生个性化、精准性、自适应的学习。课程后段，PCK 较少与其他要素产生共现关系，这反映出新手教师由于缺乏教学经验，较少利用学科教学法对课堂进行总结升华。

授导式教学现象突出。新手教师的认知网络结构以 TCK 为连接点的多个共现关系突显，课中教师以整合 PPT 的学科内容讲授为主，学生结合 PPT 的内容反复跟读以及进行机械、简单、重复的回答的情况屡次出现，缺少基于词汇、对话等内容的创造性回答，教师主导性强，学生自主性较弱，不容易培养学生的高阶能力。这一现象体现出部分教师没有真正认识到在线教学并非简单平移线下教学到线上，而是在技术支持下的教学重构过程。国际中文教育的教学对象以国外学生为主，然而在线教学本就缺乏中文语境，再加上课堂教学枯燥乏味、重复机械，不利于学生中文水平的提高。

教师倾向于与活跃度高的学生互动交流，忽视了活跃度较低、学习困难的学生，难以照顾每位学生的个体需求。回顾课堂情境，我们发现在开展字词认读教学时，教师通常会点名每位学生，逐一对其发音进行纠偏。当进展到高阶问题的互动交流时，部分教师仅实现了与 20% 积极发言的学生交流，大多数学生充当了旁观者，游离在课堂边缘，难以实现对知识的迁移运用。

（二）改进策略

针对新手教师的 TPACK 网络结构模型反映出的问题，我们认为有必要积极采取以下应对措施，提升国际中文在线教学实效。

1. 智慧教学平台撬动国际中文教学模式创新

新手教师的认知网络模型体现出诸多问题，在课程的不同阶段均出现 TPACK 认知结构不均衡的情况，课堂授导式教学明显，在线教学模式单一，未能兼顾每位学生的个性需求。教师应充分利用国际中文智慧教学平台、国家智慧教育公共服务平台等探索线上及线上线下相混合的新型教学模式，如翻转课堂模式、任务互动模式、精准教学模式等，提高学生开口率，唤醒学生主体意识，打破国际中文教育存在的时空壁垒，提升在线教学实效。以北京语言大学研发的国际中文智慧教学平台为例，学前阶段，平台基于学习者的学习风格、目标、需求等自动生成学习者画像，精准推送学习资源。课前阶段，教师通过学习者画像了解学情，根据学生预习结果有的放矢地调整教学目标和方法策略，利用平台提供的语音、词汇、语法等素材资源实现课程资源整合、自动出题等。课中阶段，利用平台实现平行加工的集体作答、基于资源的交互练习、题目自动评分、学生发音纠偏等，促进学生听、说、读、写、译的全面发展。课后阶段，为学习者推送多模态、多题型的练习，实现自动测评。学后阶段，平台生成学生档案、学情报告以及后续指导建议，为学生提供数字化学习支持服务（刘利、刘晓海，2022）。在融合技术平台赋能教学的过程中，不仅需要关注学生对汉语的记忆、理解和应用，还应逐步转向培养学生分析、评价和创造的高阶能力。可以通过任务协同共建、作业交互评价、群体研讨交流等方式来构建契合国际中文教学特色和第二语言习得规律的智慧教学平台，也可以发挥教育知识图谱作用，打造语言自适应学习平台（曹钢、董政、徐娟，2023）。

2. TPACK 评估框架赋能国际中文教师数字化发展

教育数字化转型是教育高质量发展的重要引擎和创新路径，而国际中文新手教师的认知网络模型体现出教师 TK 水平较低，存在浅层次 TPACK 运用情况，反映出国际中文新手教师提升数字化教学能力面临着巨大的挑战。在中小学教育领域，提出教师信息技术能力标准已被明确提出，而在国际中文教育领域，相关标准的制定尚未完成，技术支持下的数字化中文教学缺乏具体全面的方向引领和实践指导。鉴于此，一方面，亟须充分考虑国际中文教师的 TPACK 知识现状以及发展需求，以 TPACK 框架为依托，制定科学全面的国际中文教师数字素养标准。从微观层面聚焦整合技术的中文教学能力，分层细化教师评估要求，激发教师主动学习的意识，以适应国际中文教育数字化转型和智慧化发展的需求。另一方面，应将标准纳入教师职业考评体系，全面考察教师的在线教学能力（李宝贵、庄瑶瑶，2021）。在国际中文教师考试中，基本没有将教师信息素养纳入考试范畴，导致对其的重视程度一直处于低位。因此，有必要基于中文教学理念与基本规律，在数字资源开发、智能平台运用、教学内容组织、技术问题处理等方面发挥标准的带动和引领作用，使师资选拔、培养、考评有据可依。

3. 教育数据循证驱动中文教师培训供给侧改革

公派教师和中文教学志愿者是国际中文教师队伍的主力，但其专业背景复杂，不仅包括汉语国际教育专业，还涵盖小语种、职业技术等专业。新手教师往往对学科内容知识有所掌握，但是缺乏系统的教育学知识，在教育理念、教学方法、教育技术等方面较为薄弱，阻碍了其高质量运用信息技术支持学科教学。有研究表明，国际中文职前教师希望增设线上中文教学的理论基础、教学方法和技巧等培训课程，以深化对国际中文教育的理解（吴冬，2020）。因此，创新教师培训模式、循证质量监测、强化资源供给成为筑牢强师之基的重要途径。

国内高校和海外孔子学院可通过"研训一体"的方式开展基于真实教学场景的研修活动。通过集体教研、线上培训等从中文线上教学理念、教学工具、教学方法等多方面指导教师在口语课、阅读课、综合课等不同课型中借助技术赋能教学，充分发挥在线教学优势，促进教学提质增效。质量监测方面，遵循循证思路，基于数字化平台收集师训过程中教师的学习行为数据、生成性成果等，促进教师评价数字化、智能化。提供具体可参照的中文教师评价指标体系，专家入班听课，将量化和质性评价相结合，促使教师评价由经验驱动转向数据驱动，并借助循证数据实现培训供给侧改革，提升在线教学成效。在资源供给方面，加强标准体系构建，推进标准指导下的资源建设，按需设计、开发、提供不同颗粒度和不同应用场景的教学资源（梁宇、刘晶晶、李诺恩等，2023）。既涵盖完整、中量级的课程资源，还包括轻量级的微课资源（任友群、冯晓英、何春，2022），着力实现学习资源的"交互化"，将语言与文化学习、技能训练和智力发展融为一体（徐娟，2019）；

既包括基于《国际中文教育中文水平等级标准》研发的结构化、系统性资源,还包括辅助性教学资源,如数字工具、优秀案例等。

六、结语

在教育数字化转型背景下,重塑技术与教师的"人机协同"关系是实现转型的关键(马瑞祾、邱富元,2022)。有研究表明,利用认知网络分析法能够可视化表征教师 TPACK 知识各要素之间的结构关系,发现教师对信息技术与课程整合的整体认知。本研究基于 TPACK 知识框架,解构国际中文领域新手教师的在线课堂关键要素,运用认知网络分析法构建认知网络模型,分析课程初段、中段、后段的教师认知网络演变特征,发现潜在问题,提出提升在线教学实效的优化策略。后续研究应进一步挖掘其他教师群体如胜任教师、成熟教师的在线教学数据,运用社会网络分析法等,对教师的知识结构进行多维度、精细化的分析,找到在线教学能力提升的发力点,从而推进数字时代国际中文教育事业的高质量发展。

参考文献:

曹钢,董政,徐娟. 基于《国际中文教育中文水平等级标准》的词汇知识图谱与词汇自适应学习平台构建[J]. 国际汉语教学研究,2023(1):21-30.

董艳,陈丽竹,胡秋萍,等. 职前教师 TPCLK 调查与多元化培养策略[J]. 现代远程教育研究,2017(4):70-77.

何克抗. TPACK——美国"信息技术与课程整合"途径与方法研究的新发展(上)[J]. 电化教育研究,2012,33(5):5-10.

李宝贵,庄瑶瑶. 后疫情时代国际中文教师信息素养提升路径探析[J]. 语言教学与研究,2021(4):34-43.

梁宇,刘晶晶,李诺恩,等. 内涵式发展之"内涵":国际中文教育教学资源建设的维度[J]. 天津师范大学学报(社会科学版),2023(1):38-44.

刘慧,王帆,朱奕霖,等. 教师网络研修 TPACK 知识发展轨迹与演化特征——基于认知网络分析法[J]. 开放学习研究,2021(6):51-60.

刘利,刘晓海. 关于国际中文智慧教育的几点思考[J]. 语言教学与研究,2022(5):1-9.

刘婷婷,李洪修,郭梦. 后疫情时代国际中文教师 TPACK 培养的现实困境与变革之路[J]. 民族教育研究,2023:1-9.

马瑞祾,邱富元. 铸牢中华民族共同体意识语境下民族地区国家通用语言文字智慧教育——以四川省凉山州为例［J］．民族学刊，2022（12）：88－97．

彭文辉，王中国，上超望，等．学习共同体演化动态及其参与者交互模式研究——数据驱动的社会认知网络分析［J］．电化教育研究，2021（11）：69－76．

全美教师教育学院协会创新与技术委员会．整合技术的学科教学知识：教育者手册［M］．任友群，詹艺，译．北京：教育科学出版社，2011：3－29．

任友群，冯晓英，何春．数字时代基础教育教师培训供给侧改革初探［J］．中国远程教育，2022（8）：1－8．

王辞晓．技术供给的动力作用：合作探究中具身参与的认知网络分析［J］．中国电化教育，2021（2）：113－122．

王琦．国际汉语职前教师的TPACK、技术态度、技术整合自我效能关系研究［J］．西北师大学报（社会科学版），2020（5）：127－135．

王志军，杨阳．认知网络分析法及其应用案例分析［J］．电化教育研究，2019（6）：27－34．

吴冬．汉语国际教育硕士线上对外汉语教学能力调查研究［D］．武汉：湖北工业大学，2020．

徐娟．从计算机辅助汉语学习到智慧汉语国际教育［J］．国际汉语教学研究，2019（4）：77－83．

张海，崔宇路，余露瑶，等．基于数据挖掘的智慧课堂教学行为事理图谱研究［J］．远程教育杂志，2020（2）：80－88．

张思佳，王陆，梁友明．认知网络分析视域下的教师实践性知识治理［J］．电化教育研究，2022（10）：12－18．

张哲，张海，王以宁．国际TPACK理论研究综述：2005—2014［J］．现代远距离教育，2015（6）：10－15．

钟志贤．论教学设计中的连续统思维［J］．电化教育研究，2005（4）：53－57．

ANDERSON A，BARHAM N，NORTHCOTE M．Using the TPACK framework to unite disciplines in online learning［J］．Australasian journal of educational technology，2013，29（4）：549－565．

SHAFFER D W，COLLIER W，RUIS A R．A tutorial on epistemic network analysis：Analyzing the structure of connections in cognitive，social，and interaction data［J］．Journal of learning analytics，2016，3（3）：9－45．

ZOU D，HUANG X，KOHNKE L，et al．A bibliometricanalysis of the trends and research topics of empirical research on TPACK［J］．Education and information technologies，2022，27（8）：10585－10609．

作者简介：

方紫帆，北京语言大学信息科学学院在读博士生，研究方向为语言智能技术、数字化国际中文教育。

徐娟（通讯作者），博士，北京语言大学信息科学学院教授、博士生导师，研究方向为语言智能技术、数字化国际中文教育。

海外孔子学院课程设置研究
——以日本13所孔子学院为例[*]

梁吉平[1]　王 郊[2]

1 惠州学院文传学院　2 贵州大学外国语学院

摘　要：本文以日本13所孔子学院为研究对象，对日本孔子学院课程设置进行研究。通过比较日本13所孔子学院的课程设置，阐述日本孔子学院课程设置的特点及不足，并提出相应建议。本文旨在通过分类整理日本孔子学院课程体系，帮助赴日汉语教师快速了解日本孔子学院的办学特色，从而为赴日汉语教师队伍建设提供借鉴。

关键词：日本；孔子学院；课程设置

A Study of the Chinese-language Curriculums of the Confucius Institutes: A Case Study of Thirteen Confucius Institutes in Japan

Liang Jiping[1]　*Wang Jiao*[2]

1　School of Literature and Communication, Huizhou University
2　School of Foreign Languages, Guizhou University

Abstract：Takeing 13 Confucius Institutes in Japan as the research object, this article conducts a special research on the curriculum of Japanese Confucius Institutes. By comparing the curriculum settings of 13 Confucius Institutes in Japan, it points out the

---

[*] 本文系2022年汉考国际年度科研基金项目（CTI2022ZB02）及惠州学院教授、博士科研启动项目（2023JB011）阶段性成果。

characteristics and shortcomings of the curriculum of Confucius Institutes in Japan, and puts forward the corresponding suggestions. The article aims to sort out the curriculum system of Confucius Institutes in Japan to help Chinese teachers understand the characteristics of Japanese Confucius Institutes, so as to provide reference for the training of Chinese teachers in Japan.

Keywords：Japan；Confucius Institute；Curriculum

一、引言

孔子学院是海外传播中国语言和中国文化的重要平台,汉语教学及文化传播则是孔子学院可持续发展的根基。中日两国一衣带水,两国经济文化交往源远流长,语言文化交流在其中起到了不可或缺的作用。2005年,日本建立第一所孔子学院——立命馆孔子学院。至2022年,日本已经建立了15所孔子学院及2所孔子课堂,在日孔子学院学生人数逐年稳步增长,汉语语言及文化教学蓬勃发展。对日本孔子学院课程设置进行研究,不仅可以为日本各孔子学院相互学习提供参考,助力汉语国际教育事业,而且可以在课程类型及教学能力培养方面,为国内汉语国际教育专业人才培养提供针对性指导建议,为汉语教师及志愿者了解日本汉语教学情况提供借鉴。

目前,对日本孔子学院进行研究的成果主要集中于对少数日本孔子学院课程体系或教学方法的介绍,如陆平舟(2007)、马渊亮(2013)、王垚(2018)、杨秋实(2019)分别介绍了爱知大学、樱美林大学、立命馆大学、札幌大学、冈山商科大学这5所日本大学孔子学院的汉语课程及文化交流活动。仅有沈林(2007)、常莉莎(2012)对日本孔子学院课程设置进行横向比较,他们指出,日本孔子学院课程体系主要由常规汉语课程、定期讲座、联谊讲座、公开讲座等构成,并对各类课程作了概况性介绍。总体上,针对日本孔子学院课程设置进行系统研究的论著还相对较少。从研究成果来看,前期研究多以研究者实际教学经验总结为主,日本孔子学院整体课程设置方面的研究比较薄弱,成果较早且比较分散,样本数量有限,研究视野有待拓展。日本孔子学院建立早、发展成熟,学期课程设置比较稳定,本文以收集到的日本13所孔子学院的2019年第二学期(8月～12月)课程设置数据为样本进行分类统计，以期整体把握日本孔子学院的课程设置及发展现状。

二、日本孔子学院课程设置概述

日本孔子学院开设的课程及讲座种类繁多，名称各异。笔者对日本 13 所孔子学院的课程进行分类统计，经过初步筛选，共收集课程及讲座 284 个门类，从课程内容或类型上将所有课程初步分为汉语课程、文化课程、主题讲座（讲演）、特色课程 4 类，进而比较各孔子学院所设课程的异同，课程设置如表 1 所示：

表 1 日本 13 所孔子学院课程设置

学院名称	汉语课程	文化课程	主题讲座（讲演）	特色课程
北陆大学孔子学院	汉语（入门、中级、高级）	中药・药膳、二胡、中国生活	汉语提升系列讲座（汉语听力、汉语口语） HSK 対策讲座	幼儿汉语
爱知大学孔子学院	汉语（入门、中级、高级） 汉语旅游会话 实用汉语会话 汉语口语速成		汉语提升系列讲座（汉语生活用语、汉语翻译、汉语语法）	
札幌大学孔子学院	在校生：汉语（入门、中级、高级） 汉语（阅读、翻译、听力） 社会生：汉语入门、汉语会话（初级、中级）、汉语综合	中华气功、中国文化、中国历史、中日比较文学		
立命馆亚洲太平洋大学孔子学院	汉语（入门、中级、高级）	太极、茶道、篆刻、水墨画	HSK 标准测试 HSK 考试对策	
武藏野大学孔子学院	汉语（入门、中级、高级） 新闻汉语	太极、书法、气功	汉语提升系列讲座 HSK 対策讲座	留学中国讲座

国际汉语文化研究（第八辑）

续表1

学院名称	汉语课程	文化课程	主题讲座（讲演）	特色课程
兵库医科大学中医药孔子学院		剪纸、健康茶饮	医学汉语交流沙龙	
工学院大学孔子学院	汉语听说 汉语会话精读 中国现代小说选读 汉语翻译 旅游汉语 看电影学汉语		汉语问候语 漫画学汉语（HSK2）	
大阪产业大学孔子学院	汉语（入门、中级、高级） 课程区分时间段（日间、夜间） 口语速成 商务汉语 文学名著翻译与鉴赏	二胡、成语文化		
冈山商科大学孔子学院	汉语（入门、中级、高级） 课程区分时间段（日间、夜间）			
樱美林大学孔子学院	汉语（入门、中级、高级） 汉语语音（入门、中级、高级） 汉语翻译 汉语诗歌 "汉诗"《论语》讲读	书法、民间绘画、二胡（入门、初中级、中高级）	汉语提升系列讲座〔汉语作文讲座、汉语阅读讲座（历史、语言学习、生活）〕 诗歌朗诵	企业汉语研修
立命馆大学孔子学院	汉语（入门、中级、高级） 商务汉语速成		HSK对策讲座	上海短期留学讲座
福山大学孔子学院	汉语（入门、中级、高级） 汉语翻译 汉语会话	书法、中国画、太极、京剧、中文歌唱	汉语提升系列讲座（翻译对策讲座、HSK对策讲座） 文化拓展讲座（中国手工艺、民族舞蹈、民间娱乐）	暑假特别讲座

续表1

学院名称	汉语课程	文化课程	主题讲座（讲演）	特色课程
关西外国语大学孔子学院	小学汉语 中学汉语	汉语会话沙龙	汉语比赛（汉字拼写、朗诵等）	空乘专业汉语系列讲座

从表1可以看出，日本的孔子学院能够因地制宜地结合自身办学定位设置课程种类。汉语语言课程是孔子学院教学的重要组成部分，除兵库医科大学中医药孔子学院外，其他12所孔子学院均根据学习者汉语水平等级开设了从入门到中高级的汉语课程，并从交际、口语、会话、翻译等分项技能着眼进行深化，形成了比较完善的汉语语言课程体系。主题讲座也多以提升汉语能力讲座、HSK考试对策或汉语文化拓展等形式设置，使得汉语教学及汉语测试相辅相成，发挥互动作用。而文化课程主要涉及太极、京剧、二胡、茶道、书法、气功、篆刻、水墨画等中国传统艺术，以陶冶情操、提高文化素养为主，部分主题讲座与文化课程有一定重合或提升，如福山大学孔子学院开设书法、中国画等文化课程，也开设中国手工艺及民族舞蹈等生活化的文化拓展讲座。日本孔子学院特色还在于，其能够面对不同职业或群体学员进行教学时间或教学内容调整，如面向在校学生群体开设留学中国讲座，面向社会在职人员开设空乘汉语或企业汉语课程，而且将课程时间安排在日间或夜间进行，以便兼顾学生及职员的时间安排。

在284个门类的统计课程和讲座中，汉语语言课程总计149门，主题讲座共计103项，文化课共计33门，其他类别7门。总体上，13所日本孔子学院中，除兵库医科大学中医药孔子学院以沙龙研讨形式开设医学专业汉语课程外，其他12所均开设常规汉语语言课程，而且语言课从入门到高级形成了比较完善的课程体系。不过13所孔子学院开设的文化课数量较少，尚不及汉语语言课程的四分之一。多数孔子学院的中华文化课程以知识拓展型、文化体验型和学习技能型讲座的形式开展。主题讲座涉及的知识范围比汉语语言教学广，虽然主题讲座呈现系列性，与汉语课程有一定形式及内容上的重合，但是侧重以教师为主导的语言文化推广模式，在内容上更强调以学生为中心，将理论学习与实践操练相结合。

三、日本孔子学院课程设置分类比较

本文所考察的13所日本孔子学院所开设的课程主要可分为语言课程、文化课程、主题讲座及特色课程（含研修项目）等，每个课程类别均针对其教学对象安排对应的教学内容，下文分类介绍13所日本孔子学院的课程设置情况。

（一）语言课程

由于学习者年龄和汉语水平存在差异，日本各孔子学院会根据学生情况设置面向不同年龄及不同汉语水平的学习对象的课程。日本孔子学院设置的149门语言课程主要可以分为三类。

1. 初级汉语课程

此类课程面向年龄较小或汉语水平较低的初学者，此阶段的教学目标为学习汉语语音（发音、声调、拼音）及基础语句，以便学生能用汉语进行简单交流。课程名称还可以细分为"汉语入门""汉语初级会话""汉语基础""汉语发音入门"等。整体难度较小，内容简单易懂，主要采用活动式教学方法。

2. 中级汉语课程

中级汉语课程面向已掌握初级汉语、能进行简单会话或阅读、有一定汉语水平的学习者，主要教授日常会话。中级汉语课程中有阅读、听力等练习，多用中文教学。课程名称还可细分为"汉语中级""汉语中级会话""汉语阅读""中级商务汉语""汉语听说中级"等。主要采用教师讲授式教学方法。

3. 高级汉语课程

高级汉语课程主要面向具备较高汉语水平，能够灵活使用汉语表达思想、进行交际的学习者。汉语课程包括"准高级汉语""高级汉语""高级汉语会话""高级商务汉语""中国现代小说选读""汉语翻译""汉语精读""看电影学汉语"等。课程注重通过多种方式提升学习者的汉语水平，帮助学习者形成系统完善的汉语知识体系。

（二）文化课程

日本是东亚汉字文化圈的重要国家，深受中国文化的浸染。日本 13 所孔子学院也开设诸多中华文化课程，共计 33 门，例如二胡、中药·药膳、中国生活、中国历史、中日比较文学、中华气功、茶道、太极、篆刻、水墨画、书法、中国画、京剧、中文歌唱、剪纸、健康茶饮、民间绘画等。课程内容基本涵盖中国传统文化，而且气功、太极、中药·药膳等也比较契合东亚文化圈养生理念，能够较好地发挥孔子学院文化传播影响力。

以立命馆大学孔子学院为例。立命馆大学孔子学院除设置专门汉语文化课程外，还依托立命馆大学白川静纪念东洋文字文化研究所开设"汉字与文化""探讨古代的言语学方法""东亚以文字为中心的文明根源"等文化讲座；依托国际和平博物馆开设"满蒙拓荒团的历史追问——战后日本社会和地区""核导弹防御的复活和日本的航向"等讲座；依托国际地域研究所开设"中国'一带一路'构想与亚洲""中国'一带一路'构想与非洲""中国'一带一路'构想与世界经济""中国'一带一路'构想与世界秩序"等主题讲座。邀请本土研究所专家主办的各类汉学讲座，不仅完善了汉语文化课程体系，而且以当代政治经济文化为主题的讲座内容也可以扩大学生的知识面，使学生能够全面深刻地了解中国当代社会发展。文化讲座的开设有助于学生了解语言的历史。如讲座"东亚以文字为中心的文明根源"体现了文化与语言之间的联系。"一带一路"相关讲座则将传统历史文化与时事结合，不仅向学生传播中国优秀传统文化，而且展示了中国的核心价值观的历史成因，为学生提供了了解当代中国政治经济文化的独特视角。

（三）主题讲座

日本孔子学院开设的主题讲座形式灵活多样，部分系列讲座与课程设置具有一定的重合性，但内容比较鲜活实用，注重学生语言能力的提升和文化知识的丰富，可以让学生在较短时间内习得更多有用的汉语语言文化知识。本文所统计的 13 所日本孔子学院在 2019 年下半年共举办了 102 场主题系列讲座。这些讲座根据内容主要分为三类。

1. 汉语学习讲座

这类讲座主要包括"慢慢学中文""游戏汉语""汉语听力""汉语口语""日常生活中使用的汉语""汉语翻译入门讲座""汉语会话""汉语语法讲

座""汉语会话能力提升""汉语作文讲座""汉语翻译对策讲座""汉语翻译实践讲座""汉语阅读讲座"等。讲座内容具有较强的系列性,是对汉语课程的有效补充。

2. 考试留学讲座

这类讲座主要为兼顾学生参加汉语水平考试及赴华留学的需求而设置,如"HSK 对策讲座""HSKK 对策讲座""HSK 标准测试""留学准备讲座""上海短期留学前讲座"等。

3. 文化娱乐讲座

这类讲座多为知识拓展,内容丰富,形式多样,可细分为以下 4 类:

(1) 学术型:"脉动的中国——过去·现在·未来""什么是东洋医学";

(2) 活动型:"走进高陵小学和熊猫交朋友""诗中咏梅通情意,画上赏梅共精神""品美食、学汉语,共度关西外大校园节""书写千年汉字,领略翰墨魅力""中秋明月节暨孔子学院日""汉语图书教材展览会""市民汉语讲座""汉语会话沙龙";

(3) 体验型:"体验中国手工艺""体验中华民族舞蹈,感受中华文化魅力""体验民间娱乐,共度秋日美好时光""刚柔并济,太极养生";

(4) 竞赛型:"汉字拼写大赛""大阪府汉语朗诵及演讲比赛""诗歌朗诵及创作比赛"。

(四)出国研修项目

出国研修是日本孔子学院与在日汉语学习者双赢的项目,学习者可以进一步提高汉语水平,孔子学院还可以借助赴华留学项目稳定生源,提升国际化办学水平,促进中日文化交流。樱美林大学孔子学院海外留学项目的受益者主要为赴华短期留学的学生及汉语演讲比赛优胜者。北陆大学孔子学院实行"2+2"政策,为汉语学习者提供长期留学、学期留学和短期留学三种赴华留学方式。福山大学孔子学院、大阪产业大学孔子学院、札幌大学孔子学院等均设有海外留学项目。海外留学项目的学期课程安排非常人性化,旨在进一步提升学习者的汉语语言能力,帮助未来留学人员提高汉语水平。

(五)特殊用途课程

特殊用途课程是指为有特定需求的学习者安排的专业汉语课程,与常规汉语课程及主题文化讲座有较大差异，具有市场化、急效性、短时性等特点，因此本文予以单列，如企业汉语研修、亲子汉语讲座、暑假特别讲座、空乘专业汉语讲座等。特殊用途课程对汉语教师提出了更高要求。例如，樱美林大学孔子学院开设的企业汉语研修课程，可根据企业需求设置课程，甚至可以直接由孔子学院总部派遣经验丰富的中国教师，为企业提供多样化课程项目。课程内容将实用性置于首位，依据企业需求、业务内容及特殊目的制定课程方案，充分考虑了学员的学习需求和日程安排。

（六）远程课程

随着互联网及新技术的飞速发展，除传统线下课堂教学外，日本孔子学院还运用新媒体技术远程教授汉语课程，如开展广播电视教学、网络教学等。NHK中文网是日本华语广播电台设立的华文网站，于1952年开始举办广播汉语讲座，至2023年已有70多年。广播电视教学的课程同样包括语言教学、中华文化及传统习俗讲座等内容。讲座还会配套相应教材、磁带等，汉语学习者在学习中可不受时间、地点等因素限制。此外，广播电视教学的汉语教学内容与时俱进，更新较传统教材更迅速。以"网络用语"为例，NHK中文教材中出现了"抠脚女汉子""有木有""软妹纸""单身狗"等网络热词，通过日语介绍文章大意、中文朗读、中日互译、教师释义等方法帮助学习者掌握，因其汉语教学内容时效性强、生动有趣，受到广大市民的欢迎。冈山商科大学孔子学院曾开设的RSK广播讲座"皮蛋瘦肉粥的制作"即属于此类课程。各孔子学院纷纷利用已有社会性线上教学为线下教学提供有益补充。

四、日本孔子学院课程设置的影响因素

（一）学习者个体因素

1. 学习动机

日本孔子学院的教学对象主要为上班族和在校学生，后者包括孔子学院依托院校的学生，如日本初中、高中及华侨华人学校的学生。职场需求和升学需求决定了日本孔子学院的课程以汉语培训和汉语语言教学为主。学生的学习动机大致可分为两类。其一为掌握语言技能。在校学生可以用汉语参加

升学考试，社会生学习汉语可以增加就业及商业合作机会。其二为兴趣使然。部分学习者认为学习汉语是一件快乐且有趣的事，学会汉语可以去中国旅游、体验中国文化。针对两种学习动机，日本孔子学院在课程设置中也各有侧重。前者注重语言技能教学，会安排系统的汉语教学和文化教学。如福山大学孔子学院提供"暑假特别讲座"以满足学校和企业的需要，立命馆大学孔子学院设有"商务汉语速成"课程，关西外国语大学孔子学院举办"空乘专业汉语系列讲座"等，还设置了"旅游口语""中国生活""日常生活汉语"等课程，以帮助学生了解相关专业汉语、体验中国文化。

2. 学习者特点（职业、年龄等）

13所孔子学院汉语学习者的年龄和职业存在较大差异，课程设置较多考虑生源特点。在日本孔子学院学习汉语的学员年龄跨度较大，包括十几岁的中学生、大学生、三四十岁的社会人士（主要为上班族）以及六十多岁的已经退休的老年人。在校学生主要是因考试需求、就业需求、旅游需求等学习汉语。日本学生毕业后会组织毕业旅行，毕业旅行的首选地多为中国，此时，掌握汉语可以帮助其在中国顺利沟通交流。在职人士多因与中国有业务交流而学习汉语，汉语技能也会为他们提升工作竞争力。如关西外国语大学孔子学院开设面向中小学学生的汉语课程，大阪产业大学和冈山商科大学孔子学院则面向在校生和社会生分别开设日间和夜间汉语课程，札幌大学孔子学院的汉语课程注册时即将学生分为在校生和社会生，汉语课程教学内容也会尽量考虑生源特点。孔子学院通过对学习者分类施教，不仅增强了汉语教学的针对性，而且有效增加了学员数量，扩大了影响力。

（二）未来留学及就业需求

对于未来赴华留学的学生而言，HSK考试成绩是其必备条件之一。孔子学院充分利用HSK考试，设置针对性讲座或课程，以满足学员对HSK成绩的需求。日本孔子学院还以讲座形式向学员传达赴华留学所需的相关知识。例如，武藏野大学和立命馆大学孔子学院均开设了面向赴华留学生的"留学准备讲座"或"上海短期留学前讲座"。此外，中日之间经济文化往来需要大量汉语人才，汉语能力也可以成为未来就业的重要砝码。以旅游业为例，掌握汉语的日本导游可以更好地与中国游客沟通，提高工作效率。统计显示，在日汉语学习者对"旅游汉语"课程的学习需求比较旺盛，如爱知大学孔子学院、工学院大学孔子学院等均开设了"旅游汉语"课程。针对公司职员，立命馆大学孔子学院、工学院大学孔子学院、大阪产业大学孔子学院、樱美林大学孔子学院均开设有"商务汉语"课程，以帮助学习者快速了解中国商务礼仪，满足企业员工实际工作语言需求。此外，孔子学院作为非营利性教育机构，其办学宗旨是增进世界人民对中国语言和文化的了解，发展中国与外国的友好关系，促进世界多元文化的发展。除特别注明需收取费用的课程外，日本孔子学院举办的各类公开讲座均免费对外开放，充分体现了孔子学院的办学特点。

五、日本孔子学院汉语课程设置存在问题及解决对策

（一）课程设置存在的问题

1. 文化知识课程较少、连续性较低

此次统计共涉及语言课程149门，主题讲座103项，文化课程33门，其他课程7门。在数量上，文化课程远少于语言课程和主题讲座，仅有爱知大学孔子学院、工学院大学孔子学院、冈山商科大学孔子学院、立命馆大学孔子学院以及关西外国语大学孔子学院开设文化课程。从教学内容看，在已开设的文化课程中，知识类课程倾向于讲授中国古代历史、中国古代文学作品等，缺少对当代中国文化和时事的关注，仅有立命馆大学孔子学院依托研究中心开设有相关课程。在课时安排上，文化课程多为单学期课程，教学连续性较弱。以"二胡"课程为例，北陆大学孔子学院、大阪产业大学孔子学院、樱美林大学孔子学院和福山大学孔子学院均有开设，但只有樱美林大学孔子学院和福山大学孔子学院设置了从入门到高级的"二胡"系列课程。文化课程学时短且连续性弱，不利于学习者深入学习，也不利于其形成系统的中国文化知识体系。

2. 课程内容未充分关注日语母语负迁移

对外汉语教学具有较强的国别性，不同国别的学习者在学习汉语时出现的问题具有较大差异，这不仅要求任课教师具备相应的第二语言教学能力和跨文化交际知识，还要求孔子学院在课程设置及教师讲授时充分考虑学习者的母语负迁移影响。

日本汉语学习者多数比较内向，课堂上也较少开口，他们严谨的态度使

其更在意语法是否规范而非发音是否准确，他们也更依赖阅读来获取知识。日本词汇中的汉字同形词是其阅读的双刃剑，部分汉字词与日语相同或相近，如"健康""政治"等，但更多汉语同形词在语义上与日语相差较大。受母语负迁移影响，形同义异的中日汉语词是汉语学习的难点。例如，日语中"娘"的意思是"女儿"，而中文指"母亲"；中文的"丈夫"在日语中是"结实"的意思。由于日汉语言具有历史渊源，在语义、语法等方面日语与汉语也有同异共存现象，因此，日本汉语学习者在习得汉语时，因望文生义而错误理解汉语字词的情况时有发生，但在日本孔子学院高级汉语课程设置及教学内容中，没有专门的二语习得偏误类专项课程，不利于高阶汉语学习者深刻理解汉语及提升汉语能力。

3. 课程设置缺乏差异性和特色

日本孔子学院虽然是公益性汉语教学机构，但在未来发展规划中，仍应增强自我造血能力，形成适度市场化的发展模式。目前日本孔子学院语言课程设置多按学习者汉语水平分班授课，并未充分考虑学习者的个体差异及需求，从而导致课程设置缺乏特色、针对性不强。在13所孔子学院中，多数孔子学院开设的课程特色不够鲜明，未能发挥所依托高校及自身师资的资源优势。实际上，学习者国籍背景、汉语水平及已学习年限参差不齐，单纯按照汉语水平来划分班级，不能很好地考虑到每个学习者的情况，从而导致课程设置缺乏差异性和特色，其学员扩展及课程拓展缺乏可持续性。日本孔子学院作为汉语国际推广平台，还没有充分发挥自身师资及汉学友人的学术资源力量，在运营造血功能上，未能匹配日本作为发达国家的经济发展水平及市场化运作机制。

4. 孔子学院间协同效应低，远程资源利用不充分

日本孔子学院分布比较集中，主要位于日本本州岛地区，覆盖东北、关东、中部三个连续经济带，区域内交通便利，经济繁荣，文化科技水平较高。孔子学院所依托高校具有较强的专业特色，交通的便利使得不同孔子学院实现了较强的课程开设跨区域互补及协同。但目前课程设置方面，能够发挥所依托高校专业特色及孔子学院间协同效应的项目还较少，未能整合区域优势及资源优势。在互联网＋时代，汉语教学已经呈现线上线下混合教学的新模式，但日本13所孔子学院中，除工学院大学孔子学院及冈山商科大学孔子学院常年开设有广播专栏外，并未形成稳定的系列线上汉语课程。另

外，听说读写的单项技能提升课程占比较小，综合课程处于主导地位，还不能满足学生单项技能训练的需求。

5. 课程理论性较强，专业实践较少

日本13所孔子学院汉语语言课程重视理论知识讲解，实践课程相对较少。在所开设的课程中，语言课程多为理论知识课程，学生实践则依托课中情景创设及少数讲座，课外实践应用较少，仅有少数文化主题讲座或比赛实践语言交际运用，如樱美林大学孔子学院开展的诗歌朗诵活动、关西外国语大学孔子学院举办的歌唱比赛等。在目前所统计的284个门类的课程及讲座中，149门语言课程占比51%，33门文化课占比11%，103种主题研讨类讲座占比35%。其中主题讲座多为用时1~2小时的短时活动，学生参与具有较大的随意性。虽然部分主题讲座可以视为语言课程的延伸或实践，如爱知大学孔子学院开设"提高汉语水平，夯实汉语基础""会话特训讲座"等主旨讲座，但整体上讲座内容侧重专家学者的理论讲解，学生在讲座中还缺乏沉浸式汉语实践应用。专项实践课程欠缺是学生汉语能力提升的主要障碍之一。日本华人华侨众多，一部分学生可以在社会交际活动中进行汉语会话实践，但依然有部分学生只能将孔子学院汉语课程作为主要汉语实践机会，其汉语听说实践效果有待提升。

（二）解决对策

日本孔子学院发展应以吸取经验和自我完善为前提，积极调整课程设置，使其更合理、更具吸引力，以切实提高办学实效。针对上述不足，笔者建议日本孔子学院结合未来发展战略，构建区域化比较优势，积极主动融入日本社会，以学生需求为基础，调整课程类型比例，加强技能教学，形成差异化办学特色。

1. 孔子学院间协同发展，建立优秀课程资源库

日本孔子学院主要位于本州岛核心经济带，地理位置优越，交通快捷便利，这为学员跨校选修课程提供了重要条件。日本孔子学院2005年开始建立，已经有近20年发展历史，每个孔子学院均有比较稳定的汉语语言培训课程，这些线下课程资源可以进行跨校区合作。例如，每学期可以公布课程设置，将部分课程推行为跨校修读课程，供部分自由职业者或特殊需求者根据上课时间选修，尽可能扩大学生受众。各孔子学院可以推出建院以来比较

成熟的优秀课程，实现优势互补，以区域合作形式建立优秀课程资源库，优秀课程既可供孔子学院教师学习教学技巧，也可适度市场化，开发为面向日语母语学习者的示范课程，实现资源的有效整合利用。

2. 建立差异化特色课程

孔子学院是中日高校合作的典范，也是双方高校资源优势整合的体现。但在孔子学院课程设置及现实发展中，还存在较长的资源整合及发展磨合期。在本文所统计的13所孔子学院中，多数孔子学院的汉语课程及文化课程设置主要偏向孔子学院自有师资，而所依托高校特色、优势专业及师资未能整合并体现在孔子学院课程设置中。日本作为汉字文化圈主要国家之一，汉语学习在日本有大学、高中、语言机构等多种渠道，孔子学院并非汉语学习的唯一选择，因此，孔子学院应尽量减少课程设置的雷同性，与其他汉语培训机构差异化发展，形成自身办学特色及品牌。如立命馆大学孔子学院文化类讲座多邀请高校本土专家开展，不仅能够拉近与日本学生的距离，而且能够形成中外学科资源整合的办学特色。关西外国语大学毕业生多以空乘服务为就业首选，其孔子学院针对空乘服务自编教材《空乘汉语》并开设相关课程，走出了一条普通汉语向专业汉语发展的可持续发展道路，也与其他汉语学习机构形成了稳定的差异化办学特色。因此，日本孔子学院应整合中外高校专业及师资优势，形成自身差异化办学特色，从而为孔子学院可持续发展提供强有力的保障。

3. 精准把握学生需求，合理调整课程设置

日本汉语学习者个体差异较大，在设置课程时应该充分考虑学习者需求。可以通过小班教学的方式，关注学习者个体差异，选择合理的教学内容，使课程更具针对性。各孔子学院应结合本地的经济、政治、人文开设独具特色的课程，如旅游胜地增设"旅游汉语"课程，经济中心则开设"商务汉语"课程。

语言课和文化课均为日本孔子学院课程体系的重要组成部分，但语言课和文化课比重并不均衡。究其原因，一方面，孔子学院对文化课程不够重视，另一方面，任课教师自身的专业水平及文化素养有待提高。因此，在课程设置上，孔子学院应该重视文化教学，使之与语言教学协同并进，最终将文化知识融入语言教学。例如，通过文化沙龙的方式将"书法""京剧"等文化课程引入；教授"商务汉语"时，可以结合当今中国的发展概况进行授

课。赴东亚文化圈国家授课的汉语教师应深入研究中国文化,提高自身文化素养,培养专业特长,提升文化技能,主动适应新环境,完善课程内容及体系。

4. 完善专项技能实践,创新教学方法

日本孔子学院的汉语语言课程多以综合课形式授课,单项技能训练较少。在本文所统计的13所孔子学院中,仅有5所孔子学院开设有口语、听力、语音等分项课程,适当增加单项技能教学有助于提高学生的学习效率。课堂实践是检测学习效果的重要方式,但在非汉语母语环境中则需要努力创设沉浸式教学场景,以增强学生汉语实践能力。在授课形式上,孔子学院可以开展网络讲座、举办线上比赛等,更新传统的授课方式,充分利用网络资源,增设专项技能实践课程,合理分配课程时间,综合利用多种教学法,最大限度地发挥孔子学院汉语教学的优势。此外,部分孔子学院可开设公众号,汉语教师也可以设立个人账号,分享中国文化中的趣味知识、日常用语等,使学习者不仅能轻松地获得知识,也能通过多样化的方式进行汉语交流与学习。

参考文献:

常莉莎. 日本孔子学院(课堂)研究 [D]. 保定:河北大学,2012.

陆平舟. 孔子学院的汉语教学模式的探索——以日本爱知大学孔子学院为例 [J]. 南开语言学刊,2007 (2):135-142.

马渊亮. 日本汉语教学的现状及对策研究——以日本樱美林大学孔子学院为例 [C] // 北京大学对外汉语教育学院研究生院. 北京地区对外汉语教学研究生论坛论文集,2013:293-302.

沈林. 日本孔子学院的现状及展望 [J]. 广东外语外贸大学学报,2007 (5):26-28.

孙吉胜. 孔子学院:语言、文化与理念的传播 [J]. 公共外交季刊,2014 (3):19-24.

王垚. 日本札幌大学孔子学院汉语教学现状调查研究 [D]. 沈阳:沈阳大学,2018.

杨秋实. 对外汉语综合课文化因素教学设计的研究——以日本冈山商科大学孔子学院为例 [D]. 大连:大连外国语大学,2019.

作者简介:

梁吉平,惠州学院文传学院副教授,主要研究方向为汉语国际教育。

王郊,贵州大学硕士研究生,主要研究方向为汉语国际教育。

国际中文写作教学研究的史脉回溯与未来展望

马瑞祾

北京语言大学信息科学学院

摘　要：写作教学负载着新时代做好中文国际推广和培养二语者书面表达能力的重任。本文系统回顾了写作教学的发展史，纵向上将其分为两大阶段，分别阐释了两大阶段的特征；横向上从写作教学的理念等五个方面展开论述，力求勾勒国际中文写作教学的发展全貌。最后，本文展望了智慧教育、学术写作、多元反馈等未来研究的新取向。

关键词：国际中文教育；写作教学；汉语二语写作；研究综述

Historical Review and Future Prospect of Research of International Chinese Writing Teaching

Ma Ruiling

College of Information Science, Beijing Language and Culture University

Abstract: Writing teaching carries the necessary responsibility of promoting Chinese language to the world and developing the written expression ability of second language speakers in the new era. This paper systematically reviews the history of writing teaching,

---

* 本文受教育部中外语言交流合作中心 2022 年度国际中文教育研究课题重点项目（项目编号：22YH50B）、2022 年度国际中文教育教学资源项目（YHJC22YB001）资助。

and vertically divides it into two stages, and explains the characteristics of the two stages respectively. From the perspective of the concept, method, classroom, teaching material and digitalization of writing teaching, this paper tries to outline the overall development of international Chinese writing teaching. Finally, the paper looks forward to the new research orientation of intelligent education, academic writing, multiple feedback and so on.

Keywords：International Chinese language education；Teaching Chinese writing；Chinese as a second language writing；Research review

一、引言

"国际中文教育"学科名称由"汉语"更名为"中文"，寓意新时代的学科建设将由重视口语教学转变为着力发展书面语教学和研究（李泉，2020），写作技能的训练承担着中文书面语教学的重任。陆俭明（2022）指出，为确保中文更快更好地走向世界，必须做好的四件事中的第一件就是"抓好汉语书面语教学"；只有掌握了用书面语进行交际的能力，才能培养出更多的汉学家和翻译家。然而，写作是四项语言技能中最为薄弱的一环。由于写作要求学习者综合运用语言知识进行更复杂的输出，写作成为教师教、学生学的难点，钳制了国际中文教学的均衡、全面发展。

从外部因素看，近年来，中文学习需求分众化趋势不断加剧，写作能力成为二语者来华求学、工作和生活的必要技能之一，如撰写学术论文、拟定商贸合同等写作任务成为学习者无法回避的交际任务。从内部因素看，对书面语能力的培养有助于其他语言知识和技能的掌握，在具体交际语境中，学习者能够根据所学的词汇、语法知识恰当地遣词造句，同时还要注重文章的章法和谋篇布局。要言之，写作教学的重要性不容忽视，"写作难"的困境亟待打破。据此，本文全面回顾并梳理国际中文写作教学研究的历史脉络，同时展望未来国际中文写作教学的前进路向。

二、纵向划界：国际中文写作教学研究的发展史脉

"国际中文教育"作为上位概念，统辖对外汉语教学、汉语国际教育以及海外华文教学三大分支（吴应辉，2022），本文将研究视角主要投射在对外汉语教学这一领域，兼及汉语国际教育和海外华文教学中的写作问题。纵观汉语作为第二语言教学的研究史，写作教学研究的总特征为起步晚、基础弱、成果少（罗青松，2011）。首先，受"先语后文"思想的影响，写作教学最早的研究成果可追溯到 20 世纪 80 年代杨昌建的《浅谈外国留学生汉语专业的写作课教学》，此前鲜有学者对该问题展开论述。相较于汉语教学的整体发展，写作教学研究起步最晚。同时，从四项技能的研究看，写作研究成果数量最少（检索日期为 2023 年 1 月 10 日，结果见表1），且现有的几部专著虽对写作教学已有较为全面的探讨，但相较于其他语言技能的研究成果仍显不足，缺少系统、深入的理论成果。不仅如此，成熟的写作教材以及围绕写作教学开展的学术研讨活动也不多。

表 1 CNKI 数据库四项语言技能研究论文数量对比

语言技能	听力	口语	阅读	写作
论文数量	511	1715	554	490

国内对外汉语写作教学研究可以分为两个阶段：第一阶段是 20 世纪后期的初步探索阶段，第二阶段是 21 世纪以来的多元深化阶段。

（一）初步探索阶段

初步探索阶段的写作教学主要围绕汉语写作的定位、目标任务、课程设置、教学内容等问题进行探讨，初步勾描了写作教学的轮廓，明晰了教学及研究的思路。杨建昌（1982）的《浅谈外国留学生汉语专业的写作课教学》和祝秉耀（1984）的《浅谈写作课教学》是两篇较早讨论写作教学的文章。两篇文章均围绕写作教学的定位和目标任务展开论述，杨文受到母语写作教学的影响，忽视了二语写作教学的特质，认为写作教学应注重修辞和技巧的运用；而祝文则强调写作教学过程中应注重对语言要素的运用进行指导。李清华（1986）探讨了写作教学中两种占主导地位的模式：控制写作和自由写作，并为之后的写作教学模式研究提供了较好的借鉴。20 世纪 90 年代以

后，南勇（1994）提出了"不能照搬母语写作教学"的思路，明晰了二语写作和母语写作的边界，并找准了二语写作教学的切入点，进一步指出应关注语篇形式特点，同时将研究视角延伸至写作教材。刘月华（1998）论述了写作教学中的语段教学和篇章教学问题。目前，学界普遍认可"以语段为起点，以语篇为目标"的教学思路（罗青松，2002）。两篇文章反映了学界对写作课程起点、重点问题的思考。此外，吴平（1999）关注了学习者写作策略的研究，何立荣（1999）则对篇章失误问题进行了研究，两篇文章均为较早研究写作教学中学习策略和偏误现象的文章。

初步探索阶段的写作教学研究在深度、广度上有所欠缺，但受益于当时已相对成熟的对外汉语教学总体研究，许多基本观点一经提出就较快得到了学界的认可。同时，借鉴其他语言技能、母语及英语写作教学的成熟经验，也推动了该阶段中文写作教学研究的发展。

（二）多元深化阶段

21世纪以来，面向对外汉语的写作教学研究得到了学界一定的重视，写作教学研究迎来了多元深化阶段。该阶段问世的理论专著有罗青松编写的《对外汉语写作教学研究》（2002），周红的《语篇知识建构与对外汉语写作教学研究》（2016），等等；在"读写一体化"的理念下，还有部分写作研究成果是与阅读技能合写出版的，如田然编著的《国际汉语教学读写教学方法与技巧》（2014），或存在于第二语言教学理论专著中的特定章节，如翟艳、苏英霞的《汉语作为第二语言技能教学》（2010）。此外，写作课程的部分优秀教案也编入对外汉语的教案集中得到出版，如《对外汉语读写课优秀教案集》。

基于 CNKI 数据库的高级检索功能，以"对外汉语写作教学""汉语作为第二语言教学""国际中文写作教学"等为主题词，经检索和人工筛选后共得到 2000—2022 年相关研究文献 385 篇，其中期刊论文 136 篇，硕博士学位论文 234 篇，会议论文 15 篇。笔者根据检索到的文献，建立"对外汉语写作教学研究"数据库，基于 CNKI、Cite Space 可视化工具对写作教学的研究总体趋势、主题分布情况、作者机构分布等信息进行聚类分析，得到如下结果。

笔者通过中国知网的可视化分析对已有研究文献的"发表时间""发表刊物""文献来源分布"进行特征提取，以此为衡量维度分析写作教学研究发展的总体趋势。不同年份期刊发文量变化趋势如图1所示。

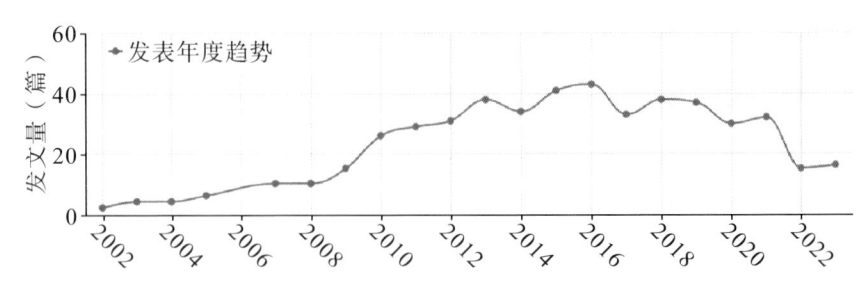

图1 写作教学研究发文量年度变化趋势图

从图1可见，写作教学研究发文和刊载量以2008年为分水岭，2008年之前呈现小幅低增长的趋势，2008年之后呈现波动增长的趋势，2016年达到发文数量的峰值43篇，年均发文量约为20篇。在刊载期刊的分布方面，221篇论文刊载于27种刊物上。按发文数量的多寡统计出前30位文献作者及文献来源，如图2所示。

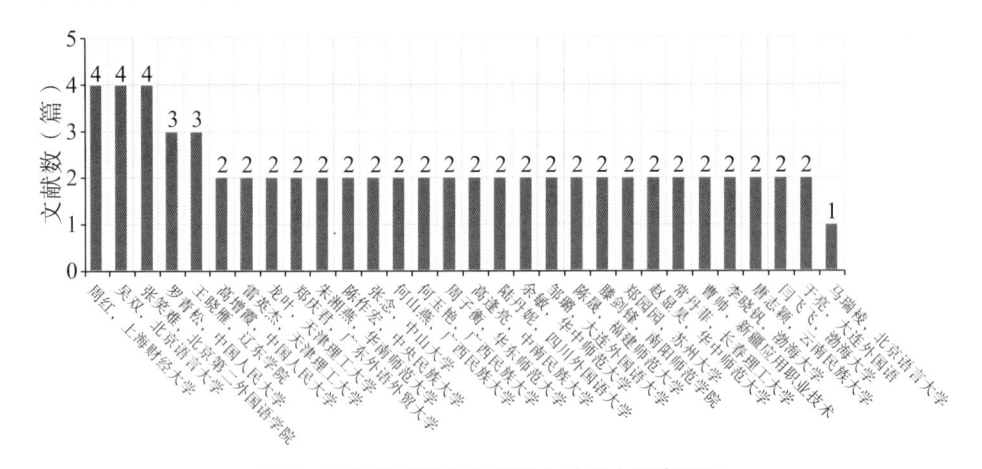

图2 写作教学研究作者发文量及文献来源图

其中，周红、吴双、张笑难、罗青松、王晓雁是发文量居于前五位的学者，单人发文量均大于3篇。从写作教学研究的主题来看，中国知网统计出的主要关键词结果见图3。其中，"教学设计（27）""中级写作（24）""偏误分析（22）""写作教材（18）""产出导向法（11）""教学模式（11）"等研究话题广受学界关注。

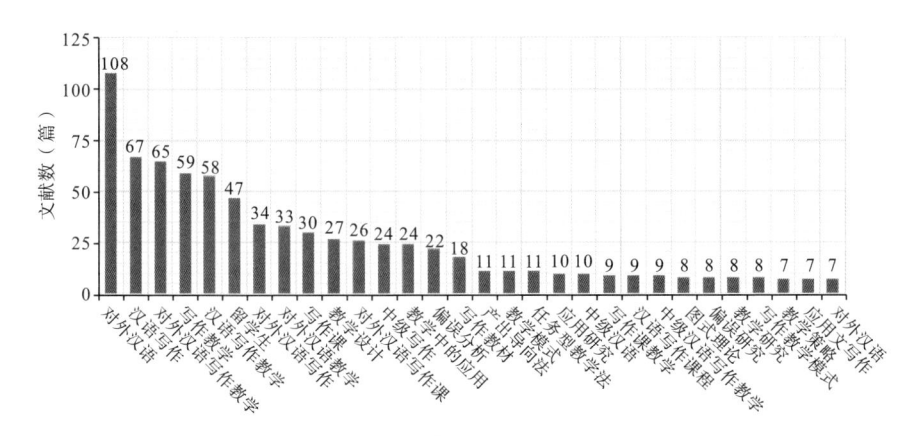

图3 写作教学研究的关键词分布

本研究使用Citespace的关键词共现功能，得出国际中文写作教学研究的主题分布情况，本文设置阈值（TopN＝50，TopN％＝10），密度（Density＝0.01），得到关键词共现网络图谱（图4），共计386个网络节点、742条边数。

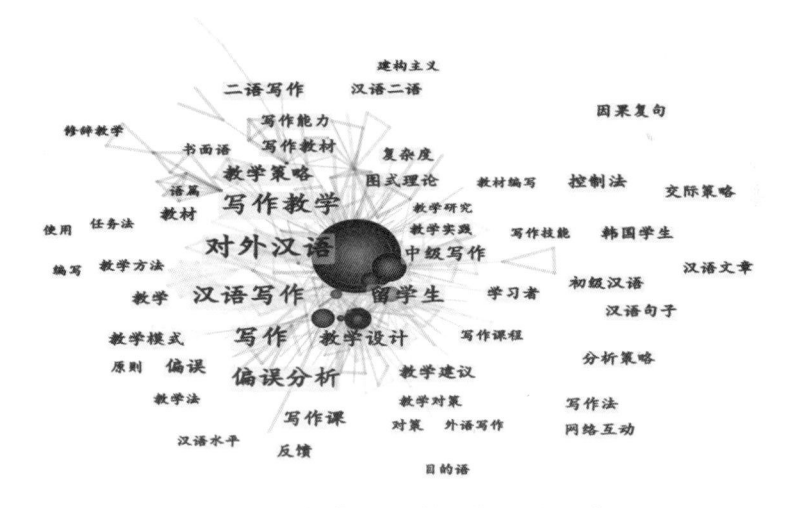

图4 写作教学研究关键词共现网络图谱

由图4可见，除了与"对外汉语写作教学"这一领域名称紧密相关的部分节点外，反映研究内容的关键词节点中"偏误分析"和"教学设计"最大，说明二者在相关研究中占有较大优势。与"教学设计"相关的关键词还有"教学建议""教学模式""教学对策"等。此外，写作教学研究还包括对经典的"三教"问题中的教材编写、教学法两个维度的研究。下文将围绕关键词共现图谱，分类对写作教学的研究内容展开细致分析。

综上，第二阶段相比第一阶段已有了长足的进步，研究视角、理论、方法、内容更加多样，涉及了写作教学的各个方面。

三、横向勾描：国际中文写作教学研究的主题分析

基于上文对第一阶段的文献梳理以及对第二阶段的主题词分析，第三部分将从横向上探明国际中文写作教学的研究内容和具体成果。

（一）写作教学理念研究

从整体上看，一方面，二语写作教学理念受到语言学、心理学、认知科学等研究转向的影响，正在同步发生转向，呈现出较强的综合化发展趋势（周红，2007）；另一方面，国际中文写作教学通过引介国外写作教学理论和借鉴英语教学经验，教学理念得以不断更新。

首先，语篇知识建构理论在写作教学中得以应用。语篇知识建构是以建构主义学习理论和功能语言学作为理论背景的一种全新的写作教学理论。周红（2013）首次提出了语篇知识在建构主义写作教学中的渗透方式。三年后，其专著《语篇知识建构与对外汉语写作教学研究》问世，该书标志着传统的以句或语段为本位的写作教学向以语篇为本位的视角转变。作者从语篇知识结构出发，对写作教学内涵、作文偏误、教材编排、教学模式等内容进行探析，推动写作教学从注重语言形式向形式与内容并重转变（周红，2016）。语篇知识建构理论的运用是对传统写作教学的一次革新。

其次，图式理论在写作教学中得到运用。图示最早由 Kant 提出，后被皮亚杰引入认知心理学领域，并运用到外语教学中，现代图示的概念得以产生。国内外学者对图示的理解不尽相同，但普遍认同图示是一种知识结构。图式理论指导下的写作教学研究主要探讨语言、内容、结构三种类型的图示如何与写作课程结合，旨在从认知的视角打破学习者对写作的畏难心理，进而提高写作水平。

再次，输入假说理论引入写作教学。在"读写一体化"理念的驱动下，学者们开始关注写作教学中的"输入"问题。贾丹丹（2010）率先将克拉申的输入假说理论与汉语写作相结合，指出写作课不宜与其他课程分离。张

卓、付红珊（2012）基于输入假说提出输入语言材料的意义性与趣味性并重以及读写教学有机结合是提高留学生汉语写作水平的有效方式。

最后，部分学者尝试将"合作学习理论""语篇衔接理论""语法隐喻理论""模因论""语块理论"等理论应用到写作教学中。多种理论在写作教学中的探索和实践对写作教学的发展起到了良好的推动作用。

（二）写作教学法研究

21世纪以前，我国对外汉语写作教学中"结果教学法"占主导地位。该教学法的理论根据是形式主义语言观和行为主义心理学。结果教学法主张学习者通过阅读、分析与模仿例文来写作；教师过度讲解范文，只关注作文成品，相对忽视学习者写作的诸环节（罗青松，2002）。它的教学任务是完成句子、替换与模仿练习、句型操练、段落排列与文本阅读等，这些练习旨在帮助学习者提高表达的准确性，但在很大程度上限制了学习者的自由思维与表达。通过发现母语写作和二语写作在用语言表达思维方面的相似性，写作教学的思路开始从重结果向重过程转变（罗青松，2011）。

过程教学法是在"以学生为中心"的教学理念下产生的。其理论依据是认知主义语言观、理性主义心理学和交际理论。该方法主张关注写作的全过程，将写前思考、构思提纲、初稿撰写、校对修改、最终成稿等所有环节均纳入写作教学，并将教学重点放在学习者总体写作能力的培养上。它的教学任务是锻炼写作的思维能力，帮助学习者培养"提出观点、撰写文章、反复修改"的写作习惯。唐曙霞（2003）、辛平（2009）等学者从不同的视角出发对过程教学法展开研究。学者们都注重通过小组讨论、问卷调查、学习者跟踪、教学实验等方法开展实证研究。

随后，任务型教学法兴起，并得到了有效的教学实践。任务型教学法是以任务为中心的体验教学法，其理论依据是建构主义学习理论、任务型教学的思想。该教学法主张"情境创设"和"体验思考"两个核心理念；任务活动多以意义为中心、贴近真实生活；按启发、引导和体会写作过程的思路展开教学。该教学法注重学生的学习体验，能够有效提升学习者的积极性和主动性。张笑难（2004）阐释了教学法的理论背景及教学操作方式，是一次将听说训练的任务法应用在写作教学中的有益尝试。罗青松（2002）探讨了中级阶段写作任务的设计问题，提出了写作任务的基本要素，并从任务设计角度提出体验式、互动式、媒介式三种互相融合的写作任务类型。张笑难

（2010）探讨了基于任务法的主题单元教学模式在写作课中的实践情况。

近年来，文秋芳面向英语教学提出了"产出导向法"。随后，该教学法也被应用到国际综合和技能课的教学中。许希阳、吴勇毅（2016）首次将"产出导向法"应用到写作教学中的论文写作，通过教学实验从输入、输出和评价反馈三个方面构建了对外汉语写作教学的新模式。文章提出课堂上"输出先于输入"的观点，分解教师和学生、课堂和课后的任务，主张课堂聚焦控制性语段写作，课后进行完整篇章写作，并强调即时评价，从多渠道对学生课堂输出给予反馈。

除上述四种教学法外，有学者还研究了支架式教学（Scaffolding Instruction）（孙宁宁，2019）以及综合运用多种教学法，如过程体裁法（Process-genre Approach）（齐春红，2016；吴双，2008）。不同写作教学法体现了不同的教学理念，取得的教学效果也不尽相同。在教学中教师不宜偏执一法，应秉持"教无定法，贵在得法"的思想。

（三）写作课堂教学研究

20世纪对外汉语写作教学的课堂研究多为经验型分析，21世纪以来开始转向教学实践性反思或实证性研究。课堂教学研究能够窥见教师的教学系统设计理念，并能直接指导教学实践。写作课堂教学研究关注写作课堂的教学活动、师生行为、学习策略等内容。祁玲、张春梅（2008）从课堂教学的交际化的角度讨论写作课堂教学的模式问题，从选题、讨论、写作、修改、展示等基本环节指出贯彻互动式教学的方法和策略。包小金（2008）分析了写作过程中协作式学习策略的"分组讨论"子策略的应用模式。吴剑（2012）面向来华留学的预科生写作能力较弱的普遍问题，通过实证研究方法论证了留学生在写前、写时、写后（修改）三个阶段惯常使用的写作策略，发现写作策略使用与HSK4级和5级考试成绩分别呈正、负相关两种情况。莫丹（2018）关注了多稿写作教学行为中的反馈形式问题，通过对照试验论证了采用师生协同反馈的方式对培养学生的写作能力更为有效。郑艳群、周梦圆（2020）立足已有文献，从宏观、中观、微观三个层面推导出写作教学结构和过程的理论模型，在大数据视角下为写作教学课堂研究提供了量化的数据支持。上述研究关注解决课堂教学的实际问题，同时与一定的教学法理论联系，因而能从各种教学案例中摸索其普遍特征，寻求解决问题的策略。

（四）写作教材研究

教材作为最重要的教学资源，是教师规划教学内容、教学步骤的重要依据，可以使教学内容更加系统、规范，训练方式更加科学、有效。现有的成熟的对外汉语写作教材数量较少，据统计，已出版的对外汉语写作教材（含读写教材）约有 50 本。不同于有限的写作教材，写作教材研究的成果数量相对较多。现有研究视角包括单一教材研究、教材对比分析、系列教材研究三种，研究内容包括范文选取、编排思路、练习设计、教材评估等。单一教材研究主要是探讨教学理念在教材编写中的体现和应用。例如，王菲菲（2013）以四套目前应用面较广的写作教材为蓝本，基于克拉申的语言输入假说，从篇幅长短、难易程度、文体格式的规范程度、趣味程度以及学生对范文的满意程度五个维度分析出对课堂教学和学生仿写帮助最大的范文原型。高增霞、栗硕（2018）探讨了学术中文写作教材的编写理念、训练重心，目标是实现教材的立体化、系列化研制，且首要目标是对通用型学术写作教材的编写。周红、包旭媛（2012）全面梳理了现有汉语写作教材的总体情况，并对四套写作系列教材、四本单行本教材和两套读写教材进行了对比研究。文章从多个角度入手，系统、深入地论证了现有写作教材的优缺点，条分缕析、引证翔实，为写作教材研究提供了较好的研究范式，也为教材编写者提供了改进思路。

（五）数字化写作教学研究

数字化写作教学研究反映出学者们积极探索互联网、人工智能和大数据时代背景下国际写作教学的新突破口。目前，学界已有部分学者尝试将各类新技术和新模式融入写作教学。沈冲（2002）最早探讨电子写作在写作教学中的应用。朱湘燕（2007a）以多媒体辅助的写作教学为对象，提出依托网站和软件两类资源来提高写作教学质量的方法和策略。吴双（2010）将多媒体课堂教学与传统教学模式进行比较，指出多媒体教学在优化写作教学过程、提高学习效率、建构写作教学新模式等方面的重要意义。郑庆君（2014）、李钰恒（2017）分别探讨了基于微信、微博平台的高效写作教学模式。张洁（2019）提出将"翻转课堂"引入写作教学能够提高学习者的主动性。还有部分学者将漫画、影视等辅助性教学资源运用到写作教学的课堂中。

电脑现已成为一种重要的学习终端，林莹、朱宇、张淑杰（2021）探讨了来华留学生电脑限时写作过程中的自发修改行为，发现大多数自发修改的类型与写作任务所属文类间存在显著交互作用，但与写作成绩没有显著关联。未来，还需要进一步开展关于学生自发修改等元认知行为的研究。随着语料库技术的发展，数据驱动学习（Data Driven Learning，简称DDL）的理念开始普及，马瑞祾、徐娟（2022）率先尝试将DDL理念引入中文写作教学，搭建了多模态范文语料库，并以此辅助范文知识习得。马瑞祾、徐娟（2023）还调查了目前已有的国际中文写作智能评测系统，并指出了这些系统的功能、优势与不足。

四、未来展望：国际中文写作教学研究的发展路径

已有研究已经展示了多种教学理念、方法、模式在写作教学中的应用情况，写作教材研究也不断趋于深入，数字化教学成为新趋势。展望未来，随着国际中文传播需求日益分众化，国际中文写作教学研究前景广阔，其发展空间表现在以下三个方面。

第一，关注"中文写作智慧教育"的议题。随着以人工智能、大数据、互联网为代表的新一代信息技术的发展，应该积极发挥智慧教育技术优势来赋能中文写作教学，从而突破"写作难"的困境。一方面，数字化教学模式是技术与教学整合的"接榫点"，在找准模式变革的深层因素基础上，需要设计出具有简明性、易用性、可扩展和复制的国际中文写作智慧教学模式，并将该模式应用到课堂教学实践中加以检验和优化（马瑞祾、曹钢、徐娟，2022）。另一方面，需要研制出能够支持开展智慧教育的写作智慧教学资源，通过借鉴文本复杂度研究的相关成果（殷晓君，2022），开发作文智能批改系统、写作网络"金课"、多模态范文语料库、同伴互评系统、自适应学习系统（马瑞祾、徐娟，2022）等。通过不断夯实硬件、软件等智慧教育的数字基座（马瑞祾、徐娟，2023），促进写作教学的提质增效。

第二，关注"学术中文写作教学"的议题。随着来华留学生结构的不断优化，来华学历留学生的数量将不断攀升，在此背景下宜加强对学术中文的相关研究（张博，2022）。目前，学界主要探讨了学术中文词汇及词表研制的问题，已有部分学者关注到二语者的学术写作能力问题，如亓海峰等。但此类研究从总体上看仍不够充分，特别是对学术写作教学的研究。学术中文

写作教学研究可以充分借鉴学术英语的成熟经验,以及国外其他第二语言学术写作教学研究的代表做法,结合中文特色实现创新。学术中文写作研究应兼及教学设计、教材编写、资源研发、模式构建、课程内容、训练项目、评价测试等多个方面。

第三,关注"中文写作能力评价"的议题。写作作为输出性技能,其能力的评估与测试是写作教学研究的永恒话题,特别是作文评分相较于其他能力的衡量具有较强的主观性,因此需要不断加强对中文二语写作能力评价客观化、科学化的有关探索。一是构建评价量规,需要有效融入写作教学的相关理论,明晰写作能力衡量标准,运用有声思维(Think-Alouds)、德尔菲法(Delphi Method)、扎根理论(Grounded Theory)等方法来建立并优化对中文写作能力的评价量规,为科学化评价奠定基础。二是创新评测技术,在借鉴母语和英语作文自动评分的经验基础上,构建更大规模的二语者作文评测数据集,探索融合文本特征、基于预训练模型等深度学习方法在中文作文评分任务上的应用,依托智能评测技术实现作文的自动评阅和多元反馈。三是优化评价方式,除教师评价外,同伴互评能够有效培养学习者的读者意识,如莫丹(2018)的研究显示"教师批改+同伴互评"的方式能有效提升作文成绩。今后,写作课堂评价环节可以灵活增设同伴互评活动,借助同伴互评软件,让更多学习者参与写作教学的练评环节,贯彻"做中学"的教学理念。

五、结语

在国际中文教育取得长足发展且若干问题日益凸显的背景下(王新,2022),写作技能的培养任重而道远。我们不仅需要对已有写作教学研究进行系统梳理和全面总结,从而检视已有研究的得与失,更应该立足"后疫情时代"留学生恢复来华的新机遇,积极识变、主动应变,探索新理论、拥抱新技术、关注新话题、活用新方法,实现写作教学的守正创新和拓局谋远。

参考文献:

包小金.过程写作教学中"分组讨论"的若干问题[J].云南师范大学学报(对外汉语教学与研究版),2008(4):29-33.

曹钢,董政,徐娟.基于《国际中文教育中文水平等级标准》的词汇知识图谱与词汇自适应学习平台构建［J］. 国际汉语教学研究，2023（1）：21－30.

高增霞，栗硕. 学术汉语写作教材建设刍议［J］. 云南师范大学学报（对外汉语教学与研究版），2018（6）：12－21.

何立荣. 浅析留学生汉语写作中的篇章失误［J］. 汉语学习，1999（1）：45－48.

贾丹丹. 输入假说对留学生汉语写作课程设置及教学的启示［J］. 读与写（教育教学刊），2010（4）：186＋190.

李清华. 外国留学生中级阶段的写作课教学［J］. 语言教学与研究，1986（1）：133－142.

李泉. 2020：国际中文教育转型之元年［J］. 海外华文教育，2020（3）：3－10.

李钰恒. 微信在对外汉语写作课堂的应用探究［G］//北京大学对外汉语教育学院. 2017对外汉语博士生论坛暨第十届北京地区对外汉语教学研究生学术论坛论文集. 北京：北京大学对外汉语教育学院，2017.

历鑫. 基于图式理论的对外汉语中级写作教学研究［D］. 济南：山东大学，2020.

林莹，朱宇，张淑杰. 来华汉语学习者电脑限时写作的自发修改研究［J］. 世界汉语教学，2021（2）：231－247.

刘月华. 关于叙述体的篇章教学——怎样教学生把句子连成段落［J］. 世界汉语教学，1998（1）：72－78.

陆俭明. 新时代国际中文教育理念创新和实践探索的若干思考［J］. 语言教学与研究，2022（4）：1－8.

罗青松. 对外汉语写作教学研究［M］. 北京：中国社会科学出版社，2002.

罗青松. 对外汉语写作教学研究述评［J］. 语言教学与研究，2011（3）：29－36.

马瑞祾，曹钢，徐娟. 国际中文智慧教学模式的过程模型与课堂活动设计［C］//李晓琪，徐娟，李炜. 数字化国际中文教育（2022）. 北京：清华大学出版社，2022.

马瑞祾，徐娟. 面向数据驱动学习的CSL范文语料库构建［J］. 中文教学现代化学报，2022（2）：13－23.

马瑞祾，徐娟. 语言智能赋能国际中文智慧教育：现实境况与未来路向［J］. 国际中文教育（中英文），2023（2）：43－52.

莫丹. 基于反馈的留学生汉语多稿写作教学行动研究［J］. 语言教学与研究，2018（5）：13－23.

南勇. 留学生的汉语写作教学刍议［J］. 汉语学习，1994（6）：52－53.

亓海峰，丁安琪，张艳莉. 汉语二语学习者学术汉语写作能力研究［J］. 四川师范大学学报（社会科学版），2022（1）：138－146.

齐春红. 东南亚学生汉语写作教学的过程体裁法应用探索［J］. 西南石油大学学报（社会科学版），2016（6）：112－119.

祁玲，张春梅. 汉语写作课互动教学模式探析［J］. 现代语文（语言研究版），2008（1）：89－90.

沈冲. 电子写作在对外汉语教学中的应用（英文）[C]//张普. E-Learning 与对外汉语教学. 北京：清华大学出版社，2002.

孙宁宁. 基于支架式教学法的初级汉语写作模式研究[J]. 云南师范大学学报（对外汉语教学与研究版），2019（2）：1—7.

唐曙霞. 论运用"过程法"进行汉语写作教学[J]. 云南师范大学学报，2003（5）：1—5.

田然. 国际汉语教学读写教学方法与技巧[M]. 北京：北京大学出版社，2014.

王菲菲. 对四套对外汉语写作教材叙事写景类范文的考察[D]. 西安：陕西师范大学，2013.

王新. 新时代背景下国际中文传播的若干思考[J]. 山西大同大学学报（社会科学版），2022（5）：151—155.

吴剑. 来华预科留学生汉语写作策略探索[J]. 华文教学与研究，2012（2）：47—55.

吴平. 从学习策略到对外汉语写作教学[J]. 汉语学习，1999（3）：34—37.

吴双. 论过程体裁写作理论在对外汉语写作教学中的应用[J]. 现代语文（教学研究版），2008（3）：21—24.

吴双. 多媒体辅助对外汉语写作教学的意义[J]. 云南师范大学学报（对外汉语教学与研究版），2010（1）：41—46.

吴应辉. 国际中文教育新动态、新领域与新方法[J]. 河南大学学报（社会科学版），2022（2）：103—110.

辛平. 对外汉语写作课教学的验证性研究[J]. 云南师范大学学报（对外汉语教学与研究版），2009（2）：29—35.

徐娟，马瑞棱. 数字化转型赋能国际中文教育高质量发展[J]. 电化教育研究，2023（10）：121—128.

许希阳，吴勇毅. "产出导向法"理论视角下的对外汉语写作教学模式之探索[J]. 华文教学与研究，2016（4）：50—60.

杨建昌. 浅谈外国留学生汉语专业的写作课教学[J]. 语言教学与研究，1982（3）：110—113.

殷晓君. 基于依存构式的文本复杂度分级特征体系构建及效度验证[J]. 语言教学与研究，2022（6）：24—33.

翟艳，苏英霞. 汉语作为第二语言技能教学[M]. 北京：北京大学出版社，2010.

张博. 学术汉语词汇的主要特点及教学策略[J]. 世界汉语教学，2022（4）：517—530.

张洁. "翻转课堂"教学模式在对外汉语教学中的应用分析[J]. 吉林省教育学院学报，2019（12）：69—72.

张笑难. 任务型教学模式在对外汉语写作课中的应用[J]. 海外华文教育，2004（2）：13—18.

张笑难. 基于任务型模式的主题单元教学在对外汉语写作课中的实践[J]. 内蒙古师范

大学学报（教育科学版），2010（3）：82－86.
张卓，付红珊. 克拉申输入假说对于留学生汉语写作教学的启示［J］. 吉林省教育学院学报（下旬），2012（7）：8－9.
郑庆君. 网络时代对外汉语写作教学的高效模式探索——基于微博平台的汉语课外写作训练构想［J］. 国际汉语学报，2014（2）：122－126.
郑艳群，周梦圆. 汉语写作教学结构和过程理论模型研究［J］. 华文教学与研究，2020（3）：37－46＋54.
周红，包旭媛. 对外汉语写作教材考察与分析［J］. 云南师范大学学报（对外汉语教学与研究版），2012（1）：28－35.
周红. 第二语言写作教学理论研究动态［J］. 云南师范大学学报（对外汉语教学与研究版），2007（6）：27－32.
周红. 语篇知识建构与对外汉语写作教学研究［M］. 上海：上海人民出版社，2016.
周红. 语篇知识在建构主义写作教学中的编排与渗透［J］. 长春大学学报，2013（3）：366－370＋378.
朱湘燕. 多媒体辅助对外汉语写作教学研究［J］. 国际关系学院学报，2007a（4）：69－74.
朱湘燕. 对外汉语写作教学调查及研究［J］. 现代语文（语言研究版），2007b（6）：101－103.
祝秉耀. 浅谈写作课教学［J］. 语言教学与研究，1984（1）：96－105.

作者简介：

马瑞棱，北京语言大学信息科学学院博士研究生，研究方向为二语写作教学、语言教育技术。

6~12 岁儿童中文教材教师手册比较分析与数字化编写建议[*]

王 淼

北京语言大学信息科学学院

摘 要：教师手册是教师与教学之间的有效桥梁。本文通过对五套 6~12 岁儿童中文教材教师手册及三套成人中文教材教师手册的编写内容进行标注、分类、量化统计，对比分析 6~12 岁儿童中文教材教师手册编写特点，并基于教师手册评估体系，对 6~12 岁儿童中文教材教师手册的 4 大类 15 小项框架内容及 7 大类 25 小项具体教学指导内容进行系统评估。本文结合国际中文智慧教育背景，对 6~12 岁儿童中文教材教师手册的编写提出增加多模态、多层级教学资源，有效互动的教师交流平台建设，多元趣味的学习工具使用指导内容三项数字化编写建议。

关键词：6~12 岁儿童；中文教学教材；教师手册；数字化编写

---

[*] 本文受教育部中外语言交流合作中心 2022 年国际中文教育研究课题重点项目（项目编号：22YH50B）、2022 年国际中文教育教学资源项目（YHJC22YB001）资助。

Comparative Analysis of Teacher's Guide of Chinese Textbooks for Children Aged 6-12 and Suggestions for Digital Compilation

Wang Miao

College of Information Science, Beijing Language and Culture University

Abstract: The teacher's guide is an effective bridge between teachers and teaching. By marking, classifying, and quantifying the content of five sets of teacher's guide for Chinese textbooks for children aged 6-12 and three sets of teacher's guide for adult Chinese textbooks, this study compares and analyzes the writing characteristics of teacher's guide for Chinese textbooks for children aged 6-12. At the same time, based on the previous teacher's guide evaluation system, this study systematically evaluate the framework content of 4 categories and 15 sub-items and the specific teaching guidance content of 7 categories and 25 sub-items in the teacher's guide of Chinese textbooks for children aged 6-12. Furthermore, combined with the background of international Chinese wisdom education, suggestions are put forward for the compilation of the teacher's guide of Chinese textbooks for children aged 6-12, including providing guidance on the use of multi-modal and multi-level teaching resources, building effective interactive teacher communication platforms, and providing guidance on the use of multiple and interesting learning tools.

Keywords: Children aged 6-12; Chinese teaching materials; Teacher's guide; Digital teaching material compilation

一、引言

教师手册是极为重要的教学资源，能为教师的教学规划和教学实施提供资源和支持，作为教学支架让教师对教学内容有更深度的理解和展现（Koljoned，Ryve，Hemmi，2018；Sandra，2021）。智慧教育背景下，国际中文教育与现代智慧教育技术有机融合，智慧国际中文教育成为一种新形态。国际中文教师的角色需要从知识传授者向教学空间设计者与建构者转变，教师需要学会获取教学资源、挖掘教学数据、驾驭智慧课堂（徐娟，2019）。教师手册作为与教材紧密贴合的指导用书，是教师选取恰当教学手段、更新自身教育理念、紧跟教育新技术新方法最有效、最直接的指导来源，因此教师手册的编写质量对教师的教学效果具有巨大影响。为达到满足不同层次教师需求的"为教师想、为教师做、为教师用"的使用效果，科学有效地对教师手册内容进行评估，能够对教材教师手册质量进行有效测量，全面了解其编写特点与有待提高之处，并提出客观、有效的编写建议，具有理论价值及实用意义。

国际中文教育呈现出的学习者低龄化趋势愈加明显。低龄化水平普遍为50%到60%，一些国家超过60%，低龄化趋势今后会继续加速（李宇明，2018；盛继燕，2019；邵滨、富聪，2020）。6~12岁是儿童进行语言学习的关键时期。儿童在这个时期是否进行语言学习，在语音和语言最终水平的体现上有明显差异（刘振前，2003；徐兴祥，2004）。因此，适应儿童学习特点的教材、教法、教育理念、评估模式需要匹配革新，掌握儿童学习规律、具备智慧教育背景下数字化综合素养的中文教师不可或缺，相关研究需要同步深入。

随着国际中文教育步入低龄化新阶段，依据全球汉语教材库统计数据，2000年后儿童中文教材数量已超过成人中文教材，但教材配套资源严重不足（周小兵、张哲、孙荣等，2018；贺爽，2020）。从广义角度看，教材不单单指学生课本，而是以教科书为中心建立起的综合体系，教师用书正是该体系的重要组成部分（刘珣、邓恩明、刘社会，1982；赵金铭，2004；李泉，2006）。虽然教材编写者意识到教师用书是教材不可缺少的一部分，但教师手册的配套出版状况却并不理想。大部分课本由于种种原因，教师手册并未匹配，教师用书的匮乏值得重视（刘珣，2000；朱志平、江丽莉、马思宇，2008）。可见，在课本发展立体化的同时，教师手册匹配的滞后性仍是需要解决的问题，且对儿童教师手册的研究也仍待深入。

因此，本研究选取6~12岁儿童汉语学习者的中文教材教师手册为研究对象，利用比较分析法将其与成人中文教材教师手册进行对比分析，发现其编写特点。利用文献研究法探究其编写结构、编写内容情况，并利用评估体系对编写内容进行逐项评估，发现其优点与有待革新之处。本文还基于智慧国际中文教育背景，提出编写建议。

二、研究综述

教师手册，也称教师用书（Teacher's Guide, also referred to as Teacher's Book）（Cox，Henrichsen，Tanner，et al.，2019），广义来讲是教育读物的一种，主要供教师教学时参考，如各种教案选编、教材教法书等，既包括教学理论方面的书籍，也包括教学实践方面的书籍。狭义来讲则指配合教材编写的、辅导教师教学的用书，主要介绍教材编写意图和编排体系，提供一些教学参照。本研究中的教师手册取其狭义概念。

从教师手册的作用来看，前人在研究中对其重要性均给予了肯定，认为教师手册对教师教学具有重要的指导作用，引导教师完成教学安排（赵金铭，1998；李海燕，2001）。教师手册中的文字内容对授课教师还会起到价值观的影响作用（Tentolouris，2021），即使教师手册中仅有少量的教学支持性内容，这些内容对教师的教学实践也会产生巨大影响（Mati，Gracism，2020）。从对成人中文教材教师手册的研究来看，学者们的研究主要集中在三个方面。一是二语教材教师手册对比研究，如选取有代表性的中英教师手册做编写体系的对比分析并提供编写建议（刘弘、张嘉园，2016）。二是从国别化角度，对不同国别的中文教材教师手册编写原则及使用技巧做出总结（陈立芬，2012），或就某一国别如巴西的本土教材教师手册的编写做深入考察（雷敏，2019）。三是以不同级别或课型为切入点，如对初级综合课或初级中文教材教师手册进行集中分析，对不同教师手册的编写理念、内容框架等进行对比，并总结不足（程乐乐，2005；范秀娟，2014；吴新月，2016）。从对儿童中文教材教师手册的研究来看，基于对2005年到2019年儿童中文教学相关研究的梳理，我们认为儿童中文教学要重视适合儿童发展特点的教材及配套资源的开发（邵滨、富聪，2020）。儿童中文教材教师手册作为配套资源的重要组成部分，其相关研究主要集中在以下三个方面。一是不同领域儿童教材教师手册对比，如选取中文教材、英语教材、中国小学语文教材进行横向对比，分析发现教师手册应吸纳改进的建议（苟欣悦，2016）。二是经验型总结研究，如基于某部儿童中文教材教师手册的编写经验，总结编写原则，用于指导编写实践（李润新，2006）。三是儿童中文教材的内部对比，如选取某一国别使用较多的两到三本儿童中文教材教师手册进行横向分析（孟小滟，2021）。从评估角度来看，教师手册的配备情况是教材评估体系中的重要一项（薛艳君，2006）。前人针对教师手册提出了不同体系的评估标准。一是五维标准，包含所提出的语言教学方法的恰当性、对内容解释的具体性、文化方面的完备性、指导性和呈现效果（Coleman，1986）。二是两维标准体系，分为整体评估和具体评估两个部分，并具体提供各项评估指标（Cunningsworth，1995；Cunningsworth, Kuse，1991）。三是在对比研究中，将确定下来的对比角度作为评价项目展开，评价项目包括教师手册涵盖的各个模块内容，如编写原则、前言与附录、单课构成、单课处理模式、装帧情况等，指标数量在各项研究中具有个性差异（刘轶姝，2004；刘弘、张嘉园，2016；孟小滟，2021）。四是通过对教师用书编者的深度追踪开展质性研究并做分析评估，或基于教师需求调研，对教师手册内容编写情况做比较评估（Kim，2015）。

基于以上对前人研究的梳理，笔者发现，总体而言，在二语教材教师手册研究中，面向英语二语教学的研究居多，面向中文二语教学的研究较少；在面向中文二语教学的教师手册研究中，针对成人中文教材教师手册的研究居多，针对儿童中文教材教师手册的研究较少；定量研究居多，质性研究较少；在对教师手册进行对比分析的过程中，选取的研究对象数量较少，或不能覆盖国内、海外常用教师手册，因此分析结果相对而言适用性受限；对教师手册的评估主要基于编写形式与内容、结构、教师需求，尚未有统一的评估标准体系，但各类评估体系的具体指标项目差异不大，其中Cunningsworth（1995）的评估体系可操作性较强，后续研究多以其作为评估参照。这为本研究的评估方法提供了有效支持。

三、研究设计

（一）研究问题

本研究主要探讨如下三个问题：

（1）与成人中文教材教师手册相比，6~12岁儿童中文教材教师手册的编写特点有哪些？

（2）目前6~12岁儿童中文教材教师手册的编写体系、各模块编写内容如何？

（3）在国际中文智慧教育背景下，6~12岁儿童中文教材教师手册的编写如何与时俱进，满足数字化教育需求？

（二）研究对象

本研究选取目前海内外使用度较高的五套（22册）面向6~12岁汉语学习者的中文教材教师手册（以下简称"儿教手册"）作为研究对象。选取标准有四：其一，五套教师手册均为21世纪出版，具有时代性；其二，五套教师手册对应的中文教材适用对象均为小学1~6年级汉语学习者，内容具有可比性；其三，五套教师手册均为教育部中外语言交流合作中心展示教材，使用范围广，具有广泛性；其四，五套教师手册出版于五家具有权威性的出版社，且既有中国国籍编者，也有外国国籍编者，具备多元性特征。

同时，本研究选取三套（11册）成人中文教材教师手册（以下简称"成教手册"），用于对比分析。选取标准有三：一是出版时间为21世纪；二是使用范围较广；三是内容具有可比性，使用评价较高。

以上八套教师手册信息如表1所示：

表1　八套教师手册信息表

对应教材适用对象	教师手册名称	册数	编者	出版社	出版时间
6~12岁儿童	国际少儿汉语指导手册	12	朱一飞	上海外语教育出版社	2008
	轻松学中文教师用书	4	马亚敏，李欣颖	北京语言大学出版社	2009
	小学汉语教师用书	2	张晓梅，王培英，朱婷婷	华语教学出版社	2009
	体验汉语（小学）教师用书	2	国际语言研究与发展中心	高等教育出版社	2010
	阳光汉语教师手册	2	［美］刘骏	商务印书馆	2011
成人	新实用汉语课本教师手册	4	刘珣	北京语言文化大学出版社	2002
	汉语教程教师手册	3	杨寄洲	北京语言文化大学出版社	2006
	当代中文教师手册	4	吴中伟	华语教学出版社	2006

（三）研究方法与研究步骤

本研究主要采用文献研究法及比较研究法，主要研究步骤分为四步。

第一步，搜集筛选，确定研究对象。对搜集到的教师用书进行标准筛选，选出五套儿教手册作为研究对象以及三套成教手册作为对比分析对象。

第二步，文本分析标准及评估指标确定。基于文献研究法，对八套教师手册的内容进行编写内容分类，并进行标注。

第三步，量化数据收集。对儿教手册及成教手册所包含的各项内容及编写具体情况分项进行量化统计。

第四步，分析研究结果。基于量化数据，对比成教手册分析儿教手册的编写特点。基于 Cunningsworth（1995）评估指标，分项评估儿教手册的编写体系以及各模块编写内容的有效性。基于对儿教手册的整体考察，讨论在国际中文智慧教育背景下，儿教手册应注意的编写原则及改进策略。

（四）研究结果对比展示

经分类标注、统计，本研究将教师手册涉及的编写情况标注分为整体架构、具体教学架构两大项内容。其中，整体编写架构从教材、练习册、教师手册、教学四大类展开，具体下设 15 项内容；教学架构下设 7 大类内容并进一步划分为 25 个小项内容。具体统计数据如表 2、表 3 所示：

表 2　八套教师手册整体架构统计数据表

编写内容项目		儿教手册		成教手册	
类别	小项	套数	占比	套数	占比
关于教材说明	教材适用对象	3	60.00%	2	66.67%
	教材编写内容及体系	3	60.00%	3	100.00%
	教材编写目标	3	60.00%	3	100.00%
	教材编写原则	2	40.00%	1	33.33%
	教材编写特点	2	40.00%	0	0.00%
关于练习册说明	练习册编写和使用说明	2	40.00%	1	33.33%
	练习册录音、文本、答案	3	60.00%	2	66.67%

续表2

编写内容项目		儿教手册		成教手册	
关于手册说明	手册前言概况	3	60.00%	3	100.00%
	手册使用说明	5	100.00%	3	100.00%
	手册目录	5	100.00%	3	100.00%
	手册具体内容结构	5	100.00%	3	100.00%
	手册附录	1	20.00%	3	100.00%
	手册双语	3	60.00%	1	33.33%
	背景理论知识	3	60.00%	3	100.00%
关于教学说明	教学架构及指导	5	100.00%	3	100.00%

表3 八套教师手册具体教学架构统计数据表

编写内容项目		儿教手册		成教手册	
类别	小项	套数	占比	套数	占比
授课指导	总体教学目标	5	100.00%	3	100.00%
	总体教学计划	2	40.00%	3	100.00%
	各个阶段说明及教学建议	2	40.00%	3	100.00%
	具体教学目标	5	100.00%	3	100.00%
	具体教学内容	5	100.00%	3	100.00%
	具体教学重点、难点	4	80.00%	3	100.00%
	具体教学辅助释义	3	60.00%	3	100.00%
	详细教学步骤建议	4	80.00%	2	66.67%
	教学活动介绍	4	80.00%	2	66.67%
	教具材料	3	60.00%	0	0.00%
	趣味游戏安排	3	60.00%	0	0.00%
练习指导	扩展练习及材料	3	60.00%	2	66.67%
	教材练习截图	2	40.00%	0	0.00%
	教材练习录音或文本	4	80.00%	0	0.00%
	教材练习答案	5	100.00%	0	0.00%

续表3

编写内容项目		儿教手册		成教手册	
文化指导	文化知识补充介绍	2	40.00%	2	66.67%
评测指导	阶段测验试卷	2	40.00%	2	66.67%
	阶段测验试卷答案	1	20.00%	1	33.33%
预测指导	预测教学可能出现的问题	3	60.00%	3	100.00%
	提供预测问题的解决办法	2	40.00%	3	100.00%
拓展资源	多模态教学资源	2	40.00%	0	0.00%
	工具资源	2	40.00%	0	0.00%
	互动平台	2	40.00%	0	0.00%
	参考文献	0	0.00%	2	66.67%
留白空间	用于教师反思的笔记空间	1	20.00%	0	0.00%

四、分析与讨论

（一）儿教手册相较于成教手册的编写特点分析

一致性与差异性。同为教师手册，成教手册与儿教手册在编写内容的整体框架结构上具有较强的一致性，对于配套教材、练习册及资源都进行了介绍说明，便于教师对整套手册的体系有整体把控，方便后续调用。在对每方面内容进行介绍说明时，内容项目及各项详略具有差异。究其原因，主要由教学对象的差异导致。成人与儿童在年龄、心理发展阶段两方面差异较大，因而适用的语言学习策略、教学法原则、方法等具有明显差异，对应的教师手册在编写侧重上就存在详、略、取、舍的差异。儿教手册突显出的四个特点如下。

1. 重实用方法指导、轻原则理论说明

儿教手册的教学活动介绍、详细教学步骤建议占比均高于成教手册，而教材内容及体系、背景理论知识、参考文献的占比均低于成教手册。成教手册中对理论的介绍更为详尽且提供文献参考，整部教师手册在编写中处处体现对这些理论成果的运用。而儿教手册更重视对具体教学活动实施的指导，直接引导教师进行教学实操。一方面，这可能与儿童中文课堂教学特色有关，另一方面，可能与成人中文教学起步较早、理论研究成果相对成熟有关，针对儿童的中文教学权威性理论研究成果相对不足。

2. 重趣味互动指导、轻阐释解析说明

儿教手册的教学活动介绍、教具材料指导、趣味游戏安排指导占比均高于成教手册，而教学重点难点阐释、具体教学辅助释义占比均低于成教手册。在文化知识补充介绍方面，儿教手册也相对不足。儿童中文教学更加注重体验式教学模式，遵循5C原则，注重功能、文化，兼顾词汇、语法练习，强调根据儿童年龄特点培养学生对中文的实际运用能力。相比于成教手册中为教师提供大量的词汇、语法辅助解释，儿教手册更倾向为教师提供大量游戏活动安排及实体教具，协助教师完成趣味性强的教学设计。这是由于成人善于使用逻辑思维、自制力强、学习动机强，对知识性内容的理论解释能帮助成人学习者有逻辑地建构其自身的知识体系。而对儿童学习者而言，由于其年龄尚小，逻辑思维还没有完全形成，大量理论知识讲解会让学习事倍功半。儿童学习动机不强、注意力集中时间短，通过游戏、趣味活动等方式开展练习互动，寓教于乐，能够大大提高其学习兴趣，对于儿童中文教学而言意义重大，儿教手册的内容安排很好地体现了这一差异。

3. 重练习拓展指导、轻测试评估说明

儿教手册对教材练习部分提供的指导占比均持平或高于成教手册，而在评测指导部分占比低于成教手册。究其原因，儿童阶段的语言学习与成人阶段的语言学习，从教学目标上来讲，具有根本差异。对儿童学习者主要侧重于提高其使用能力、激发其兴趣，不必给其造成评测压力，以免导致其产生抗拒心理。而对成人学习者而言，第二语言的学习往往伴有获取语言等级证书、辅助工作等目的，测评是对学习效果最直接的评估手段。此外，在对两种教师手册中提供的练习话题内容进行进一步分析时，我们发现，儿童练习话题集中于"动物""颜色""爱好"等更有意思且贴近儿童生活和兴趣的话题，而成教手册中提供的练习和测评更多是关于"工作""学习"的话题，更具有功能性目的。

4. 重灵活使用指导、轻固定程式说明

儿教手册教材编写特点、教学资源指导占比高于成教手册，而总体教学计划、各阶段教学说明及建议占比均低于成教手册。成教手册在教学方法上已形成一些固定的教学模式，更倾向于向教师提供示例教案，引导教师参考执行。而儿童中文教学的模式更加灵活，因而主要向教师提供整体特点指导，在该特点下，教师可根据提供的素材、网站资源，灵活进行活动设计。此外，儿教手册留白部分占比也高于成教手册，方便教师对灵活安排的教学设计进行自我评估、反思。

至此，本研究通过对比分析，将儿教手册相较于成人手册在编写上的不同和四个特点进行了总结阐释。接下来，我们将进一步就儿教手册的编写情况进行更详尽的分项评估。

（二）儿教手册编写情况评估分析

本研究采用 Cunningsworth（1995）的评估体系，对儿教手册的整体编写架构及具体编写内容进行进一步的评估分析。该评估体系包括整体评估及具体评估两部分，结合国际中文教学特点进行了微调，如表 4 所示：

表 4　评估体系表

类别	评估项目	涉及指标
整体评估	语言知识指导	说明提供了哪些知识，如语音知识、词汇知识、语法知识等；说明在使用时要注意的使用技巧、适宜性、语用知识；知识的阐释方式及详细程度；是否提供不同学习方法、学习策略，对使用这些方法有什么建议；是否考虑到教师的作用，以及不同活动中教师作用的变化
	使用指导	对如何高效利用手册内容提供指导；对手册内容结构提供指导，便于教师使用
	理论知识指导	是否包含教学法、教学原理指导；是否帮助教师对相关语言教学原则增加了解，甚至起到培训作用
	手册的撰写语言	用何种语言撰写，是教师所在国语言、教师母语还是汉语；表达是否易用、易懂

续表4

类别	评估项目	涉及指标
具体评估	教学目的和教学内容指导	教学总目标、教学原则、教材适用对象说明；每课教学目的、教学内容说明以及说明方式，说明项目包括但不限于语音、词汇、语法、功能、情境、话题、技能（如读写听说）等；对所要讲授知识点提供了哪些信息；对于讲授这些知识点的教学方法提供了哪些指导；对于讲授中可能出现的问题是否给予辅助性注释
	教学设计指导	对系统安排教学单元、教学计划提供指导；每课具体教学计划、教学准备、教学步骤指导；每课教学指导细节是否具体；对所需教学资料、辅助材料提供广泛指导
	突发问题指导	是否能帮助教师处理突发问题；对实施失败的活动的补救方法提供指导
	文化阐释指导	是否提供信息帮助教师树立跨文化意识；是否充分预测了在文化背景理解方面会产生的困难；是否通过提供足够的信息和解释来解决这些困难
	练习与测试指导	是否指导教师应何时、如何纠正学生语病；是否就如何应对学生对纠错的种种反馈提出建设性意见
		对练习提供了何种程度的答案；对练习的评估有无适当的指导；是否提供正式及非正式评估方式
	保持学生学习动机的指导	对如何提高、保持学习者动机提供指导
	课程评估	是否设置留白，鼓励教师对自己的教学进行评估备注；对如何评估提供建议

该评估体系除设置了教师手册应包含的编写项目外，对于编写内容的详略也给出了评估指标。借助该评估体系，结合对儿教手册具体内容的详略安排考察，本研究对儿教手册的编写情况进一步做整体评估，分析讨论如下。（1）儿教手册在语言知识指导方面，涵盖语音、词汇、语法三项基本要素，对语用内容覆盖欠缺，仅对少部分知识性内容，如重难点词汇、语法提供用法解释。（2）对学习者在学习过程中可运用的学习策略缺乏建议。（3）在知识教学和活动安排中，对教师角色的定位主要是传授者及组织者。（4）在整体体系的说明和使用指导方面，内容较为翔实。（5）对理论知识的介绍不足，少量介绍主要集中于儿童年龄阶段身心发展特点、二语习得理论、教学法理论内容，有些内容甚至一笔带过、未做展开，达不到促进教师理论学习的效果，对不断发展更新的数字化教育理念、智慧教育理论等内容没有涉

及。(6)在编写语言方面,注重双语使用,为教师授课提供了易用、易懂的解释性授课语言,特别是双语的编写形式,充分考虑到了本土中文教师使用困难的问题。

对儿教手册的编写情况进一步进行具体评估。具体评估是对教师手册的实用性而言的,着重考察其是否有效指导教师进行具体单元的教学,组织课堂活动,完成教学实施。具体分析讨论如下。

在教学目的和教学内容指导方面,儿教手册对教学总目标、教学原则、教材适用对象的说明阐释较为清晰,对每课教学目标、教学内容有整体说明。教学法的体现也比较清晰,不同儿教手册各有特色,有的以精巧的小故事为内容主线,以寓教于乐为原则指导,融合5C教学理念,力求贴近海外少儿汉语课堂实际,围绕生活情景进行教学,帮助学生理解记忆,并提供大量插图、真实对话以及形象生动的生活场景,帮助教师进行教学;有的以交际法为主导,与功能法相结合,为教师提供大量生动活泼、可供使用的课堂活动,如游戏、歌曲、诗歌、交际任务活动,等等;有的提倡语言、文化相结合,在实际交际中完成语言学习和文化学习。但在具体知识点的阐释上,缺乏详细解释。比如,对教材中出现的术语如"中医""中药"等,没有提供具体的解释或辅助展示的资料,无法指导教师帮助儿童理解专业性词汇。

在教学设计指导方面,对整体的教学系统安排,仅提供了概括性总结指导,但在目录安排中,能够对教学计划有所体现。针对每课的具体教学而言,对知识点的教学方法提供详细的教学步骤指导、可安排的活动介绍,同时还提供相对应的教学材料和可扩展使用的网站资源。

在面对突发问题的指导方面,提供的指导尚不充足。仅建议针对教学时长安排对教学活动进行增减,没有针对学生在学习中可能遇到的语音、词汇、句型等方面的困难提供预测性回答或指导教学的对策。这很可能导致经验不足的教师在课堂中遇到学生发音问题或其他未准备的提问时不能做出及时反应,也无从进行资料查阅,影响教学效果。

在文化阐释指导方面,仍需进一步加强。目前部分教师手册的编者已意识到教师和学生在文化理解方面的困难,并提供了部分文化故事内容,以促进学生对中国文化的了解。

在练习与测试指导方面,对练习及答案提供得较为充分,对测验试题提供得尚不充分。当教师面对不同学习层次的学生或有测验需求的学生时,教师手册无法为教师提供相应的教学支持。而测试内容往往需要具备一定的科学性和系统性，教师自主出题可能对评测效果产生影响。

在保持学生学习动机的指导方面，儿教手册主要通过活动、趣味游戏的安排，帮助教师增强教学过程的趣味性，为教师保持学生学习动机提供了有力支持。

在课程评估方面，尚待改进。如果在每课或每单元的授课指导结束后提供留白空间，就能够提醒教师对本次教学进行反思，写下注意事项，在下次授课时查阅，不断提升教学效果，促进教师教学技能的提升。

（三）国际中文智慧教育背景下儿教手册编写建议探讨

基于上述讨论，本研究已对儿教手册相较于成人手册的特点，以及儿教手册的编写情况做了全面的考察评估。儿教手册对欠缺的编写内容应适当给予增补，以便教师灵活提取使用，提高儿教手册的内容质量，拓展儿教手册的多元功能。然而，随着教育技术的不断发展，"数据－知识"双轮驱动的语言教学成为新趋势，教师手册的编写也应与时俱进，适应数字化教育发展新需求。因此，本研究尝试进一步结合国际中文智慧教育背景，从教师教学和学生学习两个角度，就儿教手册在优化多元资源利用、促进教师发展方面的可能改进空间进行探讨，以促进教师手册对教师教学的有效引导，帮助教师对教师手册与教材等系统教学材料进行有效链接。

1. 多模态、多层次教学资源及教学平台的使用指导

基于统计数据，我们发现，儿教手册对多模态教学资源的介绍说明占比较低，有待进一步改进。向教师提供教学资源、教学平台的整合型介绍、获取路径介绍并提供使用指导，能帮助教师迅速定位优质贴合的教育资源，如词汇自适应学习平台（曹钢、董政、徐娟，2023）等，为教师教学提供有效的教学支持。教学资源包括纸质或数字形式，数字化的教学资源包括配套出版的课件或可个性化制作的课件制作平台、慕课资源、融合型的教学平台以及数字化的评测题库，等等。基于文字、图示、音频、视频等多模态的教学资源使用指导，能够促进不同学习者的多元智能发展。对融合型教学平台的使用指导，能帮助教师掌握平台的使用方法，利用平台提供的教育技术支持，便捷地完成学生需求分析，收集实时学习数据，提供个性化学习反馈，进行数据驱动的评估，有效完成教学模式的智慧化转型。同时，教师手册的编写内容应考虑对多层次教学资源的使用指导，不能"一刀切"，应注意到全球不同地区的数字化发展程度具有差异性，考虑网络及技术发展欠发达地

区的实际情况，保留传统形式的文本、录音、光盘等配套资源的使用说明，供教师根据教学点所在地区的客观情况选择性使用。

2. 有效互动、持续迭代的教师交流平台建设与维护

同伴学习的实质是教师之间的交流互动、协作共赢。在教育技术发展的任何阶段，教师的主观能动性都不容忽视，教师自身教学素养的提升、数字胜任力的发展、终身学习的目标都需要被实现。因此，能进行有效互动、得到持续维护的教师交流平台对教师群体十分有益。不同国家和地区从事国际中文教育的教师能够相聚云端，基于交流平台增进沟通，对教学中遇到的疑惑进行有效交流、对自己的教学经验进行分享、对实用的教学资源进行分享，在同伴之间协作共赢的同时，也让身处世界各地的国际中文教师获得强烈的归属感和推动力，激发教师群体的教学积极性。

教材或教辅用书的出版往往具有滞后性，且纸质教材在更新上需要耗费的人力、物力及时间成本较高，因此如何保持儿教手册指导内容的前沿性、时效性值得探讨。教师手册的更新可以通过数字平台得到加持，因此，教师交流平台还可以发挥数字化优势，除设置上述互动交流版块外，还可设置前沿动态版块、职业发展版块。在前沿动态版块，利用网络平台迅捷的特色，定期更新前沿的教育理念、教育技术知识，教师也可发布相关内容，这有利于对纸质出版物内容进行有效补充。同时，职业发展版块还可对前沿的科研信息、工作坊资讯、就业路径等内容实时更新，鼓励教师不断学习，以获得更好的职业发展。

3. 多元化、趣味化的学习工具的使用指导

从学生学习的角度而言，教师的课堂教学只是学生自身知识构建的重要一环，学生想要真正掌握新知识，还需要通过有效的刺激、练习、反思来进行巩固，实现知识的内化，因此适合学生发展阶段和语言水平的学习工具十分重要。然而，我们搜集寻找相应工具的过程却十分耗时费力，且搜寻到的学习工具质量也参差不齐。特别是考虑到儿童学习者的特殊性，实用有趣、简单易用的学习工具就更为难得。儿教手册中设置相关资源的介绍及使用指导，能帮助教师了解多元化的具有趣味性的学习工具，为学生的语言学习创造便利。

五、总结与展望

教师手册是教师与教学之间的桥梁，如何通过高质量的编写使教师手册发挥其本质作用值得探讨。特别是国际中文教育低龄化趋势明显的背景下，国际中文教师在教学胜任力、教学素养等方面仍需不断提高，全面发挥教师手册的指导作用就显得更为重要。

本研究通过对儿教手册与成教手册的编写内容进行量化统计及对比分析，考察了儿教手册的编写特点，并基于教师手册评估体系对儿教手册编写内容进行了全面的分析，指出儿教手册在编写架构及编写内容上的亮点和不足。本研究还进一步紧追前沿动态，结合国际中文智慧教育背景，面向教育数字化、智能化发展需求，提出儿教手册在编写上可尝试探索的编写建议，为儿教手册的编写提供更多参考依据，以期推动儿教手册编写的不断革新。

参考文献：

曹钢，董政，徐娟. 基于《国际中文教育中文水平等级标准》的词汇知识图谱与词汇自适应学习平台构建［J］. 国际汉语教学研究，2023，37（1）：21－30.

陈立芬. 从国别化观点谈对外汉语教材的《教师用书》编辑［J］. 国际汉语学报，2012（1）：10－17.

程乐乐. 论初级汉语教材教师手册的编写［J］. 海外华文教育，2005（1）：54－60.

范秀娟. 对外汉语初级综合教材教师用书考察与分析［D］. 上海：复旦大学，2014.

苟欣悦.《中文·教学参考》（小学版）编写体例及内容研究［D］. 广州：暨南大学，2016.

贺爽. 针对汉语学习者低龄化现象的对外汉语教材研究［J］. 才智，2020（10）：178－179.

雷敏. 基于巴西汉语教学《精英汉语》教师手册研究［D］. 兰州：兰州大学，2019.

李海燕. 从教学法看对外汉语初级口语教材的语料编写［J］. 语言教学与研究，2001（4）：18－23.

李泉. 对外汉语教材研究［M］. 北京：商务印书馆，2006.

李润新. 世界少儿汉语教学与研究［M］. 北京：北京语言大学出版社，2006.

李宇明. 海外汉语学习者低龄化的思考［J］. 世界汉语教学，2018，32（3）：291－301.

刘弘，张嘉园. 汉英二语教材教师用书比较分析［J］. 国际汉语学报，2016，7（1）：236－246.

刘珣，邓恩明，刘社会. 试谈基础汉语教科书的编写原则［J］. 语言教学与研究，1982

（4）：64－75.

刘珣. 对外汉语教育学引论［M］. 北京：北京语言大学出版社，2000.

刘轶姝. 汉语教材的教师手册考察［D］. 北京：北京语言大学，2004.

刘振前. 第二语言习得关键期假说研究评述［J］. 当代语言学，2003（2）：158－172＋190.

孟小湉. 韩国高中汉语教材教师用书研究［D］. 兰州：兰州交通大学，2021.

邵滨，富聪. 世界少儿汉语教学研究：回顾与展望［J］. 汉语学习，2020（5）：67－77.

盛继艳. 从海外华语学习者的低龄化看华语研究［J］. 华文教学与研究，2019（2）：66－70＋80.

吴新月. 初级综合课教师用书的对比分析［D］. 广州：中山大学，2016.

徐娟. 从计算机辅助汉语学习到智慧汉语国际教育［J］. 国际汉语教学研究，2019（4）：77－83.

徐兴祥. 论儿童第二语言习得［J］. 重庆大学学报（社会科学版），2004（6）：127－129.

薛艳君. 初级阶段对外汉语精读教材评估指标体系研究［D］. 北京：北京语言大学，2006.

赵金铭. 跨越与会通——论对外汉语教材研究与开发［J］. 语言文字应用，2004（2）：109－118.

赵金铭. 论对外汉语教材评估［J］. 语言教学与研究，1998（3）：4－19.

周小兵，张哲，孙荣，等. 国际汉语教材四十年发展概述［J］. 国际汉语教育（中英文），2018，3（4）：76－91.

朱志平，江丽莉，马思宇. 1998—2008十年对外汉语教材述评［J］. 北京师范大学学报（社会科学版），2008（5）：131－137.

COLEMAN H. Evaluating teachers' guides：Do teachers' guides guide teachers［J］. JALT journal，1986，8（1）：17－36.

COX J L，HENRICHSEN L E，TANNER M W，et al. The needs analysis，design，development，and evaluation of the "english pronunciation guide：An ESL Teachers' guide to pronunciation teaching using online resources"［J］. TESL-EJ，2019，22（4）：4.

CUNNINGSWORTH A，KUSE P. Evaluating teachers' guides［J］. ELT journal，1991，45（2）：128－139.

CUNNINGSWORTH A. Choosing your coursebook［M］. Oxford：Heineman，1995.

KIM H. Teachers' opinions on the evaluation of ELT teachers' books［J］. English language teaching，2015，8（3）：1－12.

KOLJONEN T，RYVE A，HEMMI K. Analysing the nature of potentially constructed mathematics classrooms in Finnish teacher guides：The case of Finland［J］. Research in mathematics education，2018，20（3）：295－311.

MATI L J, GRACIN D G. How do teacher guides give support to mathematics teachers? Analysis of a teacher guide and exploration of its use in teachers' practices [J]. Research in mathematics education, 2020, 23 (3): 1-20.

SANDRA S A. Guiding and evaluating reflection: A music teacher's guide [J]. Music educators journal, 2021, 107 (3): 54-62.

TENTOLOURIS F. Conceptualisations of writing in the curricula and the teachers' guides of Greek preschool education: A critical discourse analysis [J]. The curriculum journal, 2021, 32 (2): 269-289.

作者简介：

　　王淼，北京语言大学信息科学学院博士研究生，研究方向为国际中文教育、语言教育技术。

外向型汉语学习词典的发展脉络及三大转向[*]

望清华　余江英

云南大学汉语国际教育学院

摘　要： 外向型汉语学习词典是汉语学习者学习语言的"脚手架"，相关研究对国际中文教学与传播来说意义重大。本文利用可视化分析方法系统回顾了外向型汉语学习词典的来路历程及三大转向——"辞书编纂"向"辞书生活"的视角转向、"以编者为中心"向"以用户为中心"的主体转向和"平面辞书"向"融媒辞书"的媒介转向，以期促进外向型汉语学习词典编纂实践及研究。

关键词： 外向型汉语学习词典；研究转向；融媒辞书

Historical Review and Several Trends of the Chinese Dictionary for the Second Language Learners

Wang Qinghua　Yu Jiangying

School of International Chinese Language Education, Yunnan University

Abstract: Chinese Dictionary for the Second Language Learners is a

---

[*] 本研究得到教育部人文社会科学研究项目"'一带一路'建设中的教育交流合作研究：新中国成立 70 年来华留学教育视角"（20XJCZH012）、"教育部中外语言交流合作中心项目基于中外经贸需求的国际中文教育转型研究"（20YH24C）、国家语委"十三五"规划科学研究基金项目"语言技术化进程中的信息边缘化问题及其治理研究"（YB135-171）、教育部语合中心基地项目"云南口岸外籍人员中文使用观测点建设"（22YHJD1015）、云南大学第十三届研究生科研创新项目"中文学术边缘化问题及治理措施——以 COVID-19 主题研究为例"（2021Z040）经费资助。

"scaffolding" for Chinese learners to learn the language. The paper systematically review the history of Chinese Dictionary for the Second Language Learners by using visual analysis, and the three major shifts: the shift from "dictionary codification" to "dictionary life", the shift from "editor-centered" to "user-centered", and the shift from "print media dictionary" to "converged dictionary". The purpose of this study is to promote the development of Chinese Dictionary for the Second Language Learners research.

Keywords: Chinese Dictionary for the Second Language Learners; Research transformations; Media convergence dictionary

一、引言

我国已是辞书大国，但离辞书强国相距甚远（江蓝生，2014）。与英语成熟的外向型学习词典体系相比，外向型汉语学习词典编纂工作相对落后。中国辞书学会会长李宇明于 2019 年创造性地提出了"融媒词典"这一概念，并在 2021 年的中国辞书学会融媒体辞书专题研讨会暨常务理事会扩大会议上提出，现阶段辞书研究要实现由"平面辞书"向"融媒辞书"的转变，辞书融媒化或将成为外向型汉语学习词典研究历程中的一次重要转向。除此之外，随着近年来辞书用户阅读方式的不断转变、数字技术的更新迭代，为适应时代发展、满足用户需求，外向型汉语学习词典研究出现了不同维度的转向。据此，本文将通过知网计量可视化分析程序及 CiteSpace 文献分析软件全面回顾并梳理外向型汉语学习词典的发展脉络及三大转向，以此展望未来辞书研究的前进路向。

二、外向型汉语学习词典研究的三大转向

外向型词典是专门针对非本族语用户群体编撰的学习词典，风格上偏重实用性释义和多层次配例（蔡永强，2016），习惯上也可称为"对外汉语学习词典"。为全面描述外向型汉语学习词典的现状及发展趋势，本研究从学

术专著、硕博士学位论文、学术会议论文和学术期刊论文4个文献类型中进行了广泛搜集，时间范围限制在1984至2022年。由于"词典"的使用范围更广，借鉴性更强，因此笔者以"外向型汉语学习词典"为主题（包括变体"对外汉语词典/字典/辞书"以及"学习词典"的变体"学习者词典"和"学生词典"）进行搜索，共搜集到280篇文献（包括专著2部），并通过知网计量可视化分析程序及Citespace文献分析软件对其进行可视化分析。下面我们将以此为基础，探讨外向型汉语学习词典研究转向问题。

外向型汉语学习词典最早始于1976年北京语言学院编印的汉英小词典（蔡永强，2016），对其进行的研究最早始于1984年（任念麒，1984），任念麒提出编纂外用汉外教学词典的基础应当是对比分析加语病分析成果，由此开创了外向型学习词典编撰研究的先河。近40年来，外向型辞书的研究数量基本呈上升趋势，以第一届对外汉语学习词典学国际学术研讨会（2005）以及中国辞书学会融媒体辞书专题研讨会暨常务理事会（2019）的召开时间为依据，可将外向型学习词典研究发展史分为三个阶段：萌芽期（1984—2004）、发展期（2005—2018）、转折期（2019—2022）。如图1所示，萌芽期论文年均不超过5篇，外向型学习词典还未进入大众视野。发展期中2005至2012年论文数量稳步上升，外向型学习词典的研究如雨后春笋般涌现，2005年至2007年连续举办的三届对外汉语学习词典学国际学术研讨会对相关研究的发展具有巨大的推动作用。2019年以后外向型学习词典研究进入转折期，外向型学习词典论文数量呈翻倍式增长，CNKI数据分析显示，2022年总发文量达35篇。这种巨大的转变可能来源于辞书界的一次重要会议，即2019年3月在鲁东大学举办的中国辞书学会融媒体辞书专题研讨会，会议最终明确了辞书研究发展的两大转变：（1）由平面辞书向"融媒辞书"转变；（2）由辞书编纂研究向辞书生活研究转变。自此，辞书学界多次对"融媒辞书"展开探讨和研究，与之相关的大型国内国际会议已举办四场（2019[①]、2020[②]、2021[③]、2022[④]），相关研究文献已发表20余篇，融媒

[①] 2019年3月22日—23日，中国辞书学会融媒体辞书专题研讨会暨常务理事会扩大会议山东烟台举行。
[②] 2020年8月13日，为数字阅读赋能——聚典数据开放平台发布会在上海举行。
[③] 2021年11月23日，弘扬辞书人"编舟精神" 打造新时代融媒辞书——中国辞书学会第十三届年会暨学术研讨会在北京举行。
[④] 2022年11月1日，技术革新与词典创新国际学术会议在武汉举行。

辞书逐渐成为大势所趋。

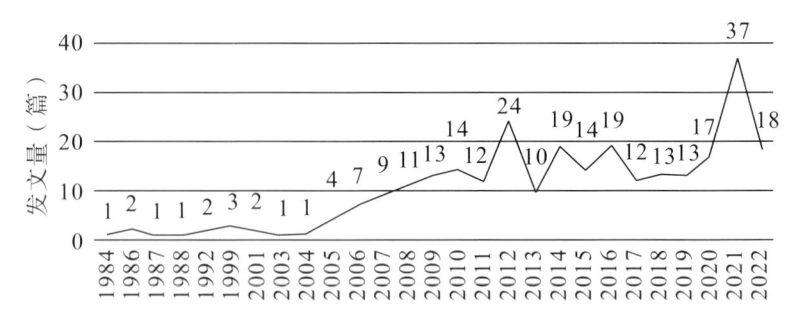

图1　外向型汉语学习词典相关文献发表年度趋势

外向型学习词典相关研究关键词共现图谱（图2）及关键词突现图谱（图3）共同体现了该领域的研究热点、研究前沿及研究趋势，外向型汉语词典研究未来潜在的焦点转向主要体现在以下三个方面：（1）关于"辞书编纂"向"辞书生活"转向；（2）关于"以编者为中心"向"以用户为中心"转向；（3）关于"平面辞书"向"融媒辞书"转向，下文将进行详细说明。

图2　外向型学习词典相关研究关键词共现图谱

Top 20 Keywords with the Strongest Citation Bursts
1993-2023

Keywords	Year	Strength	Begin	End
现代汉语	1997	3.09	1997	2003
双语词典	1998	1.91	1998	2002
学习词典	1999	1.94	1999	2004
编排	2001	1.85	2001	2005
例证	2006	2.05	2006	2009
对外汉语	2001	2.7	2007	2009
汉语	2005	2.06	2010	2013
离合词	2010	2.01	2010	2012
元语言	2010	1.94	2010	2014
语用信息	2005	3.25	2012	2015
外向型	2005	2.84	2012	2017
语料库	2015	2.32	2015	2016
需求	2012	2.62	2016	2017
使用	2016	1.71	2016	2017
收词	2008	1.81	2017	2020
配例	2003	1.72	2017	2018
留学生	2010	1.61	2017	2018
词典编纂	2009	2.47	2018	2023
融媒体	2019	7.43	2019	2023
用例	2008	1.59	2020	2021

图 3　外向型学习词典相关研究关键词突现图谱

（一）从编纂到生活——外向型汉语学习词典研究的视角转向

辞书编纂的宏观与微观研究一直以来都是辞书研究的重中之重，虽然我国外向型汉语学习词典的编纂起步较晚（尉晋燉、安华林，2014），但基于宋立文（2021）的调查数据，近20年我国出版了百余种综合性外向型汉语学习词典、词汇手册以及专门用途词典等辞书，是过去50年的10倍以上。词典规模与日俱增是辞书界的学者们不断耕耘的结果，据可查文献，翁仲福（1992）最早从收词原则和释义方法两方面探讨外向型汉语词典的编纂特点，随后阎德早（1995）和王德春（1996）从教学的角度强调编纂外向型汉语学习词典需要考虑四大特性，即可接受性、可辨识性、可理解性和可驾驭性。除此之外，如图2所示，体现词典宏观与微观结构研究的关键词最多，例如"释义""收词""配例""例证""用例"等，与之相关的突现关键词几乎贯穿外向型词典研究发展的每个时期（如图3所示），例如"编排（2001）""例证（2006）""语用信息（2005）""收词（2008）""用例（2008）"等。微观研究一直是辞书研究关注的重点，尤其释义研究一直是辞书研究的核心问题，这已成为国际辞书界的共识（章宜华，2021），与之相关的文献高达90余篇（杨子菁，2001；杨金华，2007a，2007b；于屏方、杜家利，2008；解海江，2012；翁晓玲，2014；李强、袁毓林，2016）。

辞书编纂往往主要体现了辞书编纂者的想法与态度，但随着近年来电子辞书、线上百科查询、辞书App等的发展，"辞书生活"研究所涉及的主体逐渐增多，如辞书编纂者、辞书出版者、辞书发行者、辞书用户、辞书研究者和社会管理者等，因此"辞书生活"研究逐渐走进研究者的视野，如图2和图3中出现的"学习者""留学生""词典编纂"等充分体现了这一研究焦点的转变。同时，李宇明（2022）也提出"开放学术视野，支持辞书生活研究"的倡议，引起了众多学者的讨论与关注，具体研究内容主要包括辞书的需求与使用（李禄兴，2020）、辞书的编纂与技术（章宜华，2022）、辞书的出版与管理（梅星星，2022）、辞书的功能与效益（刘早，2022）、辞书与辞书学发展史（袁世旭、郑振峰、苏宝荣，2021）。

（二）从编者到用户——外向型汉语学习词典研究的主体转向

根据我们收集的文献，词典批评的相关研究也备受关注，一是对词典和词典用户的调查研究（杜焕君，2010；蔡永强，2011；刘娜，2021）；二是对词典文本的评估和分析（高慧宜，2009；李睿、王衍军，2022）。值得注意的是，在词典和词典用户的调查研究中，"缺乏用户意识"已成为外向型学习辞书编纂与研究中的共识问题（金沛沛，2015a），"缺乏用户意识"具体体现在以下几个方面：释义和配例用词过难，缺乏元语言意识（杨玉玲、宋欢婕、陈丽姣，2021）；释义方式单一，配例模态不够丰富和融合（钱旭菁，2015；杨玉玲，2022）；外向型、学习性不够凸显（程荣，2001；苏培成，2003；章宜华，2010）；介质单一、查准率、查得率、便查性有待提高（蔡永强，2011）。

虽然词典编纂中"缺乏用户意识"的问题依然存在，但由图2和图3中的"实用性""需求""学习者""使用""留学生"等关键词也可以看出，辞书编纂逐渐从"以编者为中心"向"以用户为中心"转变，辞书编纂者、研究者、出版者也愈发关注辞书用户的需求，因为用户才是辞书生活的核心角色（李宇明、王东海，2020）。"释义和配例缺乏元语言意识""释义方式单一""配例模态不丰富""介质单一"等都体现出当前辞书在信息内容和传播方式上融合的程度还不够，无法满足用户多样化、碎片化、智能化的学习需求。"外向型、学习性不够凸显"则反映出市场上许多外向型词典过多地依赖内向型词典的释义方式,并未较好地控制并使用汉语释义基元词,因而导致"外向型"特征不够凸显,学习者难以理解释义和配例等情况。另外,外向型学习词典理应体现学习性。外向型汉语学习词典的用户往往是以汉语作为第二语言的学习者,因此词典释义、例句以及文化信息描述不应过于晦涩,要从"以用户为中心"的角度出发,使其成为学习者遣词造句的"脚手架"而不是触不可及的"空中楼阁",但事实上现有的外向型汉语学习词典仍未较好地体现这一功能(杨玉玲,2022),这也是外向型汉语学习词典编纂及研究逐渐从"以编者为中心"向"以用户为中心"转变的原因之一。

(三) 从纸媒到融媒——外向型汉语学习词典的媒介转向

受数字化、信息化、融媒化时代影响,词典研究更多地关注到了"电子词典""语料库""移动学习""融媒辞书"(如图 2、图 3 所示)。融媒体译自英语"media convergence",最初由美国麻省理工学院的 Ithiel de Sola Pool(1983)[①] 提出,距今已有 40 年历史,融媒体的实质是在各种传播媒体之间实现"融通",核心内涵是"信息生产系统的数字化使信息内容能够跨越媒体边界进行传播"。在国际辞书界还没有人把融媒体与辞书联系起来,最早由李宇明在 2019 年的中国辞书学会融媒体辞书专题研讨会上提出,他将"融媒辞书"定义为"以用户需求为导向,采用媒体融合理念和技术,改造和创新传统的辞书规划组织方式、辞书的编纂方式、内容呈现方式、使用服务方式等而形成的新形态辞书产品"(李宇明,2020a)。自提出以来,"融媒辞书"在辞书学界引起了热烈反响,据不完全统计,相关研究已有 20 余篇,中外语言交流合作中心发布的国际中文教育研究课题立项名单(2020—2022)中也有 7 项课题与之相关。尤其是李宇明、章宜华、魏向清、亢世勇等学者在融媒辞书方面已有诸多建树。

"融媒辞书"概念的出现并非巧合。据《2019 年中国图书出版市场分析报告》[②] 发布的最新数据,与 2018 年相比,2019 年传统辞书总出版印刷量

---

① 美国麻省理工学院的 Ithiel de Sola Pool 于 1983 年在 *Technologies of Freedom* 中提出 "the convergence of modes",初步形成"媒体融合"的理念。

② 《2019 年度中国图书市场报告》是京东图书联合艾瑞咨询发布的行业数据报告,该报告通过桌面研究、京东大数据和用户研究,对中国图书市场的发展现状、市场特点与趋势进行盘点,对图书网购用户进行了用户属性和行为态度的分析,并且发布了 2019 年图书市场相关榜单。

下降3.1%。外向型汉语词典也不例外，95%左右的汉语学习者没有使用过中国出版的汉语学习词典（章宜华、杜焕君，2010）。相反，错误百出的PLECO却备受汉语学习者的喜爱。随着通信技术的高速发展，人们的查检习惯已然发生了改变，这是"平面辞书"如今遁入困境的一个很重要的原因。除此之外，"平面辞书"还有诸多难以克服的弊端，例如修订时间长、查检和携带不方便，出版、储存、运输成本高等（李宇明，2020b），由此，"融媒辞书"应运而生，相关研究也初具规模。

理论研究层面，电子辞书出现较早，研究成果多，能够为融媒辞书开辟道路。章宜华（2022）团队通过分析世界各地2000多种词典APP，结合国内外研究，提出电子辞书中已出现以下融媒特征：(1) 多语种、多类型词典的融合；(2) 多用途、多功能词典的融合；(3) 多媒体、多模态的融合；(4) 词典应用界面多模式、多类型索引的融合。然而电子辞书并不等同于融媒辞书，将两者混为一谈势必会出现许多问题，例如唐舒航（2021）在考察英语五大电子词典（Big Five）[①]时发现，数字化词典编撰存在以下问题：(1) 混淆多媒体与多模态的概念内涵；(2) 缺乏媒体融合的多模态词典文本；(3) 词典文本的组织单位和形态不一致；(4) 缺乏对用户群体的精准服务。同时，"融媒辞书"的概念提出时间较短，融媒体研究还停留在概念的解释、设想和对比上，缺乏系统的理论和框架。因此简单地将电子辞书看作融媒辞书是不合理的，这意味着把多媒体和多模态的概念内涵混为一谈，电子辞书缺乏媒体融合的多模态词典文本以及对用户群体的精准服务，因此词典的数字化只是纸质版的电子化，并未真正实现"融媒体"所必需的"融通"（词典不同承载介质、词典编者与辞书用户、词典产品与用户使用）及"融合"（生产主体、信息内容、传播方式）（如图4所示）。如今，考虑到中文特殊性、查检便捷性以及用户意识等多方面因素，具有代表性的融媒辞书——JUZI汉语，打破了传统字典和词典的界线，在"字本位"和"词本位"之间搭建桥梁，同时融媒化使其实现了辞书、学习手册、字帖、百科全书、微课教学、知识工程等多层面的融合，形成了全方位融合的"多元性"

[①] 《牛津高阶英汉双解词典》（第9版）APP版（商务印书馆，2019）、《朗文当代高级英语辞典（英英·英汉双解）》（第5版）ISO版（外语教学与研究出版社，2014）、《剑桥高阶英汉双解词典》（第4版）手机版（外语教学与研究出版社，2010）、《柯林斯COBUILD高阶英汉双解学习词典》（第8版）APP版（外语教学与研究出版社，2017）和《麦克米伦高阶英汉双解词典》（第2版）在线版（外语教学与研究出版社，2018）。

汉语学习资源库，这是融媒技术、数字出版带来的词典形态的整合和重构，不同于传统汉语辞书或学习词典软件，更不同于人们所熟知的西语词典。

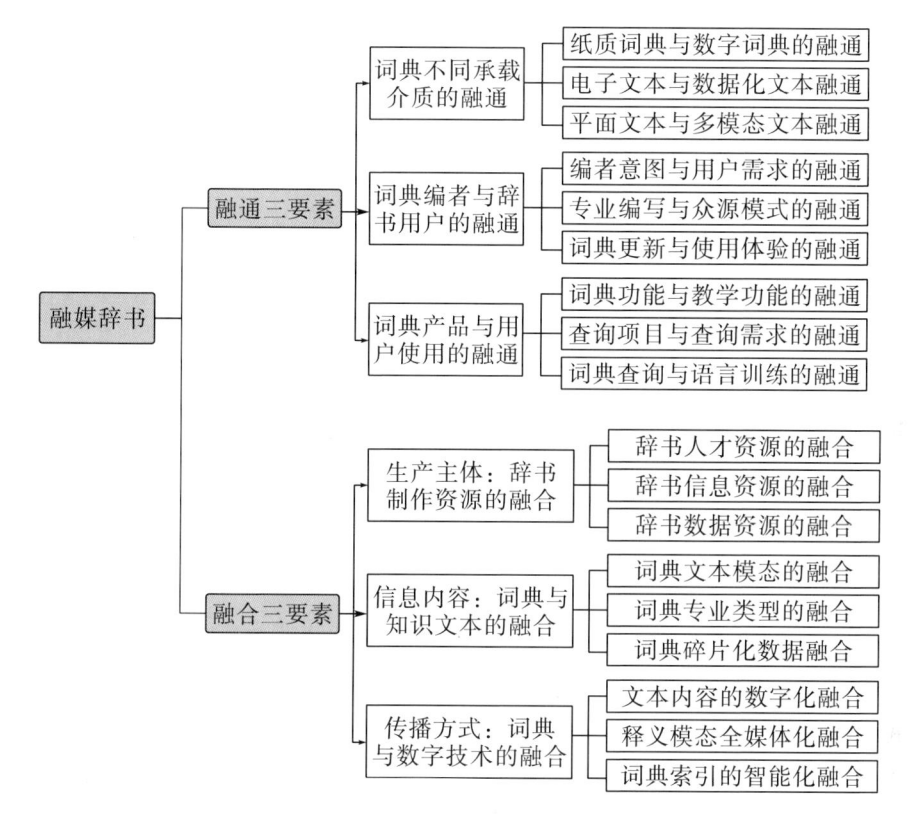

```
                          ┌─ 词典不同承载 ─┬─ 纸质词典与数字词典的融通
                          │   介质的融通   ├─ 电子文本与数据化文本融通
                          │                └─ 平面文本与多模态文本融通
              ┌─ 融通三要素 ┼─ 词典编者与辞 ─┬─ 编者意图与用户需求的融通
              │            │   书用户的融通 ├─ 专业编写与众源模式的融通
              │            │                └─ 词典更新与使用体验的融通
              │            └─ 词典产品与用 ─┬─ 词典功能与教学功能的融通
              │                户使用的融通 ├─ 查询项目与查询需求的融通
  融媒辞书 ──┤                              └─ 词典查询与语言训练的融通
              │            ┌─ 生产主体：辞书 ─┬─ 辞书人才资源的融合
              │            │   制作资源的融合 ├─ 辞书信息资源的融合
              │            │                  └─ 辞书数据资源的融合
              └─ 融合三要素 ┼─ 信息内容：词典与 ─┬─ 词典文本模态的融合
                           │   知识文本的融合   ├─ 词典专业类型的融合
                           │                    └─ 词典碎片化数据融合
                           └─ 传播方式：词典 ─┬─ 文本内容的数字化融合
                               与数字技术的融合 ├─ 释义模态全媒体化融合
                                               └─ 词典索引的智能化融合
```

图4 融媒辞书的"融通"及"融合"三要素（章宜华，2021）

实证研究层面，现阶段我国融媒辞书跟进状态还不够理想。虽然品牌辞书逐渐开发了数字版本，积极向融媒辞书的目标迈进，如《中国大百科全书》第3版网络版、聚典数据开放平台、商务印书馆语言资源知识服务平台（涵芬App）、JUZI汉语APP等。不过，据查证，基于融媒理念编撰的外向型汉语学习词典APP仅"JUZI汉语"一个，且与之相关的理论研究和实证研究基本为零。国外虽然没有提出过"融媒辞书"的概念，但在电子辞书方面已经遥遥领先，词典文本已经融入了多媒体和多模态元素，例如融入了图片、音频、视频，实现了人机互动等。

虽然基于融媒理念编撰的外向型汉语学习词典APP仅"JUZI汉语"一个，但针对母语非汉语学习者设计的汉语学习类APP数量较为可观，亦可将其视为"纸媒辞书"向"融媒辞书"发展过渡的"中间地带",具有较强的发展潜力和上升空间。基于此,笔者从"七麦数据"①智能分析平台搜集了相关APP的基本信息(表1),这些APP主要可分为工具类、专项类、综合类和应试类四大类。工具类包括词典类与翻译类APP,留学生常用的有"Pleco""Train Chinese"和"网易有道词典";专项类软件指学习某一方面知识或技能的汉语教学APP,例如"CCcard-Chinese character card";综合类软件形式多样,例如"Hello Chinese"等闯关游戏类APP;应试类则主要帮助学生通过HSK、YCT、HSKK等汉语水平考试,例如"Super Test"等。同时,据教育部《2018来华留学统计》②最新数据显示,学生人数在前五名的国家分别是:韩国(50 600人),泰国(28 608人),巴基斯坦(28 023人),印度(23 198人),美国(20 996人)。因此笔者以"Chinese""Chinese Character"为关键词,在"七麦数据"智能分析平台分别提取了来自中国以及以上五个国家的母语非汉语学习者的中文学习APP信息(详见表1)。

表1 母语非汉语学习者的汉语学习类APP

序号	应用名称	类型	评分	评论数量	费用
1	JUZI汉语	工具类	4.9	23	收费查询
2	Pleco Chinese Dictionary	工具类	4.7	1430	免费查询
3	Train Chinese	工具类	4.8	446	免费查询
4	Chinese-汉语语言词典	工具类	4.7	131	免费
5	KTdict Chinese Dictionary	工具类	4.7	838	免费
6	Chinese Pro: Chinese Translator	工具类	4.7	2395	免费
7	网易有道词典	工具类	4.7	14363	免费
8	Chineasy: Learn Chinese easily	专项类	4.8	114	免费
9	Chinese Stroke Order Writing	专项类	4.5	324	免费
10	Learn Chinese Characters & HSK	专项类	4.9	53	免费

① 七麦数据是北京七麦科技股份有限公司旗下推出的移动产品商业智能分析平台。2017年10月26日,品牌升级推出七麦数据。其立足移动互联网大数据领域,是面向全球移动开发者的大数据平台。

② 信息来源于教育部《2018来华留学统计》:http://www.moe.gov.cn/jyb_xwfb_gzdt_gzdt/s5987/201904/t20190412_377692.html。

续表1

序号	应用名称	类型	评分	评论数量	费用
11	Chinese Characters	专项类	4.6	76	免费
12	Chinese Writer by trainchinese	专项类	4.5	174	免费
13	CCcard-Chinese character card	专项类	4.6	173	免费
14	Skritter：Write Chinese	专项类	4.8	410	免费
15	Fun Chinese by Studycat	专项类	4.5	133	免费
16	ChineseSkill-Learn Chinese	综合类	4.7	856	免费
17	Duolingo-Language Lessons	综合类	4.7	27623	免费
18	Super Chinese	综合类	4.8	256	免费
19	nemo 중국어	综合类	4.6	809	免费
20	M Mandarin—漫中文	综合类	4.8	125	免费

据研究数据显示，表1所展示的20个APP中，以下四种APP的市场占有率最高：Pleco Chinese Dictionary（简称Pleco）（61%）、网易有道词典（23%）、Train Chinese（9%）和Naver（7%）（商务印书馆，2022），其中近90%的英语母语者使用Pleco（何珊、朱瑞平，2018），因此与之相关的个案研究也较为丰富，例如饶冬梅、李佳颖（2021）通过问卷调查法评估了Pleco的检索方式对印尼留学生学习效能的影响，此外，还有针对意大利汉语学习者（裴志娟，2018）以及某高校来华留学生（潘航，2018）的APP使用情况调查研究。胡蝶（2021）重点关注了Pleco软件中各级词汇的释义和配例，并指出其"例句数量差异大、例句排列混乱、例句长度不适宜、无效例句过多"等问题。除Pleco以外，还有对ChineseSkill-Learn Chinese（都莹莹，2018）、Naver（周雪，2016）的相关个案研究。除个案研究以外，与汉语学习APP相关的其他研究还包括对比研究和需求调查研究。然而，具有融媒代表性的JUZI汉语仍处于初期推广阶段，下载用户还远远少于市场其他同类APP（引自七麦数据），因此相关研究较为缺乏，但也意味着其具有较大的潜力以及改进的空间。

对比研究在相关研究中占比最大，特别是关于Pleco、TrainChinese和Naver等几款畅销APP的研究。除此之外，还有一些在研究方法或对象上有特点的研究，例如陈心涛（2013）不仅对IOS系统中的几款汉字学习

APP（Pleco、ChineseSkill 和 Skritter）进行了对比，还创造性地设计并实现了基于 iPad 平台的汉字书写学习系统——"跟我学写字"。常乐（2015）选择了五款汉字 APP（汉字宝、Monki Chinese Class、Kids 识字、Copybook-learn Chinese Writing 和 Fun Chinese）进行了对比分析，并通过展示历时五个月的汉字教学实践、问卷调查及访谈的结果全面介绍了海外少儿汉字 APP 资源，但其研究对象主要是儿童，对成人所需的词典类汉字学习 APP 并未提及。李颖骅（2017）对英语学习 APP（金山词霸、小站雅思、沪江英语等）和对外汉语学习 APP（Pleco、长城汉语和 Train Chinese 等）进行了对比分析，并提出了关于汉语学习类软件开发的建议，由于研究对象较多且范围较广，该研究并未对 APP 的各个维度进行对比和深入探讨。

综上所述，作为"纸媒辞书"向"融媒辞书"发展过渡的"中间地带"，电子辞书产品数量及研究数量均较为可观，但也存在诸多问题，例如电子辞书质量参差不齐、释义与配例相对于纸质辞书来说仍不够严谨、功能分散、缺少融合性等阻碍了电子辞书的进一步发展。平面辞书向融媒辞书转向是大势所趋，李宇明、章宜华、李红印等多位学者均表示，相对于纸质辞书，融媒辞书具有如下诸多优点：便携性、智能性、自足性（即碎片化）、友好服务性、互动性（包括时效性、开放性）等。同时，虽然不少品牌辞书开发了数字版本，但少有真正意义上的融媒辞书，并且相关的针对性研究相对滞后，缺乏实验合理、论证严密、数据可信的实证研究，因此成功实现"平面辞书向融媒辞书"转向的道路仍然较为漫长。"融媒辞书"理论的相关研究也仍处于萌芽阶段，如何使其从理论研究中"破土而生"，茁壮成长为枝繁叶茂、体系完整的"理论之树"，在实践研究层面大放异彩，并创造出更多体现"融媒理念"的产品果实，是我们需要不断通过实践去思考和探寻的问题。

三、结语

外向型汉语学习词典的发展经历了漫长而艰难的蜕变，其研究的焦点也在不断的研究和实践过程中发生转变，不论是研究视角之变，还是研究主体之变、词典媒介之变，都愈发趋近关切和满足词典用户需求和时代发展需求。一部好的辞书就像一位循循善诱的老师，能够为学习者答疑解惑、排忧解难，提高他们的学习效率及质量。学习汉语同样离不开具有"脚手架"功能的学习词典，辞书的蓬勃发展也离不开一代又一代吃苦耐劳、认真钻研的辞书人的心血和智慧。外向型汉语学习词典研究之路，道阻且长，行则将至，行而不辍，则未来可期。

参考文献：

布杰思. 汉字学习 APP 与针对美国大学初级汉语教育的辅助潜力研究［D］. 青岛：青岛大学，2018.

蔡永强. 对外汉语学习词典编纂的用户友好原则［J］. 辞书研究，2011（2）：67－77.

蔡永强. 对外汉语学习词典学［M］. 上海：学林出版社，2016.

常乐. 移动学习环境下对汉字 App 教学资源的分析与思考［D］. 北京：中央民族大学，2015.

程荣. 汉语学习词典编纂特点的探讨［J］. 辞书研究，2001（2）：64－71.

都莹莹. 汉语学习类手机应用软件的分析与优化［D］. 上海：上海外国语大学，2018.

杜焕君. 教师视角的对外汉语词典用户需求研究——对外汉语词典用户需求调查［J］. 广东外语外贸大学学报，2010，21（5）：20－23.

高慧宜. 一部易查易懂的对外汉语学习词典——《商务馆学汉语词典》评论［J］. 辞书研究，2009（6）：97－104.

何姗，朱瑞平.《商务馆学汉语词典》辨析栏的选词情况考察［J］. 云南师范大学学报（对外汉语教学与研究版），2018，16（2）：48－55.

胡蝶. 外向型汉语电子词典 Pleco 的释义配例研究［D］. 重庆：四川外国语大学，2021.

江蓝生. 为实现辞书强国梦而开拓前进——中国辞书学会第四届理事会工作报告［J］. 辞书研究，2014（1）：4－7.

解海江. 汉语文化词典释义的几个问题［J］. 辞书研究，2012（3）：15－23.

金沛沛.《商务馆学汉语字典》的"用户友好"特征分析［J］. 海外华文教育，2015a（3）：429－432.

金沛沛. 对外汉语学习词典研究 30 年［J］. 云南师范大学学报（对外汉语教学与研究版），2015b，13（3）：27－37.

雷妤. 汉语词典 App 翻译功能对 CSL 学习者的影响与思考——以 Pleco 和 Train Chinese 为例［J］. 太原城市职业技术学院学报，2016（9）：117－118.

李禄兴. 外向型汉语学习词典使用者的需求调查［J］. 国际汉语教学研究，2020（4）：87－94.

李强，袁毓林. 从生成词库论看名词的词典释义［J］. 辞书研究，2016（4）：12－26+93.

李睿，王衍军. 基于卢与沙鲁斯卡（2017）评估框架的外向型在线汉语学习词典 App 评估研究［J］. 华文教学与研究，2022（3）：56－67.

李颖骓. 对外汉语学习类 APP 软件的调查与研究［D］. 郑州：郑州大学，2017.

李宇明，王东海. 中国辞书历史发展的若干走势［J］. 鲁东大学学报（哲学社会科学版），2020a（1）：1－6+13.

李宇明. 中国辞书人的使命担当［N］. 光明日报，2022-11-29（7）.

刘娜. 词典用户视阈下的中医双语词典一词多义释义模式研究［J］. 环球中医药，2021，14（6）：1143-1146.

刘早. 媒体融合背景下词典 App 的融合功能探析——以《NAVER 词典》App 为例［J］. 传播与版权，2022（9）：13-16.

梅星星. 移动互联网时代下辞书出版社开发词典 App 的对策研究［J］. 传播与版权，2022（3）：63-66.

潘航. 基于四川外国语大学留学生汉语移动端学习软件 Pleco 的分析及建议［J］. 北方文学，2018（24）：125-126.

钱旭菁. 易混淆词辨析词典配例设计研究［J］. 云南师范大学学报（对外汉语教学与研究版），2015，13（2）：54-62.

饶冬梅，李佳颖. 浅析 Pleco 软件的常用检索方式对印尼留学生学习汉语的作用［J］. 国际汉语文化研究，2021（00）：35-47.

任念麒. 外用汉外教学词典的基础［J］. 辞书研究，1984（3）：125-132.

宋立文. 外向型汉语学习词典的出版概况、编写问题与未来之路［J］. 北华大学学报（社会科学版），2021，22（5）：35-48+152.

苏培成. 汉语学习词典的特点及其编写——《应用汉语词典》评析［J］. 辞书研究，2003（4）：70-78.

唐舒航. 融媒体时代数字化词典编纂出版的现状及其问题［J］. 西华大学学报（哲学社会科学版），2021，40（5）：66-73.

王德春. 一部适合对外汉语教学需要的词典［J］. 辞书研究，1996（3）：88-91.

王慧. 外向型汉语学习词典对情绪词的释文探析——以"愉快"类情绪词为例［J］. 海南师范大学学报（社会科学版），2015，28（8）：125-129.

王铁琨. 规范化、现代化与辞书强国——中国辞书事业发展的思考［J］. 辞书研究，2007（1）：2-7.

尉晋燚，安华林. 外向型汉语学习词典编纂与研究综述［J］. 广东海洋大学学报，2014，34（5）：70-75.

翁晓玲. 汉语学习词典元语言的修辞准则——兼论《商务馆学汉语词典》的释义元语言问题［J］. 当代修辞学，2014（5）：84-90.

翁仲福. 外向型汉外词典的编纂［J］. 语言教学与研究，1992（3）：119-132.

吴瑶. 外向型汉语学习词典研究四十年［D］. 重庆：四川外国语大学，2021.

夏立新. 对外汉语学习词典的出版和使用者调查研究［J］. 出版科学，2009，17（1）：65-69.

阎德早. 汉外词典的编写与对外汉语教学［J］. 辞书研究，1995（1）：23-30.

杨金华. 从"降临"的注释看对外汉语词典释词的简约倾向［M］//郑定欧. 对外汉语

学习词典学国际研讨会论文集（三）．北京：中国社会科学出版社，2007a．

杨金华．释词简约有碍对外汉语词典发挥其应有的作用［J］．辞书研究，2007b
（4）：10．

杨玉玲，宋欢婕，陈丽姣．基于元语言的外向型汉语学习词典编纂理念和实践［J］．辞
书研究，2021（5）：36－48＋125－126．

杨玉玲，杨艳艳．汉语学习词典调查分析及编写设想［J］．现代语文，2019（2）：79－85．

杨玉玲．融媒时代外向型汉语学习词典编纂理念与实践［J］．首都师范大学学报（社会
科学版），2022（2）：167－177．

杨子菁．评三部对外汉语学习词典及对提高释义水平的思考［J］．辞书研究，2001
（4）：8．

于屏方，杜家利．汉语学习词典中动作义位的释义分析：认知图式视角［J］．辞书研究，
2008（1）：8．

俞婷．基于iOS平台的汉语词汇学习App研究［D］．苏州：苏州大学，2019．

玉沙（YUNUS，Narman）．汉语学习APP对比研究［D］．广州：广东外语外贸大
学，2020．

袁世旭，郑振峰，苏宝荣．汉语辞书理论史研究展望［J］．古汉语研究，2021（3）：117－
125＋128．

章宜华，杜焕君．留学生对汉语学习词典释义方法和表述形式的需求之探讨［J］．华文
教学与研究，2010（3）：50－56．

章宜华．论融媒体背景下辞书编纂与出版的创新［J］．语言战略研究，2019，4（6）：79－89．

章宜华．对外汉语学习词典释义问题探讨——国内外二语学习词典的对比研究［J］．世
界汉语教学，2011，25（1）：120－128．

章宜华．略论融媒体辞书的技术创新和理论方法［J］．语言文字应用，2022（1）：9－16．

章宜华．融媒体视角下多模态词典文本的设计构想［J］．辞书研究，2021（2）：20－
32，125．

周雪．韩国孔子学院学生手机汉语词典使用及需求调查研究［D］．济南：山东大
学，2017．

作者简介：

望清华，云南大学汉语国际教育学院硕士研究生，研究方向为国际中文教学。

余江英（通讯作者），博士，云南大学汉语国际教育学院副教授，主要研究方向为国际中文传播。

文本可读性自动分析研究综述及展望*

殷晓君

北京语言大学国际中文教育研究院/国际中文学院

摘　要：文本可读性自动分析研究指文本难度自动评估研究，对文本匹配、语言教学以及教材研发等都具有重要的指导意义。现有的可读性自动分析研究大致经历了可读性公式阶段和机器学习模型阶段。当下，使用机器学习的方法研究文本可读性已经成为趋势。本文从文本分级库建设、文本分级建模、效度验证以及文本自动分析工具等方面对文本可读性研究进行了梳理，总结了当前研究的情况及局限，并对未来的研究进行了设想和瞻望。

关键词：可读性；分级；特征；机器学习

Review and Prospect of Automatic Text Readability Accessment

Yin Xiaojun

Research Institute of International Chinese Language Education/College of International Chinese Studies, Beijing Language and Culture University

Abstract：The research on automatic accessment of text readability refers to the research on automatic evaluation of text difficulty, which has important guiding significance for text matching, language teaching, and textbook development. The existing research on

---

* 本研究得到教育部人文社会科学研究青年基金项目（22YJCZH222）、教育部中外语言交流合作中心 2022 年国际中文教育研究课题重点项目（22YH50B）和国家社科基金重点项目（20AYY016）的资助。

automatic readability accessment has roughly gone through the readability formula stage and the machine learning model stage, and now using machine learning methods to study text readability has become a trend. This article reviews the research on text readability from the aspects of text grading database construction, text grading modeling, validity verification, and automatic text accessment tools. It summarizes the current status and limitations of research, and proposes ideas and prospects for future research.

Keywords：Readability；Text grading；Features；Machine learning

一、引言

"文本可读性"（text readability）指文本易于阅读和理解的程度或性质，包括文本材料中影响阅读理解的所有要素（Dale & Chall，1948）。随着人们认识的深入和技术的发展，现代的文本可读性研究大多指的是文本可读性自动分析研究（Automatic Readability Accessment，简称 ARA）。可读性自动分析研究指将目标文本转化为一组语言特征，并基于这些特征对模型进行训练，实现对新文本自动分级的研究（Vajjala，2022），也称文本自动分级研究，本文简称之为文本分级研究。在教育领域，特别是语言教学领域，文本分级研究有诸多应用场景，可以为学习者匹配到合适的阅读或学习材料，可以协助评估语言教材的难度极差，还可以指导语言教材的编写和研发等。在教育数字化转型的大趋势下，文本可读性研究对于搭建文本阅读类自适应学习系统，从而助力构建国际中文智慧教育生态等也具有重要意义（曹钢、董政、徐娟，2023；马瑞棱、徐娟，2023）。基于此，本文拟对文本分级的相关研究进行较系统的综述。

文本分级研究可以追溯到 20 世纪 20 年代英语文本的研究。文本分级研究经历了可读性公式和机器学习模型两个主要阶段。当下，从大规模数据出发，构建语言学分级特征体系，使用机器学习的方法进行文本分级建模，这已成为文本分级研究的重要趋势。在文本分级建模的过程中，语言特征起着十分重要的作用，其影响甚至大于模型的选取。已有研究使用的分级特征已经相当丰富（吴思远、余东、江新，2020；蔡建永，2020），不过，研究发现，并非使用特征越多模型效果越好（蔡建永，2020）。近年，深度学习模型开始应用到文本分级研究中，文本分级的准确率得以进一步提升（Deutsch et al.，2020；程勇、徐德宽、董军，2020a；朱君辉、刘鑫、杨麟儿等，2022）。总而言之，展望未来，新技术在文本分级研究中发挥着日益重要的作用。

二、文本可读性自动评估研究现状

文本可读性自动评估研究本质上是将文本转化为一组语言特征，其大致的研究路径如下：从大规模文本分级语料库出发，构建分级特征体系，然后，基于分级库数据进行模型训练并完成分级建模，最后对模型的分级效果进行评估。为了适应实际需要，有人开发了一些文本自动分析工具，这些工具不仅便于用户使用，而且可以将使用反馈回流给研究者，以帮助研究者进行模型的改进和升级。

（一）文本分级库

不同于一般的机器学习问题，文本分级研究使用的语料库不是一般的文本库，而是带有文本等级标签的文本分级语料库，简称为文本分级库。文本分级库可以分为两类：自带等级标签的分级库和人工标注的分级库。在英语界，分级阅读理念兴起较早，形成了一些具备一定规模的儿童分级阅读杂志。研究者可以基于这些分级阅读文本建设英语文本分级库，比较常用的分级读物有 Weekly Reader 和 the BBC-Bitesize，这些分级读物的文本是针对不同年龄的读者设计的，这可以作为文本等级的天然标签，可以大大减少研究者建库的工作量。可是，像汉语等语言缺少这样的分级阅读材料，所以，汉语文本的研究者大多是基于自建语料库开展可读性研究。其实，当前获取大规模的汉语文本并不难，难点是如何对这些文本进行等级标注。目前大部分研究采用的是专家评定法，这种方法比较可靠，但效率较低。有的研究者使用众包的方法对文本进行标注（于东、吴思远、耿朝阳等，2020），这种办法可以提高人工标注的效率，但是文本等级标注的质量受到质疑（Crossley & McNamara，2014）。因此，目前汉语可读性研究中使用的分级库普遍规模较小，而且库中的文本种类比较单一，这在一定程度上影响了文本分级模型的泛化能力。

（二）分级建模

分级建模是文本可读性研究的重点工程，建模主要包括两大内容：分级特征体系构建和机器学习模型选取。我们从可读性公式阶段和机器学习阶段两个阶段来探讨这个问题。

1. 可读性公式阶段

早期的文本分级研究是由教育者发起的，构建可读性公式的方法在相当长的时间内非常流行。研究者选取少量语言特征，通过线性多项式拟合的方式来确定函数关系，构建可读性公式（Dale & Chall，1948；Gunning，1952；McLaughlin，1969；Kincaid et al.，1975）。这种方法使用的语言特征比较简单，大多是可以直接观测的表层特征，包括词长（单词的音节数量）、句长（句中词数）和难词比例等。现在 Microsoft Word 内嵌的 Flesch-Kincaid 公式就是基于词长和句长特征构建的可读性公式。可读性公式的方法易于操作，在很长时间内十分流行。在美国影响较大的蓝思分级 Lexile 也是基于可读性公式的。在汉语文本可读性研究领域，研究者也仿照英语界的做法构建了面向汉语文本的可读性公式（荆溪昱，1995；孙汉银，1992；杨金余，2008；朱勇、邹沛辰，2012；郭望皓，2010）。直到最近几年，这种方法依然受到关注，程勇、徐德宽、董军（2020）和刘苗苗、李燕、王欣萌等（2021）基于语文教材文本开展可读性研究，构建了 40 多个语言特征，但是限于公式法存在多重共线性问题，两项研究在最后构建的可读性公式中分别只纳入了 7 个和 3 个特征。这也说明可读性公式具有自身难以克服的局限，一是能够纳入的特征数量有限，二是线性模型有自身的局限性，所以，研究者开始将目光投向机器学习模型。

2. 机器学习模型阶段

20 世纪 90 年代，人类进入互联网时代，网络文本数量大增，在这样的大背景下，可读性公式的局限性愈发明显，同时，随着自然语言处理技术的发展，计算机分析和处理文本的能力增强，为机器学习模型应用到可读性研究领域提供了可行性。SVM 模型因其使用简便、性能良好成为可读性研究中最常使用的机器学习模型，也取得了不错的效果（Petersen & Ostendorf，2009）。除了 SVM 模型以外，其他的逻辑回归模型（Logistic Regression）、决策树以及随机森林模型等也被应用到文本分级研究中。汉语可读性研究也使用了跟英语研究类似的模型,使用的模型以 SVM 模型为主(Sung et al.,2015;吴思远、于东、江新,2020;蔡建永,2020),也有一些研究使用了逻辑回归和朴素贝叶斯模型等其他模型(杨纯莉,2018)。

21 世纪以来,深度学习成为机器学习领域一个新的研究方向,它最大的特点是将机器深度学习能力和人工神经网络结合,模型的学习能力更强。只要有足够规模的语料,模型可以通过端到端的方式实现自我学习和训练,实现文本智能分级。较早被应用到文本分级领域的深度学习模型是 RNN(Recurrent Neural Networks)。RNN 比传统的机器学习模型在短文本上有更好的分级效果,模型的泛化能力更强,可以适用于多种类不同性质的文本。在多种语言文本研究中,有研究者使用了基于注意力机制的多层级 RNN 模型进行分级研究,发现这类模型对数据规模的要求非常大(Azpiazu & Pera,2019)。不过,也有学者使用 BERT 模型对中文文本(语文教材)进行了分级研究(程勇、徐德宽、董军,2020a;朱君辉、刘鑫、杨麟儿等,2022),BERT 模型也取得了很好的预测效果,跟 Deutsch et al.(2020)的研究结论不同,该研究发现语言特征对 BERT 模型有轻微增量。总体而言,深度学习模型的分级效果再次得到了证实。

从可读性公式到机器学习模型再到深度学习模型,可读性研究不断深入,深度学习模型优势明显,无须人为提供特征,还能保证文本分级效果,总体情况可见表 1。但是,深度学习模型的"黑箱"问题一直存在,过程的不透明性会导致结果的不可解释性,不能满足某些应用场景,比如教育领域。追求过程透明且兼具学理性的分级建模仍是语言学家和语言教育者的重要研究方向,所以语言分级特征体系的构建仍然是学界关心的问题。

表 1 不同方法的可读性建模情况

方法	分级特征	模型	优点	缺点
可读性公式	少量表层特征	线性回归模型	操作简单	泛化能力弱
机器学习模型	丰富的多维度特征	SVM、LR、RF 等	建模过程透明性好	需要人工提取大量的分级特征
深度学习模型	无须人为提供特征	RNN、CNN、BERT	无须人为提供特征,分级效果好	语料规模要求高,分级过程"黑箱"式

注:深度学习也属于机器学习的范畴,但鉴于深度学习模型在很多方面有重大突破,所以,表中将基于深度学习模型的可读性研究与传统基于学习型模型分别介绍。

（三）分级特征

分级特征越来越丰富，涵盖的维度也越来越多。这些特征既包括可直接观测的词长、句长等传统公式特征，也包括经计算机简单统计的词汇频率、词性占比等信息，还包括需要语言模型获取的词汇困惑度信息，以及需要自然语言处理工具自动提取的句法树等特征。分级特征一直备受关注，不断丰富，近年研究者还增加了简单语义信息，比如词汇具体性等信息（McNamara et al.，2014；张丽君，2019）以及篇章层面的话语特征（discourse feture），前人研究使用的特征很丰富，我们将汉语文本复杂度研究中使用的词汇和句法特征进行了总结（见表2）。

表2　汉语文本复杂度研究中使用的词汇和句法特征

类别	特征名称	特征描述
词汇特征	词汇熟悉度	词频、难词比例、词汇等级特征都属于这类特征。可以通过大型语料库、词汇频率词典、词汇等级分布信息获得
	词汇多样性	在文本范围内考察词汇的丰富性，通常使用型例比（TTR）来统计，TTR值为文本型符数和文本总词数的比值
	词义丰富度	词汇义项的数量，通过词典获得
	不同词类占比	不同词性（或实词、功能词）所占比例
	语言模型困惑度	通过语言统计模型获取
	词义具体性等	可以通过心理学词表等领域词表或量表获得
句法特征	不同类别短语的长度	不同类别的短语指的是名词、动词、介词短语等；短语的长度指的是短语中的词数或字数
	不同类别短语的个数	比如动词短语的个数
	短语修饰语长度或个数	短语修饰语的长度指的是修饰语的词数或字数
	句长	通常通过句子中的词的个数来刻画
	从句个数或长度	通常通过逗号界定从句
	句式丰富度	通常指句式的多样化
	依存距离、依存句法树高	需要通过依存句法分析工具获得
	语言点	通过语言点的等级分布信息来刻画特征

由表2可见，现有的分级特征已十分丰富，不过，分级预测主要还是依靠词汇和句法特征，这本质上是受传统语言学的"切割"思想的影响（段士平，2019）。在已有研究中，大多数研究是基于孤立的词来构建文本特征的，这样会导致忽略词间关系信息。有少数研究开始关注到词间关系信息，比如，殷晓君（2022）基于依存构式构建文本分级特征，其中，依存构式是在依存语法和构式语法理论支撑下提出的，是包含词和词间依存关系的三元组。总体而言，目前可读性研究中使用的分级语言特征多是较易获取的，对于语言深层信息，尤其是语义特征的挖掘比较匮乏。

（四）效度验证

效度验证是文本可读性研究的重要组成部分。已有研究中使用的效度验证主要指模型评估。使用机器学习的方法研究文本可读性需要将分级库中的数据按照一定的比例随机分为训练集和测试集，训练集数据用于模型训练，测试集数据用于模型的评估。现有的研究大多是使用准确率（Accuracy）作为评估指标（蔡建永，2020），也有研究增加了 F_1 值等评估指标（Deutsch et al.，2020；朱君辉、刘鑫、杨麟儿等，2022；柏晓鹏、吉伶俐，2022）。

（五）可读性自动分析工具

在英语文本研究中，Coh-Metrix 是美国孟菲斯大学（University of Memphis）研发的一个自动化在线文本分析工具（McNamara et al.，2014）。该工具研发之初，研发人员主要是为了考察语篇衔接在阅读理解中的作用。但是随着研究的推进，Coh-Metrix 现在已经可以自动分析词汇、句子、语篇等多层面文本（Graesser & McNamara，2011）。随后，Kyle 团队研发的同系列文本处理软件 TAALES、TAASSC、TAACO 分别用于文本的词汇、句法和语篇衔接方面文本特征的分析，该工具提供的文本特征十分丰富，其中，仅词汇方面的特征就包含 400 多个指标。"英语阅读指南针"是由国内学者金檀等开发的一款面向二语学习者的文本分析工具。在中文文本研究方面，2021 年 12 月，北京大学和人民教育出版社合作推出了面向中国儿童的阅读分级测评系统，该系统可以提供文本等级（适合阅读的年级）、词数、平均句长等基本信息。总体来说，研究者开始关注中文自动分析工具的研发。

三、可读性研究反思和展望

历经一百多年的探索，可读性研究中使用的分级特征越来越多，分级准确率也越来越高，但仍有需要进一步提升的地方，主要表现为以下三点。（1）分级特征方面，一是需要增强分级特征的学理性，充分发挥语言学理论和知识的作用；二是在分级特征中增加深层文本特征，特别是语义特征。（2）效度验证方面，目前使用的模型评估多是内部评估，这种方法难以真正考察分级模型的泛化能力。未来可以考虑增加外部评估，比如通过研发文本自动分级工具，通过用户的使用反馈来对分级效果进行进一步的评估。（3）关注分级过程以及结果解释。现在的研究多追求文本分级的准确率，对于分级过程以及结果的解释关注较少。事实上，在很多场景下，我们需要了解到底是哪些特征带来的语言难度，这对于发现语言自身的运作规律以及指导语言教学都具有重要的意义。总而言之，文本可读性研究还有很长的路要走，未来，我们应该在语言学理论和技术的双重动力下开展文本可读性研究，进一步挖掘文本的深层信息，提升分级模型的泛化能力，以便更好地指导实践。

参考文献：

柏晓鹏，吉伶俐. 篇章结构特征对文本可读性的影响［J］. 语言文字应用，2022（3）：62−72.

曹钢，董政，徐娟. 基于《国际中文教育中文水平等级标准》的词汇知识图谱与词汇自适应学习平台构建［J］. 国际汉语教学研究，2023（1）：21−30.

蔡建永. 面向二语文本的可读性研究［D］. 北京：北京语言大学，2020.

程勇，徐德宽，董军. 基于语文教材语料库的文本阅读难度分级关键因素分析与易读性公式研究［J］. 语言文字应用，2020a（1）：132−143.

程勇，徐德宽，董军. 基于多元语言特征与深度特征融合的中文文本阅读难度自动分级研究［J］. 中文信息学报，2020b（4）：101−110.

段士平. 语块在语言系统中的位置：从"边缘"到"核心"［J］. 外国语文，2019，35（2）：87−94.

郭望皓. 对外汉语文本易读性公式研究［D］. 上海：上海交通大学，2010.

蒋智威. 面向可读性评估的文本表示技术研究［D］. 南京：南京大学，2018.

荆溪昱. 中文国文教材的适读性研究：适读年级值的推估［J］. 教育研究资讯，1995

(3).

刘苗苗，李燕，王欣萌，等. 分级阅读初探：基于小学教材的汉语可读性公式研究［J］. 语言文字应用，2021（2）：116-126.

马瑞祾，徐娟. 语言智能赋能国际中文智慧教育：现实境况与未来路向［J］. 国际中文教育（中英文），2023，8（2）：43-52.

孙汉银. 中文易懂性公式［D］. 北京：北京师范大学，1992.

吴思远，于东，江新. 汉语文本可读性特征体系构建和效度验证［J］. 世界汉语教学，2020，34（1）：81-97.

杨纯莉. 基于统计算法的对外汉语报刊文本易读性词汇因素分析［D］. 上海：华东师范大学，2018.

杨金余. 高级汉语精读教材语言难度测定研究［D］. 北京：北京大学，2008.

殷晓君. 基于依存构式的文本复杂度分级特征体系构建及效度验证［J］. 语言教学与研究，2022（6）：24-33.

于东，吴思远，耿朝阳，等. 基于众包标注的语文教材句子难易度评估研究［J］. 中文信息学报，2020，34（2）：16-26.

张丽. 中小学课外读物的可读性研究：词汇语义因素的影响与可读性公式建立［D］. 北京：北京语言大学，2019.

朱勇，邹沛辰.《中文天天读》易读性研究［J］. 云南师范大学学报（对外汉语教学与研究版），2012，10（3）：41-46.

朱君辉，刘鑫，杨麟儿，等. 汉语语法点特征及其在二语文本难度自动分级研究中的应用［J］. 语言文字应用，2022（3）：87-99.

AZPIAZU I M, PERA M S. Multiattentive recurrent neural network architecture for multilingual readability assessment［J］. Transactions of the association for computational linguistics, 2019 (7): 421-436.

CROSSLEY S A, MCNAMARA D S. Does writing development equal writing quality? A computational investigation of syntactic complexity in L2 learners［J］. Journal of second language writing, 2014 (26): 66-79.

DALE E, CHALL J S. A formula for predicting readability: Instructions［J］. Educational research bulletin, 1948 (27): 37-54.

DEUTSCH T, JASBI M, SHIEBER S. Linguistic features for readability assessment［EB/OL］.（2020-05-30）［2023-10-30］. https://arxiv.org/abs/2006.00377.

GRAESSER A C, MCNAMARA D S. Computational analysis of multilevel discourse comprehension［J］. Topics in cognitive science, 2011, 3 (2): 371-398.

GUNNING R. The technique of clear writing［M］. New York: McGraw-Hill, 1952.

KINCAID J P, FISHBURNE Jr R P, ROGERS R L et al. Derivation of new readability formulas (automatic readability index, fog count and flesch reading ease formula) for navy enlisted personnel [M]. Millington: Navy Research Branch, 1975.

KYLE K. Measuring syntactic development in L2 writing: Fine grained indices of syntactic complexity and usage-based indices of syntactic sophistication [D]. Atlanta: Georgia State University, 2016.

LARSEN-FREEMAN D, CAMERON L. Complex systems and applied linguistics [M]. Oxford: Oxford University Press, 2008.

LIVEL Y, BERTHA A, SIDNEY L P. A method for measuring the "vocabulary burden" of textbooks [J]. Educational administration and supervision, 1923, 9 (7): 389-398.

MARTINC M, POLLAK S, ROBNIK-ŠIKONJA M. Supervised and unsupervised neural approaches to text readability [J]. Computational linguistics, 2021 (1): 141-179.

McLAUGHLIN G H. SMOG Grading—a new readability formula [J]. Journal of reading, 1969 (8): 639-646.

McNAMARA D S, GRAESSER A C, MCCARTHY P M, et al. Automated evaluation of text and discourse with Coh-Metrix [M]. Cambridge: Cambridge University Press, 2014.

PETERSEN S E, OSTENDORF M. A machine learning approach to reading level assessment [J]. Computer speech & language, 2009, 23 (1): 89-106.

SUNG Y T, LIN W C, DYSON S B, et al. Leveling L2 texts through readability: Combining multilevel linguistic features with the CEFR [J]. The modern language journal, 2015 (2): 371-391.

VAJJALA S. Trends, limitations and open challenges inautomatic readability assessment research [EB/OL]. (2022-06-20) [2023-10-30]. https://arxiv.org/abs/2105.00973.

作者简介：

殷晓君，北京语言大学国际中文教育研究院/国际中文学院，讲师，博士，研究方向为计算语言学、数字化国际中文教育。

对外汉语教学

再谈对外汉语近义词辨析教学中语素分析法与结构分析法的运用

游 黎[1] 王 缪[2]

1 四川大学海外教育学院　2 四川大学文学与新闻学院

摘　要：近义词辨析教学一直是对外汉语词汇教学的难点，汉语释词中近义词互释的传统加大了学习者学习近义词的难度。语素分析法和结构分析法早已在汉语词汇研究领域得到广泛认可，但是这两种方法在汉语近义词辨析中的运用还很不够。本文通过对"拥有、具有""追逐、追赶""嘲笑、讥笑、取笑"三组词的辨析示例，强调将语素分析法和结构分析法运用到对外汉语近义词辨析教学中可以达到很好的效果，能进一步为"简化、浅化"的近义词教学服务。

关键词：对外汉语教学；近义词辨析；语素分析法；结构分析法

The Application of Morphological Analysis and Structural Analysis in Teaching Synonym Discrimination of Chinese as a Foreign Language

You Li　Wang Miao

1　School of Overseas Education, Sichuan University
2　School of Literature and Journalism, Sichuan University

Abstract：Synonyms discrimination teaching has always been a major difficulty in Chinese vocabulary teaching. The tradition of mutual interpretation by synonyms in Chinese has increased the difficulty for learners to learn synonyms. Morphological analysis and structural analysis have been widely recognized in the field of Chinese vocabulary research, but the application of these two methods in discriminating Chinese synonyms is not enough. This paper exemplifies the discrimination of three-group synonyms by morphological analysis and structural analysis, including "拥有（own）/具有（possess）","追逐（chase）/追赶（catch up）","嘲笑（sneer）/讥笑（ridicule）/取笑（make fun of）", emphasizing that morpheme analysis and structural analysis can work simplistically and effectively in teaching synonym discrimination of Chinese as a foreign language.

Keywords：Teaching Chinese as a foreign language；Chinese synonym discrimination teaching；Morpheme analysis；Structural analysis

一、引言

近义词辨析是对外汉语词汇教学中的重点与难点问题。杨寄洲（2004）指出："外国汉语学习者一旦学完了汉语的基本语法并掌握了1500个左右的常用词语以后，就会遇到同义词、近义词用法方面的问题。"可以说，了解意义相近的词语之间的区别和使用条件是汉语学习者的迫切需求，也是他们准确掌握汉语词汇的必要条件。然而从目前的情况来看，学界对汉语近义词辨析的研究成果似乎不尽如人意，实用性强且真正有助于教学的研究成果并不多，很多在教学中亟须辨析的近义词问题还没有得到解决。正如李绍林（2010）所指出的，虽然目前对外汉语词汇教学的方法已有较多的研究成果，但是，这些研究多是关于词义释义的方法，词义辨析的研究相比之下则显得薄弱。

我们认为，造成这种局面的主要原因有两点。

一是受到汉语传统释义方法的影响，对词义的解释多是近义词互释，对近义词辨析的重视程度远远不够。近义词互释是汉语辞书释义的传统，《尔雅》《说文解字》等古代辞书、字典普遍采用这种方法，其影响力一直延续至今。如根据游黎（2016）的调查，《现代汉语词典》仍大量使用近义词互释的方式来解释词义。而据蔡永强（2018）的调查，对外汉语教材和外向型学习词典中的词语释义基本上都借鉴了《现代汉语词典》的释义，因此这些教材和词典也大量使用近义词互释的释词方式。可见，相当数量的辞书和教材都是以近义词释词而忽略了区分这些近义词的差别。

二是对辨析近义词的分析方法的研究和使用还不够深入、充分。辨析近义词的方法很多，比如从词性、感情色彩、语体色彩、语境、固定搭配等角度进行辨析。近年来，随着汉语教师和汉语学习者对近义词辨析问题的认识程度和需求程度的不断加深，越来越多的学者开始强调对汉语近义词进行深入分析的必要性。而在对近义词进行分析的方法中，"语素分析法"和"结构分析法"是极为重要的两种方法。不过从现有的研究成果来看，这两种方法在近义词辨析的研究中运用得还不够深入和广泛，造成很多近义词辨析的结果不够准确。我们认为有必要对其进行强调与说明。

二、语素分析法在汉语词汇辨析中的运用

语素分析法来源于"语素法"。"语素法"也被称为"语素教学法"或"字本位教学法"，主张离析词语中的语素，并通过构词来提高词汇教学的效率（吕文华，1999）。分析词的语素义是语素分析法的基础；分析某语素在某个词语中的具体意义，同时观照其成词方式，是理解清楚词义的基础（李如龙、吴茗，2005）。对外汉语教学中的语素分析法强调探究某一词语在现代汉语中具有某个意义的原因。如果被分析的词是单音节词，则直接对其语素进行分析；如果被分析的词是双音节词，则将其分解为两个或多个语素，并选择对词义形成有决定性影响的语素进行分析。这意味着教师不能仅满足于讲授"某个词有某个意思"，而更要注重讲授"某个词为什么有某个意思"。为此，需要对语素的本义、演变源流以及语素之间的组合方式进行细致分析。前人已关注到"语素"在词汇学习中的重要性，但是对于深度分析语素本身及其在近义词辨析中的作用关注不够。我们主张将语素分析法应用到近义词辨析中，从语素角度深究易混淆近义词在现代汉语中存在的某个词义的来源，以从意义上区别易混淆近义词。

下文将以"拥有、具有""追逐、追赶"这两组易混淆近义词为例，具体阐述语素分析法在对外汉语近义词辨析教学中的运用。

【拥有】【具有】

"拥有"与"具有"是一对看似意义相近实则在使用条件上存在明显差异的近义词。《现代汉语词典》(第7版)对"拥有"的释义是"领有;具有(大量的土地、人口、财产等)",对"具有"的解释是"有(多用于抽象事物)"。

外向型汉语学习词典《商务馆学汉语词典》将"拥有"解释为"有(大量的人口、土地、财物等)",这一解释完全来源于《现代汉语词典》。

在杨寄洲、贾永芬编著的《1700对近义词语用法对比》中,对"拥有"的词义说明依然沿用了《现代汉语词典》的说法,即"拥有;领有;具有(大量的土地、人口、财产等)";而对"拥有"和"有"的用法辨析则认为"'拥有'的宾语是抽象名词,而且必须是双音节词,可以说'拥有土地,拥有矿藏'等大量的东西,不能说'我拥有一辆汽车','他拥有一百块钱'。'有'的宾语可以是具体名词也可以是抽象名词,可以是单音节词,也可以是双音节词和多音节词。"在辨析"具有"和"有"时,则认为"'具有'的宾语只能是抽象名词"。

我们认为,以上工具书的解释都存在较大问题。

首先,《现代汉语词典》用"领有、具有"来解释"拥有",属于近义词互释,会误导学习者认为"拥有"和"领有、具有"意义相同。此外,后面的举例"(大量的土地、人口、财产等)"会使学习者认为"拥有"的对象不仅必须是"大量的",而且还应该与土地、财产、人口等具体事物有关。而这些显然都与汉语的语言事实不符。例如汉语中"拥有健康""拥有幸福""拥有权力"等用法都是完全成立的,这些用法中的"拥有"都不能替换为"具有",说明"拥有"与"具有"是有明显差别的。"健康""幸福""权力"等既不能说是"大量的",也与"土地、人口、财产"等具体事物无关。可见,《现代汉语词典》对"拥有"的解释,不但混淆了"拥有""具有"的区别,而且也未能对其意义和用法做出准确全面的概括,反而会对学习者造成困扰。

其次,《1700对近义词语用法对比》中对"拥有""具有""有"的辨析也存在很大问题。既然在释义时说常与"拥有"搭配的是"大量的土地、人口、财产"等,又说"拥有"的宾语应该是抽象名词,这本身就是矛盾的。此外,强调"拥有"只能用于"大量的"东西,这也是毫无根据的。事实上,汉语中"拥有"的宾语并不以"抽象"为限,"汽车""房子""家人"

"衣服鞋子"等具体事物都可以"拥有";而且"拥有"也与是否"大量"无关,我们既可以"拥有"一本自己喜欢的书,也可以"拥有"一部手机,这些事物都不是"大量的"。而"健康、青春、感情、权力、知识、亲人"这些我们可以"拥有"的事物,更与其是否"大量"完全没有关联,其中某些事物如"健康、青春、感情"等,甚至是完全无法量化的。而"拥有"的宾语必须是双音节词的观点也值得讨论,因为在很多语境下,"拥有爱""拥有书""拥有车"都是可说的。可见,试图用搭配的事物是否抽象、是否大量或音节的单双来作为"拥有""具有"的区别性特征是不可行的。

综上所述,现有的辞书未能对"拥有""具有"的意义做出准确解释,当然也不可能对其进行精准的辨析。而造成这一问题的原因,我们认为主要在于这些工具书的编纂者没有对"拥有""具有"进行准确的语素分析,没有真正抓住"拥有"和"具有"的构词语素和成词理据,只是试图从词语的适用范围上来总结用法。这种靠总结而不靠分析的方法很容易造成片面或遗漏,最终总结出完全错误的使用规律。

实际上,如果我们对"拥有"和"具有"进行语素分析,就不难发现,二者的核心意义都是后一语素"有",而关键区别在于前一语素"拥"和"具"。换言之,"拥有"与"具有"的中心意义都是"有",而区别在于"有"的方式不同。"拥"是"有"的方式,"拥有"是指"拥而有之"而非"生而有之"。因此可以说,凡可以"拥有"的事物,都不是本身内在"具备"的。"房子、车辆、土地、权力、知识、家庭、健康、感情"等都不是与生俱来的,是必须"拥"才可以"有"的,也就是说是需要通过"外在的行为(如购买、学习、锻炼等)"才能获得的。而"具有"的对象则往往是内在的,因此,"性格、特点、意义、性质、品格"等往往用"具有"。在进行对外汉语教学时,可以直接对学生做一个"拥抱"的姿势使学生理解"拥"的意思,并进一步使学生理解凡是可以"拥而有之"的事物(往往是外在的或者是后天的)就多用"拥有",而不能"拥而有之"的事物(往往是内在的或者是先天的)则多用"具有"。

可见,"拥有"和"具有"的区别其实并不在于宾语名词是否抽象、意义是否有褒贬,也不在于宾语词的音节是单还是双、宾语数量是大还是小。关键在于,"有"所指的宾语对象到底是"拥"了才有的,还是本来就"具"有的。而这一结论,是在对词语进行了深入的语素分析后得出的。

【追逐】【追赶】

"追逐"与"追赶"也是对外汉语教学中学生很容易混淆的一对近义词。《现代汉语词典》将"追逐"释为"追赶：～野兽"和"追求：～名利"，而实际上，"追逐"与"追赶"是不能画等号的。在很多情况下，二者无论是意义还是用法都不能互换，如下面的例子：

例（1）我的学习成绩掉队了，一定要努力【追赶】。

例（2）甲队队员得球后向前狂奔，乙队队员在后面拼命【追赶】。

例（3）我正在【追逐】总冠军，之后一切都会水到渠成。

例（4）在当今的网络社会中，【追逐】真相也需警惕舆论失焦。

例（1）、例（2）中的"追赶"都无法替换为"追逐"，而例（3）、例（4）中的"追逐"也无法替换为"追赶"。那么，二者的区别到底在哪里呢？对这个问题，现有的辞书都未做出解答，因此往往也对学习者习得这两个词造成障碍。

如果我们对这两个词进行语素分析，就可以发现，二者相同的语素是"追"，而区别在于后一语素"逐"和"赶"。我们对二者分析之后，得出如下结论。"逐"字的初形是上面一只"猪"，下面一只"脚"，说明它的本义就是人在奔跑着追一只猪。人追赶野猪的目的是"得到"食物，而"赶"的本义就是"赶上"，也就是让自己的位置能够和追的对象相同（或者超过）。因此，虽然同样是"追"，但"追赶"和"追逐"的目的却并不一样。"追赶"的目的是使自己的位置"赶上甚至超过"自己所追的对象；而"追逐"的目的是"得到、获得"自己所追的对象。

因此，在实际的语言运用中，当"追"的目的需要被强调时，"追逐"与"追赶"一般就不能互换。比如例（1）中，我要"努力追赶"的目的就是成绩"赶上"甚至"超过"成绩比我好的同学，而绝不是为了"得到"成绩比我好的同学，因此这里只能用"追赶"。同样，例（2）中"乙队队员在后面拼命追赶"，这里"追"的目的仍然是要"赶上"或"超过"甲队队员，而不是为了"得到"甲队队员，因此"追赶"也不能换为"追逐"。

而相反，在例（3）中，"追逐总冠军"的目的正是"得到总冠军"，而不是为了"赶上或超过总冠军"，因此这里只能用"追逐"。例（4）中"追逐真相"的目的是获得真相、得到真相，因此"追逐"也不能替换为"追赶"。

可见，当"追"的目的是"得到"所追的对象时，就只能用"追逐"而不能用"追赶"。比如："追逐名利、追逐梦想、追逐爱情"等不宜说成"追赶名利、追赶梦想、追赶爱情"，因为这里"追"的目的都是"得到"所追的对象，而不是"赶上甚至超过"。

当说话人并不想要或并不需要强调"追"的目的，或者当"追"这个动作本就兼有两种目的，又或者两个目的在当前语境下都适用时，"追逐"与"追赶"才可以通用。在对外汉语教材《成功之路·成功篇（第二册）》中，第七课课文选用了秦牧先生的《社稷坛抒情》，对于文中句子"节日里，欢乐的人群在上面舞狮，少年们在上面嬉戏追逐。"中的"追逐"一词，课后的生词表的解释是"追逐：（动）追赶。"少年嬉戏的"追"，并不需要强调目的，而且嬉戏时往往先"赶上"同伴，再"抓住"同伴。这样的情况下，用"追逐"或"追赶"确实都是可以的。但是即使在某些语境下"追逐"与"追赶"可以互换，但二者毕竟是区别较大的近义词，简单地把"追逐"解释为"追赶"，还是不恰当的。

三、结构分析法在汉语词汇辨析中的运用

结构分析是分析词语中多个语素间的关系以及结构组合方式，从词语内部结构的差异来区别近义词的词义、用法等。结构分析法的基础是语素分析法，在对词语进行深入的语素分析的基础上，进一步考察各语素之间的组合形式，分析两个或多个语素是按什么方式组合的，形成何种结构，并由此进一步考察不同的结构对词语意义造成了何种影响。因此从根本上说，结构分析法仍然是考察词语成词理据的一个手段。

下面，我们将以"嘲笑、讥笑、取笑"这三个易混淆近义词为例，具体阐述结构分析法在对外汉语近义词辨析教学中的运用。

【嘲笑】【讥笑】【取笑】

"嘲笑""讥笑""取笑"是汉语学习者很容易混淆的一组近义词。现有的辞书等基本上都未能对三者之间的差别做出准确的解释，而是依然采用了互释的方式来解释其词义。例如《现代汉语词典》将"嘲笑"释为"用言辞笑话对方"，而将"讥笑"释为"讥讽和嘲笑"，将"取笑"释为"开玩笑、嘲笑"。这种循环互释的方式，没有向汉语学习者清晰地说明三者意义上到底有何细微差别、使用条件是否一致等，很容易造成学习者的误用。

一般来说，汉语母语者能感受到"嘲笑""讥笑""取笑"三个词的语义程度是逐渐加重的，因此我们在教学实践中经常听到老师向学生解释"取笑"的语义最轻而"讥笑"的语义最重。这种解释虽然不错，但是在对外汉语教学中，单谈语义轻重的程度对近义词辨析的作用并不大，学生对如何区别和使用三者仍会感到困惑。从教学的要求出发，我们不但要发现三者语义的差别，更要探寻形成语义差别的原因。我们经过分析研究认为，三者在结构上存在的差异是造成三者语义不同的重要原因。

（1）"嘲笑"和"讥笑"。

从词语结构来看，"嘲笑""讥笑"都是"状中结构"，这两个词的中心语都是"笑"，而"嘲"和"讥"是修饰中心语"笑"的状语，即"嘲"和"讥"是"笑"的方式。换言之，"嘲笑"和"讥笑"二者组合方式相同，核心语素"笑"也相同，其语义上的差别主要来自不同的构词语素"嘲"和"讥"。"嘲"的本义是"用语言相调侃、戏谑"，《说文新附·口部》："嘲，谑也。"《玉篇·口部》："嘲，言相调也。""嘲"是语言的戏谑与调侃，相比于"讽刺、谴责、非难"，"嘲"的语义一直较轻，我们常常"自嘲"，但是却很少"自讥"，因为能开自己玩笑的人不少，能真正"讥刺"自己的人却不多；而"讥"的本义是"讽刺、非难、谴责"。《说文·言部》："讥，诽也。"《广雅·释言》："讥，谴也。"又《释言》："讥，怨也。"王念孙疏证："怨与讥、刺同义。"可见，"讥"有明显的"批评、讽刺"之义，所以语义一直较重。因此向学习者辨析这两个词时，可以说明"嘲笑"与"讥笑"都并不友好甚至带有恶意，而"讥笑"的讽刺、批评意味更深。

（2）"取笑"。

不同于"嘲笑""讥笑"的状中结构，"取笑"实际上是一个"动宾结构"，"取"是动词，而其宾语是"笑"。这个结构跟"取暖""取乐"是一样的。"取暖"是要"得到温暖"，"取乐"是要"得到快乐"，而"取笑"可以解释为要"取得（让人）笑（的效果）"。事实上，"取笑"的目的就只是取得一个"让人笑的效果"，因此它并不一定需要批评人，甚至不一定是恶意的。

例如，两个男女同学走在一起，身边的朋友开始起哄，他们并无恶意，只是想"热闹一下，取得大家哄堂大笑的效果"，因此他们是在"取笑"这对男女，而不是要"嘲笑"或者"讥笑"他们。再如，妈妈对即将出门约会的女儿说："哟，我们家的邋遢鬼怎么突然开始爱漂亮了？"妈妈这样说话的目的,也只是博女儿和自己一笑,这样的"取笑"无法被"嘲笑"和"讥笑"代替。

在对外汉语教学中,如果向汉语二语学习者解释清楚"取笑"这个词的构成形式,也就解释清楚了"取笑"意义的由来。再结合恰当的情景举例,学习者就能对"取笑"的意义和使用条件有更深刻的理解,也就能够完全理解"嘲笑""讥笑""取笑"三者在语义上的差别以及使用的条件。

对"嘲笑、讥笑、取笑"三者的辨析,同时用到了语素分析法和结构分析法。对于结构相同的"嘲笑、讥笑"从不同语素的含义进行区分;对于与前面二者结构不同的"取笑",则从构词结构分析其词义不同的原因。语素分析法和结构分析法结合使用,能找出近义词之间最显性的区别,这是做到"简化、浅化"近义词辨析教学的基础。

四、结语

近义词辨析是汉语二语学习和对外汉语教学中的一大难点,深入了解近义词之间在意义上和用法上的细微差别是汉语教师和学习者的迫切需求。然而,无论是对外汉语教材,还是外向型学习词典,其释义都深受内向型词典《现代汉语词典》中用近义词释义的影响,近义词之间循环释义,不注重区分其差异,加大了二语学习者区别近义词的困难。

语素分析法和结构分析法已经被证明是近义词辨析中非常行之有效的研究方法。然而从现有的研究成果来看,这两种方法还没有得到广泛的应用,还有继续强调与推广的必要。针对这一情况,本文用具体示例强调了语素分析法和结构分析法在近义词辨析教学中的作用。对外汉语教师应培养语素意识,对易混淆的近义词语进行细致的解剖分析,注意汉语词汇的成词理据,明白这些词语的构成要素和构成规律,才能对词语的意义及其与近义词语之间的区别做出正确的判断。

参考文献:
蔡永强. 外向型汉语学习词典的释义用词 [J]. 辞书研究, 2018, 226 (4): 58-68.
李如龙, 吴茗. 略论对外汉语词汇教学的两个原则 [J]. 语言教学与研究, 2005 (2): 41-47.
李绍林. 对外汉语教学词义辨析的对象和原则 [J]. 世界汉语教学, 2010, 24 (3):

406—414.

李晓琪. 博雅汉语·高级飞翔篇Ⅱ [M]. 北京：北京大学出版社，2013.

鲁建骥，吕文华. 商务馆学汉语词典 [M]. 北京：商务印书馆，2006.

吕文华. 建立语素教学的构想 [C] //世界汉语教学学会. 第六届国际汉语教学讨论会论文选. 北京：北京大学出版社，1999：8.

邱军. 成功之路·成功篇·第2册 [M]. 北京：北京语言大学出版社，2003.

许慎. 说文解字 [M]. 北京：中华书局，2012.

杨寄洲，贾永芬. 1700对近义词语用法对比 [M]. 北京：北京语言大学出版社，2007.

杨寄洲. 课堂教学中怎么进行近义词语用法对比 [J]. 世界汉语教学，2004（3）：96—104.

游黎. 从对外汉语教学的视角看《现代汉语词典》编纂中的释义问题 [J]. 对外汉语教学论丛，2016（1）：201—210.

中国社会科学院语言研究所词典编辑室. 现代汉语词典 [M]. 7版. 北京：商务印书馆，2016.

作者简介：

游黎，文学博士，四川大学海外教育学院副教授。

王缪，四川大学文学与新闻学院汉语国际教育专业硕士研究生。

对外汉语教学背景下方位介词"在"的语义地图模型研究

王磊[1]　崔璨[2]

1 成都中医药大学外语学院　2 成都理工大学外国语学院

摘　要：作为语言类型学建立的一种新型语义分析工具，语义地图是描写和解释多功能语素关联类型的一种有效方法。本文试图从语义地图理论的视角，建立汉语方位介词"在"与韩语、日语中相应表达形式，以及与英语、西班牙语中相应表达形式的语义地图模型，并通过对语义地图的对比，考察这一工具是否与偏误研究的结论一致，是否有助于挖掘不同母语背景的留学生对汉语介词的习得特征，以及是否能为对外汉语介词教学提供有效的针对性教学方针和策略。

关键词：语义地图；语言类型学；方位介词；对外汉语

The Research of Locality Preposition "zai" in the Context of Teaching Chinese as a Foreign Language

Wang Lei　Cui Can

1　School of Foreign Languages, Chengdu University of TCM
2　School of Foreign Languages, Chengdu University of Technology

Abstract: The Semantic Map Model is a novel analytic tool constructed by linguistic typology. It is an effective method in describing and explaining the correlation types of multi-functional morphemes.

---

* 基金项目：2020 国家社科基金西部项目"面向汉语国际教育的方所附置词研究"（编号：20XYY014）。

Based on the theory of semantic map, this article aims to construct the semantic map models of the preposition "zai" in Chinese with relation to the corresponding expressive forms both in Korean and Japanese, and English and Spain. By comparing the semantic maps constructed, this article intends to investigate whether this tool is consistent with the error analysis, whether it is conducive to mining the acquisition features of Chinese prepositions by foreign students, and whether it can provide targeted pedagogical principles and strategies.

Keywords：Semantic map；Linguistic typology；Prepositions of locality；TCSL

语义地图的主旨，是用绘制"地图"的方式去解决跨语言研究中语法形式和语义的不一致问题，总结语言演变模式和跨语言共性，其优势在于能够同时彰显语言共性和某些语言中形成的个性。如果能有效利用语义地图模型，绘制汉语方位介词的语义地图，就可以分别从语系背景和水平等级的角度，发现不同母语背景者对汉语各方位介词的习得顺序及特征。而通过考察习得特征对不同母语者汉语方位介词使用偏误的影响，就能够为学习者制定出有针对性的汉语教学策略。

一、语义地图模型的理论基础

（一）基本概念

"语义地图模型"（Semantic Map Model）源于安德森（Anderson，1982）提出的"概念空间"假设，他提出"心智图"（mental map）是认知的基础。Croft（2001）发展了这一设想，并提出"语义地图连续性假说"（The Semantic Map Connectivity Hypothesis），即任何范畴，只要与特定语言和（或）构造相关，都能投射到概念空间里的一个连续区域，这恰恰说明了语义地图在处理语言的共性和个性方面具有独特作用。其后，Haspelmath（1997，2003）对其标记法则做了细致说明，这大大推动了语义地图的研究，并使其成为类型学理论的重要进展。

（二）原理及操作

作为语言类型学的新型比较研究工具，语义地图模型的基本原理是基于跨语言比较的实证材料，按严格的逻辑演算方式，为某个多功能语言形式建立起普遍的几何底图，并以图像的方式具体地表现语言的抽象分析。

具体操作模式可概括为三步：（1）界定研究对象，基于跨语言比较，识别并描写该语法范畴的详细用法及功能；（2）依据相邻原则，将各语言中该形式的不同功能排列在恰当的区域位置，对比、筛选并确立功能节点和关联模式，也即概念空间；（3）将不同语言的功能分布模式投射到概念空间，据此划分出不同的连续区域，进而绘制出语义地图。吴福祥（2017）认为，概念空间的构建是语义地图模型的核心。概念空间包含了语义功能节点和相应连线，其中节点对应着不同语言或方言中相应语法形式的不同功能，而连线则表示各功能间的直接关联。

二、方位介词的国外相关研究

（一）类型学范畴占据主导

在当代语言类型学中，介词有着重要的研究价值。格林伯格认为这源于介词所具有的类型学预测力。Hawkins（1988）则认为介词类型是比 S、O、V 语序更可靠的语序指标。Tsunoda（1995）等计算语言学家通过统计研究发现，介词的位置，也就是是否为前置词语言是人类语言语序类型的最大差别。

介词研究的类型学视角主要集中于介词的共性、分类和语序等问题。如 Sun（1996）分析了介词短语的语序位置和历时演变；Yao（2006）对汉语介词"于"的语法化过程进行了梳理，并分析了其演变原因；Hagege（2006）基于大量语言事实，探讨了介词的分类、形成及语法化等问题，并阐明了汉语介词产生的句法环境及其他构成要素；Chappell（2008）等按照前置、后置和框式介词三大类对汉语介词进行了划分。

（二）认知语言学研究偏重

认知语言学同样是介词研究的重要理论支撑之一。介词多义性在重视空间概念的认知语言学兴起之后,一直是其研究热点之一,研究视角多集中于意象图式和隐喻理论。例如,宏观领域,Tyler & Evans(2003)和 Kemmerer(2006)都通过空间认知角度,对介词探索语言的认知能力进行了研究。个案分析方面,Lakoff(1987)分析了"over"的核心意象图式。而跨语言领域方面,Taylor(1988)对意大利语和英语部分介词进行了比较研究;Kracht(2000)对德语、英语、芬兰语的空间方位词做了语义分析研究。

介词的本体研究之外,认知语言学的范畴理论也被广泛应用于考察介词的习得问题。一些学者,如 Schumann(1986),Munnich(2010)等从学习者的主观因素角度,分析了介词的习得特征和顺序、学习者的策略及关键期对其介词习得的影响等问题。还有一些学者则更重视空间语义上母语和目标语的差异,及其在空间认知方式上对学习者的影响。他们或利用原型理论(Iiaz,1986),或利用范畴化理论(Correa-Beningfield,1990),或从形态类型和语言迁移角度,探索介词习得的深层原因。

(三)新研究手段备受关注

近年来,"语义地图"理论成为研究介词的新兴视角。例如,Tylor & Evans(2003)研究了英语前置介词的意义网络及感念空间,认为语用推理可导致概念的重新分析和规约化;Carmen(2005)分析了西班牙语前置介词的语义扩展问题;Kemmerer(2006)则认为,语言的认知能力可以通过介词的空间编码得到体现。语义地图的可预测性使其成为跨语言比较的重要工具,通过比较可以展示不同语言的形成和功能差异,在语言结构的诸多共性中发现个性。

三、方位介词的国内研究及动态

(一)理论丰富、角度多样

我国语言学界很早就关注汉语空间表达问题,如朱德熙(1981)、沈家煊(1999)等均从不同角度探讨了这一现象。将汉语介词与空间方位相结合的研究,过去基于结构主义的较多,而后多了许多从认知语言学视角进行的研究,如刘宁生(1994,1995)、方经民(2002)、崔希亮(2002)、刘丹青

(2003)等。

2000年以来，涉及汉语方位介词的研究视角越来越丰富，涵盖了结构主义、语法化、二语习得、方言学、类型学、认知语言学、比较语言学、历史语言学等。在这些研究中，汉语方位介词的个体研究成效显著，特别是关于"在、从、往、向"的研究者众多，如单侠（2011），施栋琴（2012），陈晓蕾（2012），沈阳（2015）等。

跨语言/方言研究渐成新趋势，如对比汉英起点标记介词（李孝娴，2013）、英汉位移结构异同（王奇，2014）等；又如分析聊城方言中的"从"（刑向东，2011）以及商丘方言中的介词"来"（谢易延，2017）等。

汉语本体历时研究也自成一派，如对《吕氏春秋》中"自源点位移"基本形式演变的考察以及甲骨文中位事介词"于"的研究（张玉金，2015）等。

（二）二语视角蓬勃发展

2006年以来与汉语方位介词习得研究相关的国内文章共17篇，多从认知视角展开研究，涵盖了原型范畴、意象图式、图形背景等理论。基于语料库的两篇文章，主要是对持不同母语者进行对比。类型学视角只有一篇，对比的是英语和汉语中表空间义和时间义的介词，并提出了相应的教学策略（王鸿滨，2013）。

由于汉语介词是封闭的小类，因此在对不同母语背景学习者教学的过程中，遇到了很多具体问题。随着汉语学习不断掀起热潮，2002年至2018年，与介词习得相关的国内文章共91篇，其中有64篇（占70%）讨论了偏误问题，大多数文章从不同国家学习者的视角，剖析他们介词使用的偏误，讨论习得困难的原因，并提出相应教学策略。可见，不管是从学习者的角度还是教学的角度，这一话题都引发了广泛关注。

（三）语义地图视角兴起

语义地图模型的兴起，为国内语言学界带来了新型研究手段。近年来，通过吴福祥等人的大力推动，越来越多的学者开始把语义地图模型作为一种行之有效的描写工具，将其应用于对语言对比、多功能形式的研究以及二语习得的考察。如林华勇、吴雪钰（2013）以多功能词"到"的习得顺序为例，探讨了跨语言比较背景下的语义地图模型在二语习得研究中的运用。魏海平（2013）通过绘制汉英人体名量词的语义地图，探究这一分析工具在对外汉语教学中的实践意义和可操作性。王玮（2015）依据语义地图，为湖南方言建立了空间位移域相关概念的地图模式。遗憾的是，目前没有学者将"语义地图"与语言类型学相结合，从对外汉语教学的角度对汉语各方位附置词做系统梳理的类似研究。

四、语义地图模型运用于汉语方位介词的探讨

（一）"在"的语义项

汉语方位介词都属于多功能介词，这种多功能性体现为，不同的介词可以标引相同的语义角色，同一个介词也可以标引不同的语义角色。要将语义地图应用于汉语方位介词，首先需要通过详细调查，逐一厘清每一个方位介词的多功能性，其次对它们的功能分布做出细致描写，最后确定其语义地图的功能节点。

以前置词"在"为例，作为现代汉语中虚化时间早、使用频率高的一个前置介词，它所处的位置十分灵活。"在"与别的词或词组构成的介词短语既可以位于句首，也可以位于谓语后，还可以位于主谓之间。在先秦时期，"在"就已处于萌生过程，《诗经》中用作介词的"在"有10余例，位于动词前，表示施事的动作行为或持续状态的处所；《论语》中用作介词的"在"有7例，均位于谓语动词前，表示所在。例如：

例（1）在泮献功。《诗经·泮水》
例（2）在邦无怨，在家无怨。《论语·颜渊》
例（3）子在川上曰："逝者如斯夫！不舍昼夜。"《论语·子罕》
例（4）子在齐闻《韶》，三月不知肉味。《论语·述而》

"在"可以位于动词之后，表示动作的归属处，如"亡在草莽"；或引进滞留的场所，如"附在我身"；"在+场所"位于动词后的句子也有一些，如：

例（5）亡人不佞，失守社稷，亡在草莽。《左传·昭公二十年》
例（6）衣服附在我身，我知而慎之。《左传·襄公三十一年》
例（7）王出在应门之内。《尚书·顾命》

《诗经·小雅·鱼藻》里也有"鱼在在藻，依于其蒲"的诗句。普遍认为，第一个"在"是动词，第二个"在"是介词。在《左传》《国语》中，也是动词用法占多数。像这样动介、虚实并存的情形，一直持续到了现代汉语当中。

作为现代汉语中使用频率最高，虚化得很早的一个前置介词，它所处的位置十分灵活，且除了作为介词以外，还可以作动词和副词。本研究只讨论它作为前置介词时的语义项，如表1所示：

表1 前置介词"在"的语义项

处所	在高空飞翔；住在东城
条件	在大家的帮助下
范围	在工作中；在学习上
时间	在下午三点半
行为主体	在我看来

（二）"在"类介词语义项的跨语言比较

依照表1，前置词"在"的基本功能节点包括如下5个：处所、条件、范围、时间、行为主体。如果要建立概念空间底图，那么这5个语义节点可以有120种不同组合方式。

此时需要引入、对比并分析更多其他语言中对应词汇的语义项，如表2、表3、表4、表5所示：

表2 英语"at"的语义项

时间	at 7 o'clock
处所	at home
原因	At my suggestion, Bernard went to see his former teacher.
范围	I'm not good at dancing.
方向	look at me
方式	He sells the cloth at a dollar a yard.
状态	She knew that he was not at ease.
距离	I stood at ten paces from Mike.

表 3　西班牙语"en"的语义项

时间	en octubre（在十月）
处所	Estoy en casa.（我在家。）
条件	en nuestros propios esfuerzos（在我们自己的努力下）
范围	Hace mucho esfuerzo en su estudio.（他在学习上非常努力。）
方向	Chengdu está en el suroeste de China.（成都位于中国西南方。）
行为主体	en mi punto de vista（在我看来）

表 4　日语"に"的语义项

时间	王さんは3時に行きます。（小王三点去。）
处所	先生は教室にいます。（老师在教室里。）
方向	教室は図書館の南の方にあります。（教室在图书馆的南面。）
对象	父に送りました。（给父亲寄去了。）
行为主体	私にとって（对我来说）

表 5　韩语"에"的语义项

时间	아침 7시에 학교를 갑니다.（我早上七点钟去学校。）
处所	집에 아버지가 계십니다.（父亲在家。）
方向	부산은 한국 남쪽에 있습니다.（釜山在韩国的南部。）

根据"语义地图连续性假设"，一种语言里，同一种语法标记所具有的两种用法在地图上的位置是紧邻的。如果仅考察上述四种语言中与汉语"在"类似的语法范畴，那么这类介词之间的关联模式，可得到基本概念空间地图，如图1所示：

```
状态 ———— 范围 ———— 距离
              |         |
时间 ———— 处所 ———— 主体 ———— 条件
              |         |
             方向 ———— 对象
              |         |
             方式 ———— 原因
```

图 1　基本概念空间地图

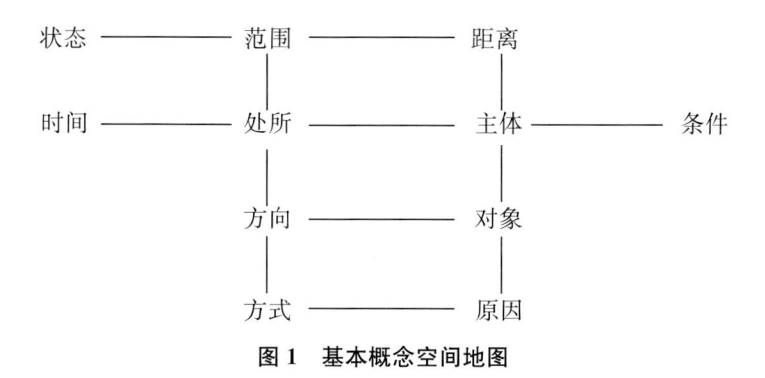

（三）语义地图的绘制

语义地图理论认为，一个语法范畴概念空间的建立，需要罗列出被考察的语法范畴在不同语言中承担的语义功能，并通过跨语言比较才能得出。概念空间不会一成不变，其体系的完善程度取决于考察的语言类型的多少和语料的丰富程度。基于"语义地图连续性假说"，如果在概念空间中投射出不同语言中相类似的语法范畴的分布模式，就可以绘制出一张反映语言差异的特定语义地图。如果将上述有限的四种对比语言按照阿尔泰语系（日语、韩语）和印欧语系（英语、西班牙语）来区分，我们可得出如下语义地图（见图2和图3）：

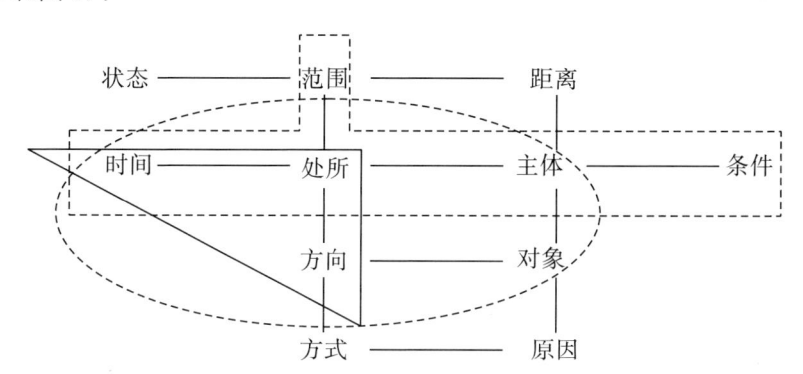

图 2　语义地图1：汉语"在"、日语"に"、韩语"에"的语义地图叠加

国际汉语文化研究（第八辑）

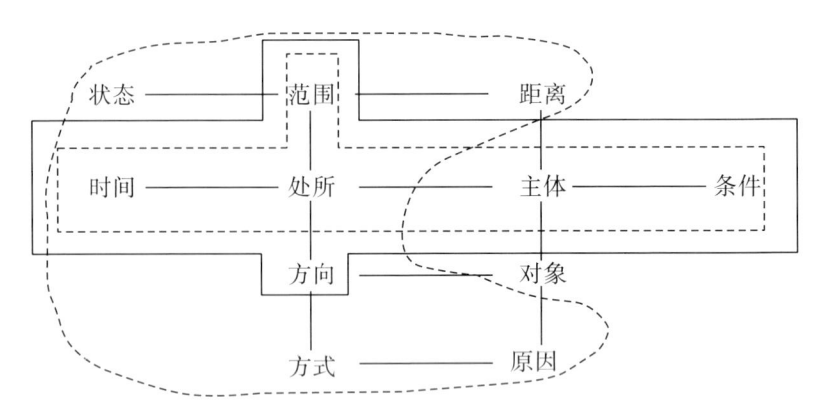

图3 语义地图2：汉语"在"、英语"at"、西班牙语"en"的语义地图叠加

图2和图3分别呈现了汉语方位前置词"在"与其他语言中对应词汇在概念空间上的分布。使用语义地图模型这一分析工具，可以直观地用图示去表现多功能语法形式，并且在分析过程中能清晰呈现语言的使用规律和某些特殊现象，给研究者以很好的启示，同时还可以有效地验证从传统语义分析或认知语义学角度得出的结论，这就是绘制语义地图的根本意义。

五、语义地图分析与对外汉语教学

（一）介词系统的类型学差异与偏误的产生

汉语从类型学角度来看是典型的孤立语，它是以SVO为优势语序的前置词语言，同时具有很多与SVO语序不和谐的语法现象。作为孤立语，利用虚词和语序是汉语表达语法关系的主要手段。由于缺少实际词义，虚词往往成为学习者的难点。而介词作为汉语虚词中的一大类，也因此成为对外汉语语法教学中难以忽视的重点。日语、韩语、英语和西班牙语分属不同语系，前两者属阿尔泰语系，是典型的黏着语，是后置词语言，以SOV为优势语序；而后两者属印欧语系，是典型的屈折语，是前置词语言。这些语言类型上的差异，使得各自的母语背景者会采用不同的语法手段来表达相同的语法意义。这些类型学上的差异和特点，势必会造成学习者在习得目的和习得顺序上带有某种偏向，其偏误类别、偏误率和使用频率都会出现很大差异。

现代汉语中多数介词由动词虚化而来，因此多为前置词。前置介词往往与所带的名词、代词或者名词性词组一起组成介宾结构,用于介绍谓语动词所要表示的动作行为的处所、时间、方式、工具、原因、对象等。汉语中的后置词,顾名思义,就是位置在后的介词,能够在名词短语后与其构成一个短语。汉语方位词在虚化后都具有较为典型的后置词用法,尤其是单音节方位词以及含有"以/之"的双音节方位词。此外,还有一类特殊的框式介词也不容忽视,即由前、后置词一起构成,将它们所支配的成分夹在中间的一种特殊结构,如"为了……起见"等。

日语和韩语同为黏着语,属阿尔泰语系,它们所使用的如"에"和"に"均被称为格助词,在类型学中则被看作典型的后置词。当遇到介词短语做状语时,这两种语言大多将状语后置,使得学习者特别容易出现介词语序的偏误。英语和西班牙语同为屈折语,属印欧语系,都是有形态变化的综合性语言。西班牙语中虽然也有数量丰富的介词,但与汉语的介词无法准确对应,且大多数情况下使用规则不同。西班牙语的前置词很多,主要用于连接句中的两个词或两个句子,它们在语法意义和功能上与汉语介词的交叉有时是很复杂的。例如,前置词常与冠词一起构成缩合前置词,前置词之后还可以与动词不定式一起组成不明确从句。

与英语的介词相比,现代汉语介词的类别有很大差异。英语中并没有单独的方位词,作为前置词的介词不能像汉语前置介词一样和方位后置词搭配使用。此外,汉语中的前置介词不仅可以和方位后置词搭配,还可以跟其他词性的词,如名词、动词、连词、助词等构成种种固定格式。例如,在现代汉语中,"前置词+名词短语+方位词"的结构比比皆是,并且结构中的方位词往往具有句法强制性。因此,在翻译一些英语前置词或前置词短语时,是无法用"前置词+名词短语"来翻译的,必须添加适当的后置词[如 on(在……之上)],这也是造成偏误的原因之一。

认知语言学认为,不同的民族对空间的认知有差异,这会反射到其使用的语言中。我们由此假设,语种的亲属关系以及语言属性也会对不同民族空间范畴义的表达产生影响,这种影响会反映在方位介词的使用上。我们试图借助语义地图来验证这一假设。

(二)语义地图的应用

根据靳丽君(2011)基于"HSK 动态作文语料库"的统计,韩国学生在使用介词"在"时,"遗漏"偏误占所有偏误的近六成,其次是误加和误代。针对"在"的使用最易发生偏误的是表处所（37%）和表范围（28.8%）这两类。而根据张宁晴（2018）基于BBC语料库中7822条相关语料的研究，日本留学生使用介词"在"时，偏误率最高的是误代（41.3%）和遗漏（26.3%），其次是误加和错序。

从图2可以直观地看出，与汉语"在"相比，韩语的"에"和日语的"に"都没有表示范围和条件的语义功能，但都有表时间和处所的语义功能。韩语的"에"多出了表方向的功能，而日语的"に"多出了表方向和对象两种功能。对韩语而言，由于其是后置词语言，以及韩国留学生缺乏对框式介词结构的认知，因此受目的语负迁移的影响，韩国留学生往往遗漏掉介词"在"。根据图2，韩语的"에"没有表条件、范围和行为主体的语义功能。结合靳丽君（2011）的考察，韩国留学生在使用框式介词时经常发生遗漏，主要表现为遗漏表条件或前提的"在……下"、表范围的"在……中"和表行为主体的"在……看来"中的"在"。由此可以看出，韩国留学生对框式介词中"在"的遗漏，正好也与"에"语义功能的缺失完全对应，这说明语义地图模型的结论和偏误研究的结论能够吻合。

对日语来说，同样由于缺乏框式介词概念，以及本身属后置词语言的类型学特征，日本留学生易出现与"在"相关的误代和遗漏。根据图2，日语的"に"比汉语的"在"多出了表方向和对象的语义功能。由此我们可以推测，日本留学生可能会误将"在"与"に"的语义功能画等号，或受母语负迁移的影响，将汉语中可以表示方向和对象的其他介词置于介词"在"应处的位置。结合张宁晴（2018）的研究，日本留学生的误代偏误主要分为"在"与其他相关介词如"对"和"从"的误代，以及"在"类框式介词中后置词的误代。从语义地图的视角来看，日本留学生之所以会出现将"对"和"从"误置于"在"的位置的情况，正是因为日语的方位附置词"に"比汉语的"在"多出了表方向和对象的语义功能。误代和遗漏这两种偏误类型的产生，都主要是由于介词"在"与格助词"に"等的不完全对应，以及日语中并无框式介词概念所导致的。

崔希亮（2005）分析了欧美学生对汉语中各重要介词的习得情况，并统计出在所有介词中，"在"的使用频率位居第一。英语中能与"在"相对应的介词包括"at/in/on/above/below/over/under/behind"等。由于这些英语介词已经包含方位义，而汉语的介词结构需要在名词后添加方位词，并与前置词连用才能表达方位义，因此很容易造成欧美学生的使用偏误。吴继峰

(2013)曾统计出，在所有偏误类型中，由母语负迁移带来的方位词的缺失所占比重最高（22.7%）。由图3可以发现，就"at"与"在"的关联来说，两者都具备表范围、处所和时间的语义功能。"at"不能表主体和条件，但却多了表方向、方式、原因、状态和距离等功能，因此如果把"在"简单直译为"at"或"in"是不妥当的。

"在"也是西班牙语国家学生接触最早、使用率和偏误率最高的介词。在四种偏误类型中，西班牙语学生的使用冗余次数＞错序次数＞遗漏次数＞误用次数，其中误用偏误主要为"在"和"离"、"从"和"对"之间的混淆。由图3不难发现，西班牙语的"en"同汉语介词"在"的语义功能重合度是比较高的，只是比"在"多出了可表方向的功能。这一现象恰恰解释了西班牙留学生易将"en"与汉语中表方向的"离""从""对"等介词等同，并将其误用在应使用介词"在"的语义场合的原因。

综上所述，汉语介词的使用常会给留学生带来困扰，使其产生源自母语负迁移或目的语泛化的使用偏误。语义地图模型的研究结论可以与偏误研究有机地结合，为对外汉语教师提供依据，帮助其提前预测出学习者在这一知识点上可能出现的偏误和难点，有针对性地为教学做准备。

（三）语义地图模型在对外汉语介词研究中的价值

从语义地图的这一视角，我们可以重新分析不同母语学习者偏误形成的原因。通过分析方位介词语义地图的差异，我们可以考察不同的语系背景是否会对汉语方位介词的习得造成影响。同时，还可以对比不同语言背景学生所出现的偏误是否具有区别和关联。从学习者的不同等级水平出发，分别考察不同母语背景的初、中、高级学习者对空间位移介词的习得顺序及特征，由此考察不同学习者对介词难易程度的把握情况。

从学术价值上看，从新兴语义地图视角，我们首先可以突破原有理论背景局限，为汉语介词研究带来有益补充。其次，可以拓展汉语介词的跨语言/方言研究的范围，突出其语言类型学研究价值。此外，还可以充分利用语义地图这种新型研究工具，为二语习得研究提供新的方法和思路。

而从应用价值上说，能够对不同母语背景学生的习得情况进行比较，直观预测其学习难点，并为对外汉语教师有针对性地调整教学策略提供重要参考。能够协助外国学习者把握介词学习重难点，并加深理解，增强其汉语学习积极性。能够在对外汉语领域的其他多功能形式的教学研究方面，起到独特的参考价值。

六、结语

  根据教育部公布的海外留学生统计数据，目前约有来自200个国家和地区的50万名各类外国留学人员来华学习。可以预见，随着"一带一路"倡议的继续推进，会有越来越多的留学生来到中国深造。同时，随着"汉语热"席卷各个国家，孔子学院不断建立，汉语学习在全球处于高速发展的阶段。如果能对不同母语背景学生所产生的偏误提前进行预判，我们就可以更好地开展有差异性和针对性的国别教学，大大提高教学效率。

  利用语义地图，从语法现象产生的根源来分析语言差别，能够帮助教师更好地预测教学重难点，利用对比教学避免母语负迁移的干扰，也可以加强注重文化因素和心理因素的教学。就方位介词的教学而言，我们还可以搜集现有的多种对外汉语教材，针对该词类在教学大纲中的内容和教材编排，考察它们是否参照了基于语义地图所体现出的习得顺序，分析是否需要进行调整。这样就可以从不同母语者的习得特征出发，对对外汉语空间位移介词的教学提出有针对性的建议。

参考文献：

陈晓蕾. 汉语介词"给"、"对"语义分析及其对英译的启示[D]. 西安：西安外国语大学，2012.

崔希亮. 空间关系的类型学研究[J]. 汉语学习，2002（1）：1—8.

崔希亮. 欧美学生汉语介词习得的特点及偏误分析[J]. 世界汉语教学，2005（3）：83—95.

方经民. 汉语介词的语义和语用研究[M]. 上海：上海外语教育出版社，2002.

靳丽君. 韩国留学生使用介词"在"的偏误分析[J]. 中山大学研究生学刊（社会科学版），2011（4）：6—11.

李孝娴. 汉语"到"介词的语义分析及英译策略[D]. 长春：长春师范大学，2013.

林华勇，吴雪钰. 语义地图模型与多功能词"到"的习得顺序[J]. 语言教学与研究，2013（5）：10—18.

刘丹青. 语序类型学与介词理论[M]. 北京：商务印书馆，2003.

刘宁生. 汉语前置词研究[M]. 北京：商务印书馆，1994.

刘宁生. 汉语前置词研究续编[M]. 北京：商务印书馆，1995.

潘秋平，张敏. 语义地图模型与汉语多功能语法形式研究［J］. 当代语言学，2017（4）：510-545.

单侠. 现代汉语介词"在"和"于"语义探析［D］. 西安：陕西师范大学，2011.

沈家煊. 现代汉语八百词［M］. 北京：商务印书馆，1999.

沈阳. 汉语动态介词研究［D］. 福州：福建师范大学，2015.

施栋琴. 汉语"对"字的语义、语用及其翻译对比研究［D］. 桂林：广西师范大学，2012.

王鸿滨. 汉语空间类介词语义类型的认知心理研究［D］. 桂林：广西师范大学，2013.

王奇. 汉语"对于"和英语"regarding"的比较研究［D］. 长春：吉林大学，2014.

王瑞晶. 语义地图：理论简介与发展史述评［C］//北京大学汉语语言学研究中心. 语言学论丛：第42辑. 北京：商务印书馆，2010.

王玮. 空间位移域的语义地图研究［C］// 李小凡，张敏，郭锐，等. 汉语多功能语法形式的语义地图研究. 北京：商务印书馆，2015：302-332.

魏海平. 基于语义地图模型的对外汉语教学研究——以汉英人体名量词为例［J］. 西南农业大学大学学报（社会科学版），2013（4）：158-163.

吴福祥. 多功能语素与语义图模型［J］. 语言研究，2011（1）：25-42.

吴福祥. 语义图与语法化［J］. 世界汉语教学，2014（1）：3-17.

吴福祥. 导语：语义图模型与汉语语义研究［J］. 当代语言学，2017（4）：507-509.

吴继峰. 英语母语者使用汉语介词"跟"的相关偏误分析［J］. 云南师范大学学报（对外汉语教学与研究版），2013（4）：37-41.

谢易延. 汉语介词"从""自""由"英译研究［D］. 北京：北京联合大学，2017.

刑向东. 汉语趋向性介词"向"和"往"的语义分析及英译研究［D］. 重庆：西南大学，2011.

曾传禄. 现代汉语位移空间的认知研究［M］. 北京：商务印书馆，2014.

张敏. "语义地图模型"：原理、操作及在汉语多功能语法形式研究中的运用［C］// 北京大学汉语语言学研究中心. 语言学论丛：第42辑. 北京：商务印书馆，2010.

张玉金. 基于语义场视角的汉语"在""于"研究［D］. 石家庄：河北师范大学，2015.

张宇晴. 日本留学生习得"在"的偏误分析［D］. 芜湖：安徽师范大学，2018.

周文华. 现代汉语介词习得研究［M］. 北京：世界图书出版公司，2011.

朱德熙. 现代汉语词典［M］. 北京：商务印书馆，1981.

ANDERSON J R. The Architecture of cognition［M］. Cambridge：Harvard University Press，1983.

BEITEL D. The emergence of image schemas［J］. Cognitive linguistics，1995，6（3）：345-372.

CARMEN G A. The stability of spatial configurations in grammaticalization processes：A case example in Polish [J]. Eslavistica complutense, 2005, 5: 135-154.

CHAPPELL H. Prepositions in their syntactic, semantic and pragmatic context [M]. Berlin: Mouton de Gruyter, 2008.

CROFT W. Radical construction grammar: Syntactic theory in typological perspective [M]. Oxford: Oxford University Press, 2001.

CROFT W. Typology and universals [M]. Cambridge: Cambridge University Press, 2003.

CORREA-BENINGFIELD M. Prototype theory and second language acquisition [J]. Revue de phonetique appliquee, 1990, 95-97: 131-135.

HAGEGE C. The grammar of causation and interpersonal manipulation [M]. Trans. HOWARD M W. Amsterdam: John Benjamins, 2006.

HASPELMATH M. From space to time: Temporal adverbials in the world's languages [M]. Munich: Lincom Europa, 1997.

HASPELMATH M. The geometry of grammatical meaning: Semantic maps and cross-linguistic comparison [J]. The new psychology of language, 2003: 217-248.

HAWKINS J A. Word order universals [M]. New York: Academic Press, 1988.

IIAZ A. Prototype effects in preposition comprehension [J]. Cognitive psychology, 1986, 18 (4): 499-523.

KEMMERER D. The semantics of space: Integrating linguistic typology and cognitive neuroscience [J]. Neuropsychologia, 2006, 44 (9): 1607-1621.

KRACHT M. On the semantics of locatives [J]. Linguistics and philosophy, 2000 (2): 221-234.

LAKOFF G. Women, fire and dangerous things: What categorias reveal about the mind [M]. Chicago: University of Chicago Press, 1987.

MALCHUKOV A L. Towards a semantic typology of adversative and contrast marking [J]. Journal of semantics, 2004, 21 (2): 177-198.

MUNNICH A. Prepositions in first and second language acquisition [J]. Language acquisition: The age factor, 2010 (1): 45-70.

SCHUMANN J H. Research on second language acquisition [M]. Oxford: Oxford University Press, 1986.

Sun, Chaofen. Word-order change and grammaticalization in the history of Chinese [M]. Stanford: Stanford University Press, 1996.

TAYLOR J R. The role of similarity in language processing [M]. London: Erlbaum, 1988.

TSUNODA T, UEDA S, ITOH Y. Adpositions in word-order typology [J]. Ling, 1995,

33（4）：741-762．

TYLER A，EVANS E. The semantics of English prepositions：Spatial scenes，embodied meaning and cognition ［M］. Cambridge：Cambridge University Press，2003.

YAO L. Grammaticalization of prepositions in Chinese：A cognitive perspective ［J］. Chinese journal of applied linguistics，2006，29（3）：32-40.

作者简介：

　　王磊，博士，成都中医药大学外语学院副教授，主要研究方向为语言类型学，对外汉语。

　　崔璨，硕士，成都理工大学外国语学院副教授，主要研究方向为语言学与应用语言学。

基于对外汉语教学的副词"毕竟"用法再分析*

李月炯

四川大学海外教育学院

摘　要："毕竟"是一个主观化程度较高、意义极为虚化的汉语副词，着眼于其的对外汉语教学的研究相对匮乏。本文基于元语言功能视角和语篇环境的考察，指出"毕竟"的功能可以归纳为"理据出示"，其理据出示往往指向语句以外的语言成分或者非语言成分，而其关联作用可能体现在句内、句间以及语段等语言单位之间以及上述单位和非语言层面的因素之间。

关键词：毕竟；理据出示；指向；关联作用

A Reanalysis of the Usage of Adverb "bìjìng" in teaching Chinese as a Foreign Language

Li Yuejiong

School of Overseas Education, Sichuan University

Abstract: "bijing" is a Chinese adverb with a high degree of subjectivity and an extremely empty meaning, and relevant researches focusing on teaching Chinese as a foreign language are relatively scarce. Based on the perspective of metalinguistic function and the investigation of discourse environment, this paper points out that

---

* 本文系四川大学中央高校基本科研业务费项目"副词主观性在留学生汉语学习中的干扰作用研究及教学对策"（项目号：2021自研—海外002）。

the function of "bìjìng" can be summarized as "presentation of evidence", whose presentation of justification often points to linguistic or non-linguistic elements outside the sentence, and its correlation effect may be reflected in the language units such as intra-sentence, inter-sentence and segment, as well as between the above units and non-linguistic factors.

Keywords：bìjìng；Presentation of justification；Orientation；Association

引　言

"毕竟"这一虚化程度、主观化程度都很高的现代汉语副词，一直以来都是对外汉语教学中的难点，学者们依据不同的理论、从不同的视角进行了较多研究，包括该词的词汇化、语法化过程（孙菊芬，2002；史金生，2003；周永军、马建民，2011；张秀松，2015）方面的研究，语义、语用方面的研究（祖人植、任雪梅，1997；董付兰，2002；吕海燕，2014；侯远航，2019），篇章方面的研究（郑雷，2007），等等。总体而言，已有研究从汉语发展史的层面较为详尽地揭示并描写了其形成过程，验证并丰富了相关语言学理论，但是另一方面，着眼于其教学的研究却相对匮乏，所见文献多限于汉语国际教育相关专业的硕士学位论文（田慧婷，2009；蒋欣，2013），内容亦多从特定留学生群体和特定类型的偏误展开，能够促进本体理论成果和教学研究形成互动的探讨相对较少。本体研究的视角毕竟不同于作为二语教学的汉语研究，其分析角度、描写思路在一定程度上难以直接用于二语课堂教学，因此我们有必要从汉语教学课堂的需求出发反窥已有研究成果，结合实际语料对该词的语义特征、句法分布、篇章应用特征进行再思考，以形成更加有效的建议。

一、已有研究对其用法的总结

由于"毕竟"一词语义虚化程度较高、意义空灵、主观化程度较深，而语法研究者的理论背景、分析方式各不相同，各自所作的描写与分析、所得出的结论亦常常侧重于某一个侧面，只抓住了某一个或几个特征。因而，对这些不同侧面的特征分析和描写进行全面的梳理、总结,对不同的观点进行比较考察,更有助于全面呈现其语法意义,并进一步挖掘有可能被忽略的意义特征。通过文献整理,我们可以把已有研究中关于"毕竟"的语法意义的分析主要归纳为五种类型。

1. 强调

《现代汉语词典》(第 7 版)(下称《词典》)将这一用法归纳为该词的基本意义,《词典》对"毕竟"的释义如下:(副)表示追根究底所得的结论,强调事实或原因。例如:

例(1)这部书虽然有缺页,毕竟是珍本。
例(2)毕竟是小孩子,不懂事。

较多学者从语料中提取和分析了这一特征,但是对于"毕竟"所强调的具体内容,各家观点不完全一致。祖人植、任雪梅(1997)通过对"毕竟"在语篇中的考察得出该词具有强调意义的结论;史金生(2002)认为,"毕竟"强调的是不因某种情况而改变的事实,而这个事实要么是事物固有的特点,要么是已经出现的或不可避免的某种情况、规律;董付兰(2002)认为该词强调的是原因;祖人植、任雪梅(1997)认为其强调的是语气;张秋杭(2006)认为"毕竟"有强调结论和原因的作用;吕海燕(2014)认为"毕竟"强调的是事物的某种最终性质、特点和情况;蒋欣(2013)和侯远航(2019)认为"毕竟"具有"传信"作用。蒋欣认为副词"毕竟"常常是句子的重音所在,因而具有强调和凸显焦点的功能,"表现说话人对所述话语的强烈感情与态度","毕竟"和"究竟""到底"一样,在语言中具有"传信"的评价功能。在表达"传信"时,它们通常出现在陈述句中。例如:

例(3)雅尔塔时代毕竟已经过去了,一个新时代又开始了。

侯远航(2019)认为,副词"毕竟"在发挥传信功能(即"事实""本质"这一范畴)的同时,还增加了说话人的主观情感和态度。

2. 反预设

吕叔湘(1999)根据"不管、不论"与"毕竟"的呼应而增补了"充分肯定重要的或正确的事实,暗含否定别人的不重要的或错误的结论"(我们可以认为,这里吕叔湘抓住了"毕竟"的两个关键特征:事实和原因),但其实否定的是一种受话人的预期(不一定是不重要的,结合语料说明)。季安峰（2009）认为，"毕竟"是一个引导说话者推导出句子的预设的"预设触发语"。蒋欣（2013）认为，"毕竟"表示语用预设，在实际运用场域中，预设可以是双方共同具有的知识，也可理解为话语中所蕴含的背景知识。例如：

  例（4）他告诉记者，今天的比赛只是正常发挥了训练水平，没有紧张的感觉，虽然自己在刚刚结束的亚洲射击锦标赛中曾有些紧张，毕竟那是他首次参加世界大赛，但是今天的比赛已经感到很平静了。（预设：在亚洲射击锦标赛中紧张是情有可原的）

3. 转折

高书贵（2000）认为，"毕竟"类语气副词具有表示让步转折的语法功能，甚至可以称为让转关系语气副词。持这种观点的学者还有侯远航。赵春利（2022）在不同层级的句子中考察了"毕竟"表转折的情形，他指出，在转折关系句中，副词"毕竟"的位置是不自由的，"毕竟"句只能用作转折复句的转折小句，以表达因情势变化而引发转折的势变性［例（5）、例（6）］，但若把"毕竟"插入待转句，则转折关系不合法［例（7）、例（8）］。例如：

  例（5）虽然对方是异教徒，但是恩情毕竟就是恩情。
  例（6）就算乔治不好，但他毕竟是孩子的父亲。
  例（7）*虽然对方毕竟是异教徒，但是恩情就是恩情。
  例（8）*就算乔治毕竟不好，但他是孩子的父亲。

4. 解释

史金生（2002）认为，"毕竟"强调一个不因某种情况而改变的事实，这个事实可以是事物本身的特点，也可以是已经或必将出现的某种情况、规律。吕海燕（2014）认为，"毕竟"强调事物的某种最终性质、特点和情况，以说明存在或出现另一情况或观点并不奇怪；申明、突出某一不可否认的事件，在说话人看来，这一事件在当前语境下非常重要，事实上对某一结果的产生起决定性的作用。应该说，"解释"这一功能是基于对语段这一比句子更大的语言单位的考察而提出的。比如：

  例（9）老年人是过来人，抚养、教育孩子有着丰富的实践经验，对孩子也耐心细致，照顾周到。但孙辈毕竟不是自己的儿女，中间"隔一辈"。

5. 否定和反驳

《现代汉语八百词》（1999）指出，"毕竟"作用在于肯定重要的或正确的事实，暗含否定别人的不重要的或错误的结论的意思。侯远航（2019）认为，在表转折的关系句中，"毕竟"还具有表示辩驳和否定的功能。

例（10）虽然人均数（国民生产总值）还很低，但是国家力量毕竟有很大增加。（侯远航例）

例（11）政府高官不可能向私企老总看齐，毕竟公务员是个"公众服务员"的职业。

应该说，如果我们把学者们所概括的五个用法特征综合起来，就能够较为全面地呈现副词"毕竟"在句法中的作用。但是我们亦不难发现，各种语法特征之间的关系较为复杂，存在彼此嵌套、互有纠葛的现象，这是由于以结构分析法为代表的传统语法学在对虚词的语法意义进行研究时多以句子为单位，而功能语法、认知语法虽然较传统语法更强调篇章分析和交际互动，但是在考察对象上，多是以通过关键词（或其他字段）进行语料库检索所得到的句子而非更大的语言单位为对象，这在一定程度上影响了对词语的分析和描写。将考察的语言单位放大，则可以更清楚地发现"毕竟"与其他语义范畴的关联。赵春利（2022）指出，副词研究需要基于整体决定部分的原则，基于这种研究思路，他将"转折""解释（原因）"置于更大的句子层级进行考察并指出，副词"毕竟"的话语关联作用——"势转溯因"制约着其语义关系。侯远航（2019）以语段为单位进行了更为综合的考察，她指出，在表转折关系的语段中，"毕竟"用于反驳（辩解）受话人与客观规律不符的认识，而在表示因果关系的语段中，则用来提醒或说服受话人某一结果的出现是正常的、符合规则的。

基于教学需求的解释和描写，所追求的效果理应是提炼关键特征，追求简明性和概括性。因此，以超越句子的更大语言单位——比如语篇、语段甚至语段之外的背景信息为分析对象进行综合考察，能更好地发现"毕竟"一词的关键表意特征和在交际中的作用。

二、"毕竟"的理据出示作用与现实性

作为主观化程度较高的副词，"毕竟"是一个典型的元语言成分，是说

话者在交际中有意留下的自我痕迹。齐沪扬（2003）将该词在话语中的功能概括为表述功能、评价功能和强调功能，而这三种表达功能都属于元语言的用法。这与我们在上一部分所总结的五种语法意义是相互呼应的——不管是强调、反预设、解释，还是否定、辩驳和组织话语转折，都属于元语言层面的具体运用。那么，我们有没有可能更简明地、统一地将上述五个基本用法概括起来呢？我们认为，"为说话人的态度、观点出示理据"可以很好地概括"毕竟"的用法。下面我们结合一些例证来进行分析（以下用例均来自CCL语料库）。

例（12）思成有些担心地问："怎么样，没事吧？"徽因笑道："记得读过孙伏园的一篇文章，他说，人毕竟是由动物进化来的，所以各种动物的脾气有时还要发作。小孩子爱戏水，是鱼的脾气发作了。过一些时间人就想爬山，是因为猴子的脾气发作了。"

例（13）然而吃住虽好，毕竟太谷没有什么名山大川可以散心，宋蔼龄不觉丝丝无聊又袭上心头：想想当初自己在美国留学时的雄心壮志，想想跟随孙中山先生时的踌躇满志，想想心上的人已被妹妹得到，想想自己在这里浑吃浑睡、完全被世界忘却了一般，昔日的朋友们此刻在忙些什么，革命下一步会出现什么情形，她真怕时间一长，自己也变成一个麻木不仁的土财主婆，那岂不辜负父母朋友和空怀的一腔壮烈？越思越想，她不觉一声长叹，两行珠泪早顺腮流下……

例（14）普通中小学还承担着为提高民族素质打基础的任务。今天的中小学学生都是未来社会的主人。普通中小学为学生做人和接受专业（职业）教育打基础，也是为提高民族素质打基础。特别是义务教育，它是全国每一个适龄的少年儿童都必须接受的教育，因此，义务教育程度和质量的高低，是民族素质高低的重要[①]标志。民族素质是一个包容范围很广的概念，从内容看，有民族身体素质、科学文化素质、劳动技能素质、思想素质、政治素质、道德素质、审美素质、思维方式素质、社会心理素质，等等；从层次上看，它从包括有世界第一流的乃至划时代的科学家、发明家、思想家、政治家、文学家、艺术家、教育家到各级各类专门人才、劳动者组成的群体结构。所以，提高民族素质既不完

[①] 原语料中缺少"要"字，此为笔者添加。

全是教育的任务,更不完全是普通中小学教育的任务。但是,普通中小学教育毕竟起着奠基的作用。

例(15)人们对富于想象力与创造力的人均产生好感。但是,当一个人的想象力与创造力超越了听众所能理解或想象的范围,则该想象力与创造力将很容易被视为荒谬。天才与白痴毕竟只是一线之隔!

例(16)霍英东反复考察市场,精心研究顾客购房心理,终于发现传统的销售办法对买卖双方都不是一件轻松的事。他这样对记者说:"以前只有有钱人才能购置房屋,如买一幢楼,你要先准备几十万的现金,一次付清,一手交钱,一手交屋,少不得一分一毫,拖不得一半会儿,一点通融的余地都没有。而有钱的人毕竟是少数,大多数人家因一时拿不出大把钞票来,买不起房子。有钱的人,也难免会有资金周转不开的时候,这种房地产生意对买卖双方来说都很不利。"

在例(12)中,"毕竟"所在句子解释人为何会有动物脾气发作,这其实是为"过一些时间人就想爬山"出示理据,而"毕竟"就是出示理据的一个标记。这一句中的理据出示指向后一句子。例(13)为转折内部的解释,解释宋霭龄为什么会有无聊情绪,为这种"无聊"的产生出示理据,指向后一小句;例(14)中,"毕竟"所在的小句与前句形成典型的转折,但是考察整个语段我们不难发现,"毕竟"句所表示的内容(普通中小学教育起着奠基的作用)其实是在为本段开头的观点"普通中小学还承担着为提高民族素质打基础的任务"提供理据,指向段内其他成分,其实我们把这段话分解为小的语篇,也可以认为其理据出示指向了语篇之外。例(15)中,"毕竟"形式上对"只是一线之隔"是一种语气的加强,但是突出这个事实实际上就是在为想象力可能有时让人产生好感,有时被视为荒谬提供理据。其理据出示指向前一个复句。例(16)中"毕竟"句是霍英东对全款买房的否定,但是实际上是在为分期付款买房这个受话人、发话人双方都知道的购房方式提供理据。这时候,理据出示指向言外隐藏的信息,同时也是一种反预设。

综上,"理据出示"作用能够更有概括性地解释副词"毕竟"在语言中的作用,可以视作这一副词的基本功能。我们可以认为,受话人(或者读者)一旦接收到(或者看到)这个词语,就能感受到发话人要出示某个理据。

三、面向留学生教学的阐释与准备

传统的词语释义（以内向型词典释义模式为代表）并不能完全满足留学生语言教学的需求，特别是那些虚化程度较高、主观化色彩较强的元语言成分，"毕竟"亦是如此，无论是教材的知识点编写还是教师的课堂讲练都应展示并突出其语用环境。为此，需要注意以下几点。

第一，与多种语义范畴的表述不兼容。这与其出示理据的表述功能相关，说话人用"毕竟"句所展示的内容都是现实语态而非虚拟态，在语义上是明确的而非泛指的，在时态上也多是已然的而非或然的。因此，"毕竟"一词与"选择""假设""祈使""排除式条件"等范畴的表述是不相容的。例如：

例（17）*你毕竟要坐火车去还是毕竟要坐飞机？

例（18）*如果你毕竟要买份这份保险，请仔细阅读合同。

例（19）*我将毕竟带着这份期许继续努力。

例（20）*你毕竟一定要回家啊。

例（21）*除非你毕竟能够帮他实现这个愿望，否则这个许诺没有任何好处。

第二，辖域的多样性和句法位置的灵活性。学者已作了较多研究，此处不再赘述。与之相关的是，"毕竟"在句中的位置相对灵活，不同于大部分虚词位于主语和谓语动词之间的典型句法分布，该词语既可以在句首，也可以在主语之后。

第三，理据出示的多种指向和关联成分的多样性。结合对各个语段的分析，我们亦发现，这种出示的指向可能是相邻小句，也可能是复句以外的其他语言成分，以及语篇之外为交际双方所指知晓的隐藏信息。因此，表现在语言中，"毕竟"具有关联作用，可以用于连接句内成分组成单句，连接小句构成复句，亦可以用于衔接段落。

因此，我们建议教师在授课时要做到三个方面的结合。一是正反例相结合，凸显语义的现实性。教师在授课时不仅要以正确的用例进行示范，还要准备一些典型的错误用例，以凸显"毕竟"与非现实语句的不兼容性（比如例17～例21），帮助学生理解"毕竟"所在的句子是与假设、祈使、许诺等非现实表述对立的。教师还可以设计一些辨析题或者选择题作为随堂强化练习。二是多种句法位置用例相结合,针对"毕竟"不同于情状副词多用于谓语之前这一典型的句法分布,教师设计的用例中应包含其用于句首或者两句之间单用等非典型分布情况。三是做到多种层级的语料相结合,由于"毕竟"出示理据的指向可能是句中、篇内句外、篇外甚至是语外背景,因此用例必须涵盖这些情况。

结　语

本文基于已有研究成果,对学界关注较多、争议较大,研究角度也相对不统一的现代汉语副词"毕竟"进行了用法的考察分析。通过对已有观点的分类梳理,将"毕竟"的基本功能概括为"为说话者观点、态度出示理据",我们之所以用"功能"而非意义来指称这一内涵,是因为副词内部这一类较为虚化的词在具体类属的划分上有些尴尬——它既不同于虚词(用语法意义指称内涵),也不同于典型的实词(用词汇意义指称内涵)。"毕竟"一词可以说是副词异质性的一个典型,不仅在归实与归虚的问题上存在困难,学者们对其功能和性质也有不同的看法,有学者将其称为话语标记,其实从其在语言中总是表示理据出示这一功能来说,将其看作"出示理据"的话语标记亦未尝不可。

参考文献:

董付兰. "毕竟"的语义语用分析 [J]. 首都师范大学学报(哲学社会科学版),2002
　　(3):67-71.
高书贵. "毕竟"类语气副词与预设 [J]. 天津大学学报(社会科学版),2000(2):106-
　　109.
侯远航. "毕竟"语义及元语用法探究 [J]. 现代语文,2019(1):83-87.
季安峰. 汉语预设触发语研究 [D]. 天津:南开大学,2009.
蒋欣. 语气副词"到底"、"毕竟"、"究竟"的对外教学 [D]. 武汉:华中师范大
　　学,2013.
吕海燕. 语气副词"毕竟"的语义语用研究综述 [J]. 现代语文(语言研究版),2014
　　(1):26-28.
吕叔湘.《现代汉语八百词》[M]. 增订本. 北京:商务印书馆,1999:78.
齐沪扬. 语气副词的语用功能分析 [J]. 语言教学与研究,2003(1):62-70.

史金生. "毕竟"类副词的功能差异及语法化历程［M］//吴福祥，洪波.《语法化与语法研究（一）.北京：商务印书馆，2003.

史金生. 现代汉语副词的语义功能研究［D］. 天津：南开大学，2002.

史金生. 语气副词的范围、类别和共现顺序［J］. 中国语文，2003（1）：76.

田慧婷. 对外汉语教学中的"毕竟"类语气副词［D］. 沈阳：沈阳师范大学，2009.

孙菊芬. "毕竟"在近代汉语中的发展演变研究［J］. 海南大学学报（人文社会科学版），2002（2）：78-83.

张秋杭. 语气副词"毕竟"的语义分析［J］. 汉语学习，2006（4）：70-75.

张秀松. "毕竟"的词汇化和语法化［J］. 语言教学与研究，2015（1）：105-112.

赵春莉. 溯因副词"毕竟"的话语关联与语义提取［J］. 中国语文，2022（3）：306-313.

郑雷. 语气副词"毕竟"在语篇中的考察［J］. 绍兴文理学院学报（哲学社会科学版）2007（6）：79-81.

祖人植，任雪梅. "毕竟"的语篇分析［J］. 中国语文，1997（1）：39-43.

作者简介：

李月炯，文学博士，四川大学海外教育学院副教授，主要研究方向为国际中文教育、留学生课程建设。

跨文化研究

跨文化研究

来蓉留学生学位论文中的地域文化适应研究
——以四川大学海外教育学院留学生本科学位论文为例*

周 丹[1]　付仪洁[2]　胡 翼[3]

1，3 四川大学海外教育学院　2 四川大学文学与新闻学院

摘　要：本文以四川大学海外教育学院汉语言专业本科留学生2002—2022年20年间的学位论文为文本，通过分析其选题重点、研究内容的倾向性和研究结论，聚焦留学生日常生活、学习、工作、人际、心理及社会文化适应诸多方面，把握来蓉留学生四川地域文化适应现状。在此基础上探寻留学生教学、管理改革路径，以引导来蓉留学生更好地了解并适应四川地域文化，推动四川国际化发展。

关键词：来蓉留学生；四川地域文化；跨文化适应；学位论文

A Study of Regional Cultural Adaptation in the Degree Thesis of Foreign Students Coming to Chengdu
—A Case Study of Undergraduate Theses of Foreign Students in the School of Overseas Education of Sichuan University

Zhou Dan[1]　Fu Yijie[2]　Hu Yi[3]

1，3　School of Overseas Education, Sichuan University
2　School of Literature and Journalism, Sichuan University

Abstract：This paper takes the theses of undergraduate students majoring in Chinese language in the School of Overseas Education of Sichuan

---

* 本文为国家社科基金2021年度教育学西部项目"新时代来华留学生中华文化认同培养的国际理解教育路径研究"（BIX210290）的阶段性成果。

University from 2002 to 2022 as texts. By analyzing the focus of their topics, thesis content and the conclusions, and by focusing on the daily life, study, work, interpersonal communication, psychological and socio-cultural adaptation of foreign students, this paper tries to grasp the current situation of the regional cultural adaptation in Sichuan among foreign students coming to Chengdu. It also explores the paths of reforming the teaching and management of foreign students. In this way, we can guide foreign students to understand and adapt to the regional culture of Sichuan better, and promote the internationalization of Sichuan province.

Keywords: Foreign students coming to Chengdu; Regional Culture of Sichuan; Cross-cultural adaptation; Degree Thesis

一、研究背景及意义

（一）研究背景

《中共中央关于制定国民经济和社会发展第十四个五年规划和二〇三五年远景目标的建议》指出，要以讲好中国故事为着力点，创新推进国际传播，加强对外文化交流和多层次文明对话。在面临百年未有之大变局的新时代，来华留学生教育是讲好中国故事、促进教育合作与人文交流的重要途径，也是衡量高等学校和地区开放程度及国际知名度的标准之一。《中共四川省委教育工委 四川省教育厅 2023 年工作要点》提出，扩大高水平教育对外开放，拓展更全方位更多层次更宽领域的四川教育对外开放新格局，打造更具竞争力的"留学四川"品牌。可以说，留学生教育与四川国际化发展进程紧密联系，相辅相成。

教育部数据显示，2018 年（最新数据未公布）共有来自 196 个国家和地区的492 185名外国留学生在中国高校、科研院所学习，其中学历生占52.44％，本科生占学历生总数的 67％。这类长期在中国学习、生活的留学生从学习意愿、学历层次以及对中国国情的了解程度等方面来说，是"中国故事"的最佳讲述者,也是推动中国文化从"跨国旅行"到"落地生根"的重要力量。留学所在地是来华留学生感知和体验中国的第一站,而地方高校是地域文化传播的中转站(李海文,2020)。在此背景下,本文以四川大学海外教育学院本科留学生的学位论文为研究对象,从来蓉留学生的视角反观其跨文化适应现状,并在此基础上就留学生教学、管理提出相关建议。

(二) 研究意义

中华文化与中华地域文化密不可分。中华文化是中华地域文化的主体标志;中华地域文化则是中华文化的多样性表现(刘宇,2009)。地域文化适应对留学生教育有着重要意义。本文从来蓉留学生本科学位论文这一新视角探究留学生的跨文化适应情况,有助于引导其认同和融入四川地域文化,并进一步增进其对中国文化的理解和认同,对打造"留学四川"品牌具有重要意义。

来华留学生群体是城市国际化和教育国际化的主要参与者和主要受众,来华留学教育的发展与城市国际化之间的关系不仅仅体现为外国学生群体规模的增加,还体现为更深层次的互动关系(王兆义、陶健,2019)。本文对来蓉留学生的四川地域文化适应性进行研究,通过"他者眼中的四川"反观全球化背景下四川省国际化发展的优势与问题,对构建更具吸引力和影响力的四川国际形象有着重要意义。

二、研究现状

(一) 国外跨文化适应研究

"跨文化适应"是跨文化适应者对异域文化环境不断适应的过程。一直以来,国外学者给予了跨文化适应较多的关注,提出了多种跨文化适应理论及模型。Lysgaard(1955)以一种U型曲线模型来分析跨文化适应过程,提出旅居者一般会经历最初调整阶段、危机阶段和再度调整阶段三个跨文化适应阶段。Berry(1980)建构了双维度跨文化适应理论模型,指出在跨文化适应的过程中存在一种双文化状态,两种文化接触碰撞时会对彼此产生影响,在此基础上他提出了整合、同化、分离与边缘化四种文化适应策略。Searle & Ward(1990)将跨文化适应分为两个维度——社会文化适应和心理适应，跨文化适应这一过程会受到个体和社会的诸多因素的影响。

（二）来华留学生跨文化适应研究

在中国知网、万方与维普数据库中，以"来华""跨文化适应""留学"为主题进行高级检索，收集到核心期刊论文42篇，文献的时间跨度为2007年至2022年。结合部分硕士、博士学位论文，笔者发现越来越多的研究者更加关注不同国别和区域留学生的跨文化适应差异。其中，研究对象涉及亚洲周边国家、英美留学生的文献居多，如卢炜（2015）、梁泽鸿（2015）分别以南亚、在桂东盟留学生为研究对象，潘晓青（2014）等也关注到美国、俄罗斯留学生的跨文化学习适应情况，而其他区域的研究成果则比较薄弱，涉及非洲留学生的只有一篇。

具体来看，涉及留学生在中国某一个地域、城市的跨文化适应研究成果较少。笔者借助中国知网筛选并分析了"来华留学生跨文化适应"文献研究数量靠前的15个地域（图1）。

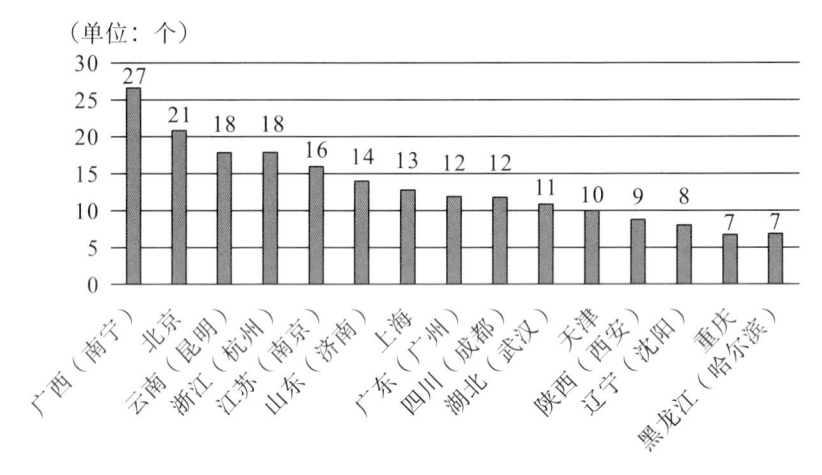

（单位：个）

地域	频次
广西（南宁）	27
北京	21
云南（昆明）	18
浙江（杭州）	18
江苏（南京）	16
山东（济南）	14
上海	13
广东（广州）	12
四川（成都）	12
湖北（武汉）	11
天津	10
陕西（西安）	9
辽宁（沈阳）	8
重庆	7
黑龙江（哈尔滨）	7

图1　来华留学生跨文化适应研究涉及的地域频次图

如图1所示，4个直辖市均位列其中，江浙区域（南京、杭州为主要城市）排在前5名内；广西（南宁）和云南（昆明）分别位居第1位和第3位，而作为中国西部重要中心城市的成都仅排在第9位，与四川（成都）跨文化适应相关的研究为12篇。

在这12篇文献中，王烟朦、戚李瑶（2013）最先将来华留学生跨文化适应状况的区域性研究聚焦到四川。和来华留学生跨文化适应研究相似的是，研究者大多参考 Ward 对跨文化适应类型的划分，从心理与社会文化这两个角度探究留学生的跨文化适应问题。来川留学生的跨文化适应研究主要集中在跨文化总体适应（涵盖心理、日常生活、语言学习、人际交往等多个方面）、学习适应、文化适应方面。还有一部分研究者则是将学习适应、文化适应和饮食适应作为专门的维度进行研究，探究留学生在某一维度下的适应情况、适应障碍、解决办法等内容。

总的来看，目前探究来蓉或来川留学生跨文化适应的成果仍然较少，对于研究者来说，有必要在来蓉留学生的跨文化适应方面投入更多的研究力量，帮助来蓉留学生更好地适应四川地域文化，打造"留学四川"品牌。

三、来蓉留学生有关地域文化适应的学位论文内容分析

与突出专业性、学科性的其他专业学位论文相比，汉语言专业本科留学生学位论文的选题更具广泛性、跨学科性，也更加关注留学所在地的社会文化现象，是了解城市国际形象和留学生地域文化认同的重要途径，目前学界对其关注甚少。通过对 2002 年至 2022 年四川大学海外教育学院汉语言专业本科留学生的学位论文进行筛选，笔者共找到 124 篇与四川文化相关的学位论文，并对以在蓉跨文化适应为主题的 13 篇学位论文进行了内容分析（表1），从留学生的视角深入了解其跨文化适应情况，揭示四川国际化发展的优势及问题。

表 1　来蓉本科留学生以跨文化适应为主题的 13 篇学位论文

序号	姓名	性别	国籍	学位论文题目	学位论文发表年份
1	尹瑞英	女	韩国	在蓉高校韩国留学生文化适应研究	2019
2	郑泰美	女	韩国	在蓉韩国留学生饮食适应情况调查研究	2018
3	麦克西姆	男	乌克兰	四川大学留学生跨文化适应问题调查研究	2016
4	李相直	男	韩国	在蓉韩国留学生跨文化心理调查	2011
5	阿里	男	英国	成都市四川话使用情况调查研究	2019
6	罗美娜	女	印度	四川大学的外国留学生的就业状况调查	2015
7	姜志万	男	韩国	成都三所高校韩国留学生就业趋势调查分析	2014

续表1

序号	姓名	性别	国籍	学位论文题目	学位论文发表年份
8	裴志元	男	韩国	韩国人在"蓉"创业的现状调查研究	2014
9	康佑振	男	韩国	在蓉中国青年商务人士的工作社交行为研究	2020
10	罗娜	女	乌克兰	在蓉乌克兰人遭遇的交际困惑及成因分析	2014
11	朴书永	男	韩国	在蓉留学生经济困难情况及对策的调查分析	2012
12	金星怡	女	韩国	成都韩国留学生休闲活动现状研究	2018
13	吴惠林	女	韩国	在蓉留学生的业余生活调查	2018

（一）相关论文作者背景分析

从作者的文化背景来看，如图2所示，欧美文化群体的留学生占23%（来源国主要为英国、乌克兰），77%的留学生来自中国周边国家（韩国、印度）。在这些论文中，在蓉韩国留学生写作的论文占69.23%。在这些留学生中，55.6%的韩国留学生（5篇）围绕在蓉韩国留学生的跨文化总体适应、饮食适应、心理适应、工作适应（就业现状及趋势）、日常生活适应五个方面开展调查研究。来自印度、英国、乌克兰的在蓉留学生占31.77%，这些留学生也从心理适应、语言适应、人际交往适应的维度对各自国家的留学生乃至其他群体的跨文化适应情况进行了分析，具体内容见表2。

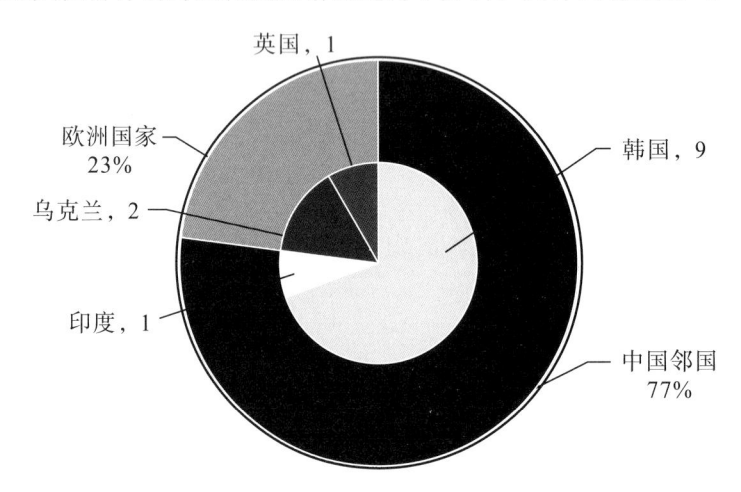

图2　13篇论文作者的国籍分布情况

跨文化研究

表2　13篇论文研究的跨文化适应类型

作者国籍	论文数量（篇）	论文涉及的跨文化适应类型
韩国	9	总体适应；生活/工作/心理/饮食适应
印度	1	工作适应
英国	1	学习适应
乌克兰	2	总体适应
		人际适应

（二）相关论文研究内容总体分析

Searle & Ward（1990）将跨文化适应分为社会文化适应与心理适应两个维度，联系留学生群体来看，来蓉留学生的跨文化适应情况包括多个方面。在研究主题上，结合图3可知，一些研究者从跨文化适应研究类型维度中的某一方面来切入；只有15%的研究（2篇）涵盖在蓉留学生日常生活、工作、人际、心理、学习、社会文化适应等多个方面，研究较为全面。其中，几个维度都得到了在蓉留学生作者的关注，尤其是在蓉留学生日常生活、工作、人际和社会文化适应的研究热度较高，而从心理、学习层面开展的专篇跨文化适应研究较少。

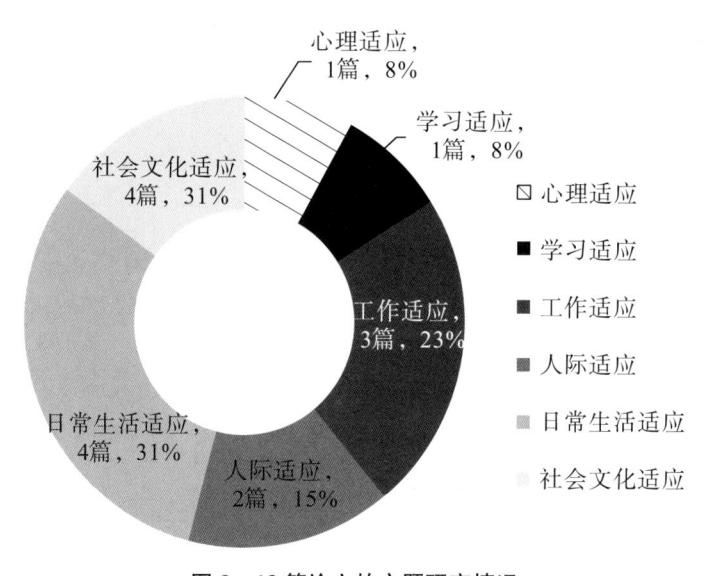

图3　13篇论文的主题研究情况

（三）相关论文对来蓉留学生跨文化适应的多角度分析

1. 日常生活适应

日常生活包括饮食、语言、生活习惯、生活环境、个人经济状况、休闲娱乐等诸多方面，目前留学生对这方面内容的探究也非常多，以下将其分为积极因素和消极因素进行分析。

（1）积极因素。

总体来说，来蓉留学生对成都的饮食、生活习惯、生活环境、休闲娱乐等方面满意度很高，日常生活适应情况较好。

在饮食、生活习惯方面，李相直（2011）、姜志万（2014）认为由于韩中文化相近，在饮食、生活习惯方面韩国留学生适应情况良好。

在生活环境方面，首先，就气候环境而言，裴志元（2014）认为成都气候好，适合居住，而李相直（2011）、麦克西姆（2016）认为成都阴天多、湿气重、没有暖气是在蓉留学生很难适应的因素。笔者认为，这与留学生来源国情况和个体适应能力的不同有关。其次，就居住环境来说，裴志元（2014）发现80%以上的在蓉韩国留学生对工作和生活的满意度和适应性比较好，认为成都的居住环境、教育条件较好，生活成本低，便于享受生活。在吴惠林（2018）看来，成都历史悠久，生活舒适，人们幸福感高，和热情好客的成都人交流有助于学习汉语。尹瑞英（2019）也发现93.06%的韩国留学生已经适应了中国的饮食，大部分韩国留学生在购物和交通方面没有困难。

在休闲娱乐方面，金星怡（2018）发现在蓉留学生参加休闲活动很积极，参与休闲活动的重要目的是获得乐趣和缓解压力。吴惠林（2018）认为业余生活对于提升留学生跨文化适应能力的三大有利因素分别是增进对中国和成都文化的了解、丰富个人经历、拥有更多朋友。

（2）消极因素。

在饮食、生活习惯、生活环境方面，李相直（2011）发现，方言障碍、四川饮食油腻麻辣、在蓉购物不便（如不易买到便宜的韩货）等日常生活问题是留学生跨文化适应中的不利因素，直接影响了留学生在蓉的生活感受。除方言和饮食难适应外，吴惠林（2018）认为天气变化快、暖气少、常堵车也是来蓉留学生跨文化适应中的不利因素。

在语言方面，虽然绝大多数韩国留学生日常生活适应良好，但大部分韩国留学生遇到的最大困难仍是语言障碍。语言障碍给他们就医、办理业务等带来了困难，韩国留学生常常不能清楚地表达自己的病况，办理手机卡、银行卡等业务也会出现问题（尹瑞英，2019）。

在经济情况方面，大多数在蓉留学生都曾有过经济困难的情况，甚至有30%的留学生曾因经济困难而想过放弃留学。申请奖学金是他们常选择的解决方法之一，但62%的学生认为"申请方式及相关手续太复杂"是最大的问题，三分之一的留学生因无法获取与申请奖学金相关的信息而遇到过困难（朴书永，2012）。由此可见，奖学金申请制度的宣传工作不到位、申请手续复杂是一个突出问题。

综合上述多个方面的情况，虽然在蓉留学生在日常生活中遇到一些问题，但大多数留学生都认为在蓉生活幸福感比较高，适应情况良好。

2. 学习适应

学习适应是留学生活的重要组成部分，不少留学生认为语言适应是在蓉留学生学习适应方面的重要内容，尤其是方言适应。吴惠林（2018）发现50%以上的留学生认为经常使用汉语提升了他们对汉语的适应性，但留学生对四川方言的适应状态并不好，多数学生将"听不懂方言"看作在蓉生活中遇到的较大麻烦。听不懂四川方言使他们觉得生活不便，不易交朋友，同时对他们学习普通话发音也有阻碍。在尹瑞英（2019）看来，无论会话水平如何，语言障碍对韩国留学生来说始终是学习适应中的难题，而HSK水平和学习适应情况关联性并不大。

结合日常生活适应和学习适应的分析来看，在蓉留学生的语言适应并未达到理想水平，语言障碍仍是留学生学习、生活适应过程中遇到的较大问题，对四川方言的适应情况是影响留学生融入当地生活的重要因素，因此提升在蓉留学生的语言适应水平尤为重要。

3. 工作适应

不少留学生都非常关注在蓉就业的情况，在蓉留学生对成都生活和工作就业的满意度比较高，在工作方面的跨文化适应情况总体较好。

（1）积极因素。

在关于来蓉学习或就业的原因和现状方面，罗美娜（2015）、姜志万（2014）和裴志元（2014）认为成都经济发达、国际影响力大、发展前景好、美食多样、历史和旅游资源丰富、气候适宜、交通便利，成都人热情友好、有独特的生活方式，这些得天独厚的条件和发展优势是吸引留学生来到成都、留在成都的重要因素，这些因素也有利于留学生在成都的跨文化适应。

除上述优势外，收入高消费低、就业环境好、发展机会多也是几位留学生发现的有利因素。其中，在就业环境方面，姜志万（2014）和裴志元（2014）认为回韩国找到理想工作的概率比较低，而留在成都可以体验不同于韩国企业的工作方式，工作压力不大，并且很多留学生认为和中国同事相处会更轻松，容易保持简单的人际关系。这对他们在蓉就业、更快地融入中国的工作模式和生活来说较为有益。

在就业偏好和去向方面，成都发展机会多是众多留学生的共识。姜志万（2014）、罗美娜（2015）发现，将近一半的韩国留学生都希望在中国工作，如在成都当韩语老师或开设有韩国特色的店铺。在蓉留学生就业主要集中在教育、翻译、旅游、对外贸易等行业，部分学生还创设了特色餐厅和文化俱乐部，在成都有比较好的发展。

（2）消极因素。

对于工作适应中的问题，姜志万（2014）认为，韩国留学生在在蓉就业过程中仍面临着人际关系不够广、易产生孤独感、就业法律保障待完善和就业限制有待宽松化的问题。此外，康佑振（2020）发现留学生存在对中国"人情"文化不太理解的情况，认为提升情绪管控能力才能更好地适应工作。

4. 人际适应

在异文化环境中，适应当地的人际关系对于促进跨文化适应大有裨益。关于跨文化环境下来蓉留学生的人际适应情况，不少留学生也开展了调查。

罗娜（2014）通过采访发现，在蓉乌克兰人的跨文化适应问题包括语言不通、与中国朋友结交难度高、公众场合受到过分关注、生活习惯不同（就餐环境声音大）等，背后的原因在于中乌的生活理念、餐饮文化传统及对隐私的认识等方面有很大的不同。麦克西姆（2016）也指出，交流缺乏是留学生在人际适应中比较突出的问题。

吴惠林（2018）发现24%的学生喜欢和"本国朋友"在一起，很多留学生认为与中国朋友接触对他们的语言适应最有帮助，但实际生活中能够做到的很少，一定程度上说明在蓉留学生的人际适应情况并未达到理想状态，这与部分留学生性格内向、汉语水平不高存在一定关联。在尹瑞英（2019）看来，大部分在蓉韩国留学生没有和中国人产生过矛盾，但存在和老师缺少交流的问题。同时，结识的中国朋友越多越容易听懂四川方言，在社会文化适应上会更好，保持良好的人际关系对语言适应、社会文化适应都有帮助。

由此观之，虽然来蓉留学生在异文化环境中的人际交流适应能力较强，在蓉人际关系比较和谐，但与中国朋友结交难、和老师交流不足、对一些社会行为和文化不理解是他们在蓉人际交往过程中面临的主要问题，人际适应和语言适应、社会文化适应在一定程度上呈现正向相关。

5. 社会文化适应

社会文化适应是跨文化适应的重要内容，是个体在新的异文化环境中适应当地社会、与当地社会成员的接触适应（Ward & Searle，1991）。目前关注这一问题的论文较少。麦克西姆（2016）、尹瑞英（2019）通过调查发现，因社会文化包括语言、沟通、饮食、中国特色文化等诸多方面，因此社会文化适应对留学生来说适应难度最大；同时，在社会生活适应方面，公众场合的不雅行为（如不排队、公众场合抽烟）、购物价格不公等现象对韩国留学生来说适应难度大。

6. 心理适应

心理适应是指心理或情感上的幸福感和满意度，留学生的心理适应状况在一定程度上能够反映他们在蓉生活的幸福指数，但从该角度进行研究的论文较少。总体来看，在蓉韩国留学生跨文化适应过程中的心理适应状况不够理想，他们多多少少有些孤独感，需要心理上的支持（李相直，2011；尹瑞英，2019）。尹瑞英（2019）认为，造成大部分韩国留学生朋友少、感到孤单、和老师沟通难等问题的主要原因是语言障碍。

（四）总体情况

通过以上探讨可以发现，虽然关于在蓉留学生跨文化适应的学位论文数量不多，但留学生关注的跨文化适应问题维度和内容很多。总体看来，这些研究成果体现出以下特点。

从研究方法来看，虽然这些论文多采用问卷调查和访谈的方式，但问卷设计的角度和内容丰富多样，得出的结论大多也可以互补和印证，这也为我们了解在蓉留学生跨文化适应现状提供了可靠的依据。

从研究的重点来看，这些学位论文的研究关注点多在来蓉留学生的生活适应、工作适应、人际适应和社会文化适应方面，有关心理适应、学习适应的专题研究较少；少数作者对在蓉留学生的跨文化适应情况进行多方面的探讨，但在分析原因和对策探究上用力不多。

从研究结论来看，来蓉留学生地域文化适应的总体情况如下。（1）在日常生活适应方面，绝大多数留学生对在蓉的生活适应度和满意度都很高（包括饮食、生活习惯、生活环境、人际关系、休闲娱乐等方面），但方言难懂、天气变化快、暖气少、个人经济困难是他们文化适应过程中遇到的较大障碍。（2）在学习适应上，语言障碍对在蓉留学生群体来说始终是一个难题，尤其是四川方言加大了学生的适应难度。（3）在工作适应方面，成都为在蓉留学生提供了很多发展机会，绝大多数在蓉留学生对成都的工作、生活方式和习惯适应情况较好。（4）在人际适应方面，虽然留学生在成都的人际适应情况较好，在蓉人际关系比较和谐，但与中国朋友结交难、和老师交流不足、对一些现象和文化不理解仍是当前留学生需要解决的人际交往适应问题。（5）在社会文化适应方面，因社会文化包括诸多方面，社会文化适应对留学生来说难度最大。虽然大部分留学生已经适应了成都的饮食习惯、交通等，但还有一些问题对在蓉留学生来说适应难度大。（6）在心理适应方面，由于大多数在蓉留学生失去了熟悉的社会交往符号，有一定程度的孤独感，需要其他群体给予他们更多心理支持。

四、提升来蓉留学生地域文化适应性的相关探索及建议

结合上文中论文反映的来蓉留学生四川地域文化适应情况，下面我们就如何引导来蓉留学生更好地了解并适应四川地域文化，积极发挥其在对外交流与合作中的纽带作用，推动四川国际化发展提出一些具体建议。

（一）加强对来蓉留学生跨文化能力的培养

教育部2018年颁布的《来华留学生高等教育质量规范（试行）》明确指出，来华留学生培养目标的其中一条就是跨文化和全球胜任力，是我们在来华留学生教学和管理工作中应进一步加强引导的重要内容。

语言水平高并不意味着跨文化能力强，在全球化背景下，外语教学的目标应从培养"语言能力"转向培养内涵更为丰富的"跨文化能力"。具体到汉语国际教育，可设置专门的以跨文化能力培养为目标的跨文化交际课程，并围绕现有课程进行跨文化能力培养。后者是现在国内外大多数高校的做

法，前者也不可或缺，亟待增设。通过开设各种课型，在知识传授的基础上提高来华留学生的跨文化能力，引导他们理解差异，发现问题并成为解决问题的行动者，实现"知识—能力—行为"的跨越。

（二）将四川地域文化深度融入课程设置、教学过程及教材编写

刘珣（2000）提出，文化教学中所介绍的中国文化，应该是主流文化、国家文化或者说是中国人共通的文化，而不是地域文化或部分人群的亚文化。笔者认为，在文化多样性日益彰显、文化差异性越来越受到重视的时代背景下，这一观点值得商榷。"共通的文化"的确是中国文化传播的重点，但地域文化及其他群体文化也不应被排除在传播内容之外，我们应该站在受众需求的角度考虑文化传播的在地化和语境化，为其跨文化适应提供有针对性的帮助。

关于将地域文化融入对外汉语教学的方法与途径，众多学者也在其研究中有所论述，比较具有代表性的方法有四种：一是设置专门的地域文化课程；二是在教材中加入地域文化因素或编写专门的地域文化教材；三是采用灵活多变的教学模式和方法，包括分阶段教学、充分利用现代教学工具、课堂教学与实地体验相结合等；四是从师资的角度，强化汉语教师的地域文化意识和运用地域文化的能力。

在课程设置方面，目前大部分高校均开设有与地域文化内容相关的课程，如四川大学海外教育学院就开设有"巴蜀民俗文化""四川方言""中华文化（含四川地域文化专题）"等课程。教材建设具有重要的导向作用，但面向汉语作为第二语言学习者、体现四川地域文化内涵的教材很少，对留学生跨文化适应的帮助较有限，应鼓励针对来蓉留学生的地域文化特色教材和面向海外读者的文化普及类读物的编写，使教材更贴近留学生生活，体现地域文化核心内涵，兼顾文化特殊性和共通性。

（三）探索本土化的留学生管理模式

文李黠（2012）、刘学蔚（2016）等人在"文化间性"的视角下反思当前留学生工作面临的跨文化难题后提出，国内高校往往将留学生与中国学生分开管理，这种做法限制了留学生融入中国主流文化。而中外学生趋同化管理是不少学者倡导的留学生管理模式。如张静（2020）认为趋同化管理对促进留学生教育从规模扩张向内涵发展具有重要意义。彭庆红和李慧琳

（2012）指出，从世界范围内看，趋同管理是各国接收外国留学生普遍采用的方式，在英美及欧洲有着悠久的历史，在我国港台地区的实践也收效显著。黄展和刘晶（2014）总结了目前世界范围内的三种趋同化管理模式，提出可以借鉴欧美和我国港台地区趋同化管理模式的经验，同时也提出由于我国在教学条件、教学目标等方面都与国外高校有一定的差异，必须重视趋同化管理模式的本土化。

通过对国内高校留学生趋同化管理现状的分析，一些学者也指出趋同化管理仍存在很多问题。马彬彬和李祖超（2021）指出了三个方面的问题：一是我国高校留学生培养理念和教育管理落后，二是留学生教育管理分工不科学、权责不清晰，三是我国东中西部高校留学生趋同化管理培养不平衡。林松月等（2022）通过对七所高校的访谈分析，发现趋同化管理难以实现的根源性因素是来华留学生招生政策与招生体系设计缺失。在招生政策方面，我国的留学生招生标准宽松，质量保障体系匮乏；招生体系设计方面，招生信息渠道单一，招生体系监管缺失，生源质量良莠不齐。

从以上探讨可以看出，目前来华留学生教育还不完全具备全面实施趋同化管理的必要条件，亟须建立起一套成熟的、立足于国情的本土化留学生管理模式，有计划、有步骤地向趋同化管理迈近。高校留学生管理机构应借鉴国内外先进经验，不断提升培养理念、改革管理模式，帮助来蓉留学生在跨文化适应过程中缩小社会距离和心理距离。

如果学习者不能与目的语社团直接接触，其对目的语及其文化的心理感受，即心理距离的作用可能变得更加突出（许菊，2000）。配备留学生专职辅导员，与心理健康指导中心合作，可以更细致、全面地了解留学生的社会需求和心理需求，更及时地发现和解决问题，提升留学生跨文化适应的满意度。应加强校园多元文化建设，让中外学生有同等的接触、参与和营造校园文化的机会，增进文化对话，帮助中外学生树立国际视野。

（四）整合城市资源，形成相互联动的社会支持体系

高校是来蓉留学生学习、生活的主要场所，当前许多高校也在积极探索引导来蓉留学生提升跨文化适应能力，拓宽来蓉留学生了解四川地域文化的有效途径，如四川大学海外教育学院建立了面向来蓉留学生的"四川地域文化实践基地"，但目前校内、校际相关基地的广泛合作尚未充分展开，尚未真正实现资源整合和共享。

同时，省市政府相关部门要调动相关机构、文化单位、社会、媒体搭建起联动的社会支持体系，形成合力。政府应充分挖掘城市资源，吸引、引导留学生走向社会，适应在蓉的留学生活。如对于来蓉留学生关注的完善外籍人士的就业保障措施等问题，政府应发挥平台和资源优势，与高校和相关用人单位合作，为来蓉留学生提供更多的就业资讯，搭建供需桥梁，留住高水平国际化人才，使其成为中外文化交流的纽带。

街道、社区等管理部门应在外籍人士相对集中的区域提供针对性服务，开展中外交流活动以帮助来蓉留学生融入社区生活。反映地域文化的代表性文化单位，如博物馆、川剧院也应更多地发挥社会服务和教育服务功能，与高校、相关文化基地紧密合作，为来蓉留学生提供更多的学习和实践机会，充分发挥来蓉留学生的人际传播功能，推动四川地域文化走向世界。城市本身就是一种紧密交织在人类传播实践中的"容器型媒介"（Vessel Medium）（胡翼青、张婧妍，2021），各类媒体也应充分挖掘城市文化资源，加强与高校在国际人才培养方面的合作，让留学生成为地域文化的发现者、传播者、保护者。

五、结语

本文以四川大学海外教育学院汉语言专业本科留学生2002年至2022年的学位论文为个案，通过分析其选题重点、研究内容的倾向性和研究结论，聚焦留学生日常生活、学习、工作、人际交往、心理及社会文化适应，分析来蓉留学生四川地域文化适应现状。在此基础上，就提升来蓉留学生地域文化适应性、推动四川国际化发展所要解决的主要问题进行了探讨，从多个方面探寻留学生教学、管理改革路径，以引导来蓉留学生更好地了解并适应四川地域文化，积极发挥留学生在对外交流与合作中的纽带作用，提升四川的国际影响力。

参考文献：

胡翼青, 张婧妍. 作为媒介的城市：城市传播研究的第三种范式——基于物质性的视角[J]. 福建师范大学学报（哲学社会科学版），2021（6）：144－157＋172.

黄展，刘晶，高校国际学生趋同化教育管理理论与实践探析[J]. 国家教育行政学院学报，2014（6）：68－71.

李海文. 2019年华夏地域文化传播研究[J]. 福建工程学院学报，2020，18（2）：191－

197.

李相直. 在蓉韩国留学生跨文化心理调查 [D]. 成都：四川大学，2011：1—19.

梁泽鸿. 对东盟留学生来华教育中的跨文化适应问题的调查研究 [J]. 中国成人教育，2015 (21)：126—128.

林松月，刘进. 来华留学教育为何难以实现趋同管理——基于7所"双一流"高校的访谈分析 [J]. 当代教育论坛，2022 (2)：12—21.

刘学蔚. 文化间性：发展来华留学生教育的跨文化之思 [J]. 华中师范大学学报（人文社会科学版），2016，55 (1)：160—167.

刘珣. 对外汉语教育学引论 [M]. 北京：北京语言文化大学出版社，2000：140.

刘宇. 论中华文化中地域文化多样性的基本特征 [J]. 江汉论坛，2009 (9)：119—124.

卢炜. 南亚国家留学生跨文化适应压力问题及相应策略——以扬州大学MBBS专业留学生为例 [J]. 中国教育学刊，2015 (S2)：204—206.

马彬彬，李祖超. 高校来华留学生"趋同管理"培养模式探析 [J]. 黑龙江高教研究，2021 (1)：62—65.

潘晓青. 美国在华留学生跨文化人际适应质性研究 [J]. 比较教育研究，2014，36 (8)：74—81.

彭庆红，李慧琳. 从特殊照顾到趋同管理：高校来华留学生事务管理的回顾与展望 [J]. 河南师范大学学报（哲学社会科学版），2012，39 (5)：241—245.

王烟朦，戚李瑶. 来华留学生跨文化适应状况调查与分析——以四川省高校为例 [J]. 中国科教创新导刊，2013 (19)：103—104.

王兆义，陶健. 城市国际化下的来华留学教育发展路径研究 [J]. 浙江科技学院学报，2019，31 (2)：135—140.

文李黠. 文化间性对高校留学生教育管理的启示——基于暨南大学国际学院的个案分析 [J]. 教育理论与实践，2012，32 (36)：6—8.

许菊. 文化适应模式理论述评 [J]. 外语教学，2000 (3)：9—13.

尹瑞英. 在蓉高校韩国留学生文化适应研究 [D]. 成都：四川大学，2019：1—30.

张静. 来华留学生趋同化管理的现实意义与推进策略 [J]. 中国高等教育，2020 (1)：55—56.

BERRY J W. Acculturation as varieties of adaptation [C]//PADILLA A. Acculturation：Theory, models, and some new findings. Boulder：Westview Press, 1980：9—25.

LYSGAARD S. Adjustment in foreign society：norwegian fulbright grantees visiting the united states [J]. International social science bulletin, 1955 (7)：45—51.

SEARLE W, WARD C. The prediction of psychological and sociocultural adjustment during cross-cultural transitions [J]. International journal of intercultural relations, 1990 (14)：449—464.

WARD C, SEARLE W. The impact of value discrepancies and culture identity on psychological and sociocultural adjustment of sojourners [J]. International journal of intercultural relations, 1991 (15): 209-225.

作者简介：

周丹，四川大学海外教育学院副教授，博士学位，研究方向为中华文化跨文化传播、文化研究。

付仪洁，四川大学文学与新闻学院硕士研究生，研究方向为国际汉语教学。

胡翼，四川大学海外教育学院讲师，研究方向为国际中文教育管理。

中亚五国来华留学生社交媒体使用与主观幸福感关系研究

吕 晶[1] 单韵鸣[2]

1 华南理工大学新闻与传播学院 2 华南理工大学国际教育学院

摘 要：在"一带一路"倡议推动下，中亚五国来华留学生人数不断增多，跨文化心理适应问题日益受到关注。本文调查了205名中亚五国留学生社交媒体使用情况及其与主观幸福感的关系，发现这些留学生社交媒体使用行为发生了转变，社交媒体从来华前使用频率最高的国际社交媒体转变为中国社交媒体；学生主观幸福感处于中高水平，其中本科生主观幸福感最高，语言生主观幸福感最低。回归分析表明，社交维护动机以及中国社交媒体的使用频率均与留学生主观幸福感存在显著正相关关系。对此，本文运用跨文化心理适应理论进行了分析，指出社交媒体的使用是留学生跨文化适应的途径之一，中国社交媒体的使用对提升其主观幸福感有一定的积极作用，在一定程度上影响留学生心理适应的进程。

关键词：中亚五国留学生；社交媒体；主观幸福感

A Study on the Relationship between Social Media Use and Subjective Well-being of International Students from Five Central Asian Countries in China

Lü Jing[1] *Shan Yunming*[2]

1 School of Journalism and Communication, South China University of Technology
2 School of International Education, South China University of Technology

Abstract: Driven by the "the Belt and Road" Initiative, the number of foreign students from the five Central Asian countries is increasing, and cross-cultural psychological adaptation is increasingly concerned. This article investigates the use of social media and its relationship with subjective well-being among 205 international students from five Central Asian countries. It is found that their social media usage behavior has changed, from international social media with the highest frequency of use before China to Chinese social media; The subjective well-being of students is at a medium to high level, with undergraduate students having the highest subjective well-being and language students having the lowest. Regression analysis shows that there is a significant positive correlation between social maintenance motivation and the frequency of social media usage in China, as well as their subjective well-being. In this regard, the cross-cultural psychological adaptation theory is used to analyze and point out that the use of social media is one of the ways for international students to adapt cross-cultural. The use of Chinese social media has a certain positive effect on improving their subjective well-being, and to a certain extent, it affects the process of international students' psychological adaptation.

Keywords: International students from five Central Asian countries; Social media; Subjective well-being

一、问题的提出

教育部数据显示，2018 年，共有来自 196 个国家和地区的 49.22 万名留学生来华留学，"一带一路"沿线 64 国来华留学生人数共计 26.06 万人，占总人数的 52.95％。其中，中亚五国作为"一带一路"沿线的重要国家，成为来华留学生主要输入国。近五年来，哈萨克斯坦是十大来华留学生生源国之一，2018年来华的哈萨克斯坦留学生接近1.2万人[①]。

留学生的大量增加使得跨文化适应问题日益突出。早在1993年，Ward和Kenny就将跨文化适应分为社会文化适应与心理适应两个方面，Berry（2010）的跨文化适应理论将主观幸福感作为跨文化心理适应层面的衡量标准，用主观幸福感的高低反映跨文化适应的程度。

匡文波和武晓立（2019）指出，随着新媒体的发展，新媒体的使用与跨文化适应之间的关系已经成为新的研究焦点。留学生来华后，传统媒体的使用减少，而互联网新媒体的使用总体上升，平均每周有24.4小时上网时间（邓惠玲、安然，2017）。社交媒体作为新媒体技术的代表使人们与信息传播媒介之间的关系越来越紧密，对留学生而言，其既是适应新环境的工具，又是沟通本族情感的媒介。留学生来华后使用中国社交媒体的同时，保留部分来华前社交媒体使用习惯，因此其媒体使用行为特点较为复杂。

结合上述两个方面的思考，我们提出以下问题：社交媒体的使用是否会影响中亚五国来华留学生的主观幸福感？本文关注中亚五国留学生的跨文化心理适应，通过研究其来华后的主观幸福感及影响因素，丰富留学生跨文化心理适应理论，这对日益增加的"一带一路"沿线留学生教育管理与跨文化心理适应研究具有借鉴意义。

二、文献综述

留学生是旅居者，对其主观幸福感的研究多涉及跨文化适应问题，Berry（2010）的跨文化适应理论将主观幸福感作为跨文化心理适应层面的衡量标准，他认为主观幸福感的高低反映跨文化适应的程度，随后，他研究了加拿大第二代移民跨文化适应策略与主观幸福感（包含生活满意度、自评心理健康）之间的关系，结果显示选择不同适应策略的移民主观幸福感有明显差异，其中选择融合策略的被试有较高的幸福感。Alharbi和Smith（2018）对英语国家留学生压力来源、个体差异与主观幸福感进行文献梳理，发现影响留学生主观幸福感的因素还不是特别明确。留学生的压力主要来自跨文化适应过程中遇到的问题，包括语言熟练程度、歧视、孤独等，性别、

---

① 2018年来华留学统计. http://www.moe.gov.cn/jyb_xwfb/gzdt_gzdt/s5987/201904/t20190412_377692.html。

年龄、留学时长的影响、处理策略等个体因素也是影响因素。

　　随着来华留学生的增多，相关研究也逐渐增多，特别是汉语学习领域。在跨文化适应的研究中，对在华留学生的研究集中在社会文化适应方面，较少关注其适应过程中的心理问题。李丽娟（2016）通过梳理文献，从压力应对视角建构东南亚留学生跨文化心理适应的理论模型，指出探究在华留学生主观幸福感的研究少之又少。梁杰（2010）研究德国在华留学生的文化适应与主观幸福感之间的关系发现，自尊与四种文化策略（融合、同化、隔离、边缘化）有交互作用，自尊作为调节作用是存在的。莉丽娅（2015）以实证的方法对比中俄两国学生主观幸福感现状及影响因素，发现经济收入对中国学生的影响大于俄国学生，社会保障状况、社会地位自我评估与城市社区评估会影响中国学生的主观幸福感，而对俄国学生无显著影响。

　　社交媒体的普及改变了原本的信息获取方式与社会关系维系渠道，在传播学领域，已有不少学者关注媒介接触与主观幸福感的关系，韦路（2010）认为，在客观方面，使用新媒体技术使人感到更加快乐；在主观方面，媒介内容通过对社会真实的再现塑造人的主观幸福感。作为留学生，社交媒体的使用直接关系到他们跨文化适应的程度，不同类型的社交媒体对跨文化适应有不同的影响。Lee 和 TSE（1994）发现东道国媒体使用与主流社会准则的适应水平呈现显著的正相关关系。安然和陈文超（2017）从社会支持的视角对留学生日常微信使用行为进行研究，发现微信在信息与情感两个方面为留学生提供支持，利于其适应中国社会。匡文波和武晓立（2019）的研究表明，微信的使用在语言、交际等社会文化适应和社会成员态度等心理适应方面均具有一定的正向作用。然而，学者们对本族媒体使用对跨文化适应影响的观点并不一致。Lee 和 TSE（1994）认为在加拿大的中国香港移民对本族媒体的使用会阻碍跨文化适应。Wang（2017）发现中国留学生在留学初期对中国社交媒体的使用会在一定程度上延缓跨文化适应进程，但随着留学年限增加，中国社交媒体的使用对社会文化与心理层面的适应都起到积极作用。

　　综上所述，过往研究对来华留学生跨文化心理适应及其影响因素的关注不足，对主观幸福感更是较少涉及。此外，国内对留学生媒介接触行为的研究多与其社会文化适应相关，极少从心理角度研究社交媒体使用的影响。因此，本研究重点探析中亚五国来华留学生社交媒体使用与主观幸福感的关系。

三、研究假设与研究方法

（一）研究假设

通过梳理上述文献，我们发现无论是东道国社交媒体还是本族社交媒体，都会对留学生的跨文化适应产生一定的影响。考虑到中亚五国留学生社交媒体的使用特点，笔者将国际社交媒体的使用纳入考察，提出如下假设：

H1：人口统计学变量（性别、国籍、来华年限与来华留学身份）对中亚五国来华留学生主观幸福感具有影响；

H2：中国社交媒体的使用强度，包括使用频率、使用时长、使用年限，对中亚五国来华留学生主观幸福感具有正向影响；

H3：本族社交媒体的使用强度，包括使用频率、使用时长、使用年限，对中亚五国来华留学生主观幸福感具有正向影响；

H4：国际社交媒体的使用强度，包括使用频率、使用时长、使用年限，对中亚五国来华留学生主观幸福感具有正向影响；

H5：社交媒体的使用动机，包括信息获取、休闲娱乐、社交维护，对中亚五国来华留学生主观幸福感具有正向影响。

（二）研究对象

本文调查对象为在广州的中亚五国（哈萨克斯坦、吉尔吉斯斯坦、塔吉克斯坦、土库曼斯坦以及乌兹别克斯坦）留学生。经过前期访问调查对象，我们发现他们所使用的社交媒体包括三类：以 QQ 和微信为代表的中国社交媒体、以 Vkontake 和 Telegram 为代表的本族社交媒体以及以 Facebook 和 Instagram 为代表的国际社交媒体。

个体主观幸福感很大程度上受文化与国家的影响，且文化距离越远，主观幸福感差异越大（Diener、Diener、Diener，1995）。中亚五国在历史文化上一脉相承，具有相似性。此外，选择同一留学城市减少了来华社会文化环境对研究对象的影响，且从人数上考量，除去东南亚留学生，在广州的中亚五国留学生人数排在前列，具有一定的研究与借鉴意义。

（三）测量工具

本研究采用调查问卷法，通过前期访谈修改前人量表，在正式投放前进行小样本试调查，以便进一步完善问卷。问卷内容包括收集人口统计学变量信息（性别、国籍、来华年限与来华留学身份）以及调查学生社交媒体使用情况和主观幸福感评价。

社交媒体使用的测量在问卷中包括使用强度和使用动机两个维度，前者反映被调查对象的社交媒体使用行为，后者则反映其使用社交媒体的心理需求。社交媒体使用强度量表分别测量中国社交媒体、本族社交媒体以及国际社交媒体的使用频率、时长（以每周使用小时数衡量）、年限。社交媒体使用动机借鉴了Clark、Boyer和Lee（2007）的《社交媒体使用的探索性研究》以及《社交网站用户的行为和动机》中的量表（李丹，2009），依据留学生实际情况及因子分析，本文将来华中亚留学生的社交媒体使用动机分为信息获取（接收和发布即时信息、了解身边事情和动态、获取重大新闻、与亲朋好友联系）、休闲娱乐（打发时间、获得愉悦和乐趣）以及社交维护（提高汉语水平了解中国文化、结识新朋友扩展社交圈、记录生活和情绪、分享有趣或个性化的内容）。

关于对主观幸福感的测量，学界较为认同Diener（1984）提出的个体依据自定的标准对其生活质量的整体评价，它包括生活满意度和情感平衡两个部分。本文中，生活满意度采用《生活满意度量表》，情感平衡采用Watson和Tellegen（1985）编制的《正性负性情绪量表》，要求被调查者依据近一个月的情况对每种情绪出现的频率打分。主观幸福感综合计分方式如下：主观幸福感=主观幸福感生活满意度+积极情绪-消极情绪，为了不出现负值，加常数15，则主观幸福感的范围为[0，30]，得分越高，主观幸福感越高。

四、调查过程与统计分析

（一）信度、效度检验

表1是问卷各变量信度分析。

表 1　问卷各变量信度分析

变量	测量指标数目	Cronbach's alpha
社交媒体使用强度	3	0.757
社交媒体使用动机	10	0.879
主观幸福感	15	0.883
总体信度	28	0.919

由表1可知，总量表的Cronbach系数值为0.919，超过信度系数0.9，且各变量Cronbach系数值均大于0.7，说明量表具有较好的信度，可做下一步分析。

表2是KMO和Bartlett检验。

表 2　KMO 和 Bartlett 检验

KMO取样适切性量数		0.831
Bartlett球形度检验	近似卡方	3457.233
	自由度	1275
	显著性	0.000

由表2可知，KMO值为0.831，接近0.9，说明变量间存在较多的共同因素。Bartlett球形检验的显著性水平Sig.=0.000<0.05，符合统计学的要求取值范围，说明适合做下一步的因子分析。因此，本研究的问卷数据具有一定的结构效度。

（二）中亚五国来华留学生社交媒体使用与主观幸福感特点

问卷正式发放时间是2019年3月18日至2019年4月3日，受疫情影响，采取线上滚雪球式发放，发放对象为在广州留学的中亚五国留学生，共回收问卷209份，其中有效问卷205份。总体样本构成见表3：

表 3　总体样本构成

调查项目	类别	数量	占比
性别	女	91	44.5%
	男	114	55.5%

续表3

调查项目	类别	数量	占比
国籍	哈萨克斯坦	91	45.5%
	吉尔吉斯斯坦	56	28%
	塔吉克斯坦	22	11%
	土库曼斯坦	21	9.5%
	乌兹别克斯坦	15	6%
来华年限	不到1年	45	21%
	1到2年	50	24%
	2年以上	111	55%
来华留学身份	语言生	23	9%
	硕士生	68	34%
	本科生	114	57%

表4是中亚五国留学生社交媒体使用强度情况。

表4 中亚五国留学生社交媒体使用强度情况

	中国频率	本族频率	国际频率	中国时长	本族时长	国际时长	中国年限	本族年限	国际年限
均值M	3.29	2.22	3.15	2.36	1.56	2.13	2.13	2.45	3.23
标准差SD	0.82	1.18	0.94	1.05	0.91	1.03	1.2	1.02	1.14

注：1. 中国频率指中国社交媒体使用频率；2. 本族频率指本族社交媒体使用频率；3. 国际频率指国际社交媒体使用频率。后同。

由表4可知，样本社交媒体使用频率与时长最高的均为中国社交媒体，其次为国际社交媒体，频率最低、时长最短的为本族社交媒体。样本中社交媒体使用年限最长的为国际社交媒体，最短的为中国社交媒体。由此可见，中亚五国留学生在来华后，社交媒体使用情况发生转变，来华前偏好较早接触使用的国际社交媒体，来华后，转为偏好中国社交媒体，同时仍保留国际社交媒体使用习惯。

表5是中亚五国留学生社交媒体使用动机情况。

表5 中亚五国留学生社交媒体使用动机情况

	信息获取	社交维护	休闲娱乐
均值 M	3.7	3.41	3.39
标准差 SD	0.86	0.84	0.95

由表5可知,被调查者最多出于信息获取的动机使用社交媒体,社交维护与休闲娱乐相差不多,可见中亚五国来华留学生需要使用社交媒体满足三类动机。

主观幸福感取值范围[0,30],以15为中间值,被调查者的主观幸福感极小值为4,极大值为30,均值为20.5,说明在穗中亚五国留学生主观幸福感处于中高水平。

(三)相关性分析

1. 人口统计学变量与主观幸福感的关系

表6是人口统计变量与主观幸福感的相关分析。

表6 人口统计变量与主观幸福感的相关分析

	性别	国籍	年限	留学身份	主观幸福感
性别	1				
国籍	0.107	1			
年限	0.025	0.114	1		
留学身份	0.044	0.005	0.148	1	
主观幸福感	0.016	0.082	0.145	0.223*	1

由表6可知,性别、国籍、来华年限与主观幸福感不相关。留学身份(语言生、硕士生和本科生赋值从1到3)与主观幸福感正向相关(r=0.223**,p=0.027),这表明中亚五国在广州的留学生中,本科生感到更幸福。

2. 社交媒体使用强度与主观幸福感的关系

表7是社交媒体使用强度与主观幸福感的相关性分析。

表 7 社交媒体使用强度与主观幸福感的相关性分析

	中国频率	本族频率	国际频率	中国时长	本族时长	国际时长	中国年限	本族年限	国际年限	主观幸福感
中国频率	1									
本族频率	0.044	1								
国际频率	0.029	0.111	1							
中国时长	0.61*	0.098	0.082	1						
本族时长	0.079	0.662*	0.008	0.397*	1					
国际时长	0.004	0.198	0.416*	0.269*	0.416*	1				
中国年限	0.304*	0.047	0.008	0.314*	0.182	0.157	1			
本族年限	0.027	0.817*	0.023	0.103	0.601*	0.188	0.146	1		
国际年限	0.193	0.05	0.593*	0.188	0.08	0.39	0.192*	0.181	1	
主观幸福感	0.203*	0.081	0.097	0.222*	0.053	0.067	0.004	0.016	0.052	1

由表 7 可知，中国社交媒体使用频率与时长均与主观幸福感呈现显著正相关，相关系数分别为 0.203 和 0.222，而本族社交媒体与国际社交媒体的使用行为与主观幸福感不相关。

3. 社交媒体使用动机与主观幸福感的关系

表 8 是社交媒体使用动机与主观幸福感的相关性分析。

表 8 社交媒体使用动机与主观幸福感的相关性分析

	信息获取	休闲娱乐	社交维护	主观幸福感
信息获取	1			
休闲娱乐	0.589**	1		
社交维护	0.570**	0.437**	1	
主观幸福感	0.319**	0.203*	0.310**	1

采用 Pearson 相关分析评价中亚五国留学生社交媒体使用动机与主观幸福感的关系。由表 8 可知，信息获取、社交维护、休闲娱乐均与主观幸福感在 0.01（双侧）水平上存在显著正相关关系，系数分别为 0.319、0.310 和 0.203。

（四）多元线性回归分析

主观幸福感为因变量，社交媒体使用（中国社交媒体、本族社交媒体以及国际社交媒体）强度的三个维度与社交媒体使用动机的三个维度分别作为自变量依次输入方程，结果如表9所示：

表9　自变量与主观幸福感的多元回归分析

模型	未标准化系数 B	标准错误	标准化系数	t	Sig.	共线性统计 容差	VIF
（常量）	0.303	5.277		0.247	0.806		
X_1 国籍	0.676	0.51	0.143	1.326	0.088	0.8	1.251
X_2 来华时长	0.646	0.577	0.13	1.119	0.266	0.684	1.462
X_3 留学身份	1.000	0.96	0.111	1.042	0.001 *	0.808	1.237
X_4 中国频率	1.178	1.097	0.236	1.073	0.016 *	0.692	1.219
X_5 本族频率	0.306	1.021	0.043	0.299	0.765	0.757	1.188
X_6 国际频率	0.451	0.881	0.072	0.512	0.61	0.469	1.13
X_7 中国时长	0.483	0.911	0.086	0.153	0.597	0.353	1.829
X_8 本族时长	0.022	1.057	0.003	0.021	0.983	0.345	1.897
X_9 国际时长	−1.085	0.787	−0.206	−1.506	0.136	0.492	1.031
X_{10} 中国年限	0.765	0.695	0.132	1.1	0.274	0.638	1.566
X_{11} 本族年限	−0.912	0.969	−0.187	−0.941	0.349	0.235	1.261
X_{12} 国际年限	0.056	0.759	0.011	0.073	0.942	0.435	1.297
X_{13} 休闲娱乐	0.866	0.835	0.141	1.037	0.303	0.501	1.995
X_{14} 信息获取	0.691	0.983	0.100	0.703	0.484	0.458	1.185
X_{15} 社交维护	2.793	0.69	0.396	2.825	0.002 *	0.509	1.963

$R^2 = 0.392$，adjust $R^2 = 0.241$，$F = 8.623$（Sig. $= 0.000$）

模型的R^2为39.2%，调整后R^2为24.1%，拟合度不高，仍可以部分解释人口统计学和社交媒体使用对主观幸福的影响，得出主观幸福感与各变量之间的回归方程：$F(X) = 0.303 + 0.676X_1 + 0.646 X_2 + 1.0 X_3 +$

$1.178\ X_4+\cdots+2.793\ X_{16}$①。由表9可知，在社交媒体使用动机因素中，社交维护B值（2.793）较高，且Sig值显著，说明出于社交维护动机使用社交媒体对在穗中亚五国留学生的主观幸福感有促进作用。② 此外，在人口统计学变量中，留学身份的B值为1.0；社交媒体使用行为变量中的中国社交媒体使用频率B值为1.178，两者影响虽然不大，但均对中亚五国留学生的主观幸福感有一定的作用。

综上验证，假设H1中亚五国来华留学生的留学身份对其主观幸福感具有影响，语言生、硕士生、本科生的主观幸福感依次递增；H2中国社交媒体的使用强度以及H5中社交维护对中亚五国来华留学生的主观幸福感具有正向影响。因此，假设H1、H2和H5部分成立，H3与H4未通过检验，假设不成立。

五、结论与讨论

本文探析了在穗中亚五国来华留学生的社交媒体使用与主观幸福感的关系，结果显示中亚五国来华留学生整体主观幸福感良好，具有社交媒体选择偏好中国社交媒体、保留国际社交媒体使用的特点，中国社交媒体的使用与其主观幸福感相关；信息获取、休闲娱乐与社交维护的社交媒体使用动机均与其主观幸福感密切相关，其中社交维护的使用动机对其主观幸福感有显著促进作用。此外，来华留学身份也与中亚五国来华留学生的主观幸福感相关，本科生主观幸福感最高，语言生主观幸福感最低。

本研究发现，中亚五国留学生在来华后，社交媒体使用行为发生了转变：来华前使用频率最高的为国际社交媒体，来华后使用中国社交媒体的频率最高，同时保留国际社交媒体的使用习惯。使用与满足理论从媒体使用者的心理动机出发，认为受众群体基于某种特定的动机接触媒介，从中获得需求的满足，从而得到心理和行为上的满足，媒体使用者接触和使用媒介的过

---

① 探究的自变量因素解释主观幸福感达24.1%，可以部分解释对主观幸福感的影响。因此，除了文中的因素外，还有其他因素对中亚五国来华留学生的主观幸福感产生影响，我们将另文探究。

② 社交媒体使用动机中的信息获取在三个动机中均值最高（三者的均值差异不明显），表示被调查者出于信息获取的动机使用社交媒体最多，与此处线性回归无直接关系。数据显示，除社交维护以外，信息获取和休闲娱乐的动机与主观幸福感相关，但这两个因素与主观幸福感不呈现线性回归关系。

程就是满足自己心理需求的过程（Katz，Blumler，Gurevitch，1976）。中亚五国留学生出于对中国社会文化各个方面适应的需求，包括信息获取、社交维护等，选择较多地接触中国社交媒体。具体表现为中国社交媒体对其主观幸福感，即心理适应有促进作用。通过前期访谈，我们发现出于保持原有使用习惯、维系本国的社交关系、克服在异国的孤独感等原因，中亚五国留学生也会使用来华前的社交媒体。这与 Berry（1997）的研究结果相符合，即东道国文化的影响并不代表减少对原有文化的认同，适应者可以同时认同原有文化和东道国文化。但使用中国社交媒体能在一定程度上促进留学生在中国的社会心理适应，这一作用毋庸置疑。

中亚五国来华留学生的留学身份与其主观幸福感呈显著正向相关关系，本科生主观幸福感最高，其次为硕士生，最后为语言生。Alharbi 和 Smith（2018）的研究表明，留学生的学习压力、语言熟悉程度均对个体主观幸福感产生影响；An 和 Chiang（2015）指出，留学生来华的第一年是跨文化适应的关键时期，特别是在情绪稳定方面发生重大变化。语言水平方面，相比刚开始接触中文的语言生，本科生与研究生对中文的熟悉程度更高，适应时长方面也比语言生长，有更充足的时间进行心理和行为调节；同时本科生比研究生学习压力小，因此本科生在语言水平、学习压力及适应关键期的整体情况较好，情绪稳定，主观幸福感最高。而语言生受限于学习时间（通常为不超过一年），在很多方面未能很好地完成跨文化适应，主观幸福感较低。

本研究还发现，中国社交媒体的使用频率对中亚五国来华留学生的主观幸福感呈正向影响。中国社交媒体不论在提升语言能力、增强生活便利性还是促进沟通交流方面都发挥着重要的作用，对应到主观幸福感因素中为生活满意度。中国社交媒体使用的频率越高，留学生对中国社会环境的熟悉程度越高，对中国社会的融入度也越高，生活便捷性提高，生活满意度也随之提高。Berry 和 Hou（2016）总结了四种跨文化适应策略：融合、同化、隔离、边缘化，其中，选择融合与同化策略比选择分离与边缘化策略的移民主观幸福感更高（包括生活满意度与自我心理健康评估）。中亚五国来华留学生使用中国社交媒体的频率反映了其趋向归属中国社会的程度，使用频率越高则表明其中国社会归属程度越高，主观幸福感也越高。

社交维护的使用动机与中亚五国来华留学生的主观幸福感呈正向相关关系。匡文波和武晓立（2019）研究发现留学生作为新进中国的特殊群体，尤其需要主动在心理上适应和接受中国环境。社交媒体能够在一定程度上拉近其与中国朋友的距离，使他们融入社会。除了建立同中国朋友的社交关系外，来华留学生也使用社交媒体来维护本族人际关系。出于社交维护的动机，中亚留学生在社交媒体上记录生活和情绪，分享有趣的内容，一方面与中国朋友互动交流，构建新的人际关系网络，体现了中亚五国留学生主动与中国文化接触、维系来华新社交圈的心理需求；另一方面同本族亲人或朋友维系情感，排解在异国的孤独感，克服来华留学心理上的不适感。出于社交维护动机使用社交媒体，能为身处异国的留学生提供情绪价值，发挥积极情绪，疏解消极情绪，提高其在华主观幸福感。

综上，中亚五国来华留学生的社交媒体使用对提升其主观幸福感有一定的积极作用，特别是使用中国社交媒体。作为国际中文教育者，对外汉语教师除了教授学生汉语以外，应有意识地向学生介绍中国常用的社交媒体，引导留学生正确使用，也可以在课堂上适当融入社交媒体常用词语教学，促使学生更快地掌握使用当地社交媒体的方法。总之，良好的社会文化适应与健康和谐的人际互动有利于提升留学生的主观幸福感，而社交媒体使用就是一条捷径。鼓励留学生使用当地社交媒体，一定程度上能加快留学生心理适应的进程。

六、研究局限

本研究丰富了中亚五国留学生的跨文化心理适应研究，同时存在一些不足，比如采用线上滚雪球式收集问卷，导致不同国家的留学生数量不太均衡；只考察了社交媒体单一因素对主观幸福感的影响。主观幸福感是一种复杂的心理感受，在后续研究中可以将其他自变量或中介变量加入考察，补充现有研究成果。

参考文献：

安然，陈文超. 移动社交媒介对留学生的社会支持研究［J］. 新疆师范大学学报（哲学社会科学版），2017（1）：131－137.

邓惠玲，安然. 虚拟社区中的跨文化人际交往特点探析——基于来华留学生"跨文化课堂微信群"的观察［J］. 对外传播，2017（5）：53－56.

匡文波，武晓立. 跨文化视角下在华留学生微信使用行为分析——基于文化适应理论的实证研究［J］. 武汉大学学报（哲学社会科学版），2019（3）：115－126.

莉丽娅. 中俄青年幸福的比较研究 [D]. 哈尔滨：哈尔滨工业大学，2015.

李丹. 社交网站用户的行为和动机 [J]. 传媒观察，2009（4）：44—45.

李丽娟. 东南亚留学生跨文化心理适应理论模型建构研究 [D]. 广州：华南理工大学，2016.

梁杰. 在华德国留学生文化适应策略与主观幸福感的关系研究 [D]. 杭州：浙江大学，2010.

韦路. 媒介能使我们感到更幸福吗——媒介与主观幸福感研究述评 [J]. 当代传播，2010（4）：16—18.

ALHARBI E S, SMITH P. Review of the literature on stress and wellbeing of international students in English-speaking countries [J]. International education studies, 2018, 11 (6): 22.

AN R, CHIANG S Y. International students' culture learning and cultural adaptation in China [J]. Journal of multilingual and multicultural development, 2015, 36 (7): 661—676.

BERRY W, HOU F. Immigrant acculturation and wellbeing in Canada [J]. Canadian psychology/psychologie canadienne, 2016, 57 (4): 254—264.

BERRY W. Lead article-immigration, acculturation, and adaptation [J]. Applied psychology, 1997, 46 (1): 5—34.

BERRY W, HOU F. Acculturation, discrimination and wellbeing among second generation of immigrants in Canada [J]. International journal of intercultural relations, 2017, 61: 29—39.

BERRY W. Immigration, acculturation, and adaptation [J]. Applied Psychology, 2010, 46 (1): 5—34.

CLARK N, BOYER L, and Lee S. A place of their own: An exploratory study of college students uses of Facebook [C]//International Communication Association, 2007.

DIENER E, DIENER M, DIENER C. Factors predicting the subjective well-being of nations. [J]. Journal of personality & social psychology, 1995, 69 (5): 851—864.

DIENER E. Subjective well-being [J]. Psychological bulletin, 1984, 95 (3): 542—575.

KATZ E, BLUMLER J. GUREVITCH M. The use of mass communications: Current perceived on gratifications research [J]. Public opinion quarterly, 1976, 40 (1): 132—133.

Lee W N, TSE D K. Changing media consumption in a new home: Acculturation patterns among Hong Kong immigrants to canada [J]. Journal of advertising, 1994, 23 (1): 57—70.

PAVOT W D. Review of the satisfaction with life scale [J]. Psychological Assessment, 1993, 5 (2): 164—172.

WANG Y. Social media status updates influence on romantic relationships anxiety: Wechat and college students in China [J]. 魅力中国，2017（47）：49—52.

WATSON D, TELLEGEN A. Toward a consensual structure of mood [J]. Psychological bulletin, 1985, 98 (2): 219-235.

作者简介:

吕晶, 华南理工大学新闻与传播学院硕士, 主要研究方向为跨文化传播。

单韵鸣 (通讯作者), 博士, 华南理工大学国际教育学院教授, 主要研究方向为国际中文教育、汉语研究、跨文化传播等。

试论高校如何对留学生讲好中国故事

冉宪达

四川大学海外教育学院

摘　要：在当今国际国内大环境下，对来华留学生讲好中国故事有利于增强我们的文化自信，提升我国的文化软实力，塑造中国的民族形象和国家形象，培养知华友华亲华的国际友人。国际中文教育应自觉承担起讲好中国故事的相应责任。高校要整合、优化各类资源，建立健全讲好中国故事的课程体系；积极开展第二课堂，丰富留学生实践体验；优化管理机制，实现"趋同化"管理；运用好新媒体互联网技术；不断提升高校国际中文教师的素质，努力探索出一条科学、高效的路径。

关键词：高校；中国故事；留学生

On How Universities Tell Chinese Stories Well to International Students

Ran Xianda

School of Overseas Education, Sichuan University

Abstract：Telling Chinese stories well and spreading the voice of China well is both a strategic need of the country and a demand of the times. In the current international and domestic environment, telling Chinese stories well to international students studying in China can help enhance our cultural confidence, enhance our country's cultural soft power, shape China's national image, and cultivate friendly international friends who know China well. International

Chinese language education should consciously assume the responsibility of telling Chinese stories well and universities should integrate and optimize various resources, and establish a sound curriculum system for telling Chinese stories well; Actively carrying out the second classroom to enrich the practical experience of international students; Optimize management mechanisms to achieve "assimilation" management; Make good use of new media internet technology; Continuously improve the quality of international Chinese language teachers in universities and strive to explore a scientific and efficient way.

Keywords: Universities; Chinese stories; International students

近年来，随着中国经济的飞速发展，中国综合国力不断增强，在国际上的影响力和话语权不断提升，越来越多的外国人选择来中国学习汉语和了解中国文化，海外孔子学院也在逐年增加。在此背景下，中华文化走向世界，融入世界多元文化并发挥更大的作用似乎已经成为一股巨大的潮流。当今的中国正走在迎来中华民族伟大复兴的道路上，也正一步步走向世界舞台的中央。由此可见，在当今纷繁复杂的国际形势下讲好中国故事，让中华文化更好地走向世界，有助于让世界重新认识中国，消除对中国的敌意和偏见，对"一带一路"的建设和构建人类命运共同体有着重要意义，也是中国进一步提升国际影响力，实现更高国际地位和迎来中华民族伟大复兴的迫切需求。

国际中文教育通过教授外国留学生汉语自然而然承担了讲好中国故事、全面展示中国、传播中华文化的使命，而高校作为最重要的人才培养基地，每年吸引着全球各地的留学生来到中国学习汉语。因此，对这个数量庞大的来华留学生群体讲好中国故事具有重要的现实意义。

一、对留学生讲好中国故事的意义

（一）增强文化自信，提升我国的文化"软实力"，助力中华民族伟大复兴

中国是四大文明古国之一，拥有五千年的历史，在历史的长河中诞生了

灿烂辉煌的文化，现如今其他三大文明古国早已不复存在，只有中华文明是不曾中断过的文明。但鸦片战争以来，中国全面落后于西方而备受列强凌辱，被动挨打的历史深深地刺痛了每一个中国人，也让国人一度丧失了文化自信，少数人甚至认为传统文化都是腐朽落后的，西方文化才是先进的文化。现如今，中国早已摆脱了落后挨打的局面，实现了翻天覆地的巨变，当下我们正走在实现中华民族伟大复兴的中国梦的道路上。

十七届六中全会明确提出"文化走出去"战略，讲好中国故事能够增强中华文化在世界上的感召力和影响力。我们当今所处的时代是一个各个国家之间互相影响、国际形势风云突变的时代，综合国力的竞争异常激烈，国家之间的竞争不仅包括经济实力、科技水平、国防军事力量等"硬实力"的竞争，"软实力"的比拼同样十分重要。"软实力"这个概念是由美国国际政治学者约瑟夫·奈第一次提出的，主要包括一个国家的社会制度、传统文化、价值观社会制度等要素。约瑟夫（2014）指出：成功不仅取决于谁的军队赢得胜利，而且取决于谁的故事赢得胜利。我们要想提升文化软实力，增强国际影响力，就应该讲好中国故事，传播好中国声音，展现可信、可爱、可敬的中国形象，助力中华民族伟大复兴。

（二）塑造国家和民族的形象

向来华留学生讲好中国故事，展示真实、立体、全面的中国，不仅有助于中华文化的国际传播和恢复我们的文化自信，也事关国家、民族形象的塑造。"国家形象具有极大的影响力、凝聚力，是一个国家整体实力的体现。"（徐占忱，2014）中国作为当今世界第二大经济体，是一个拥有五千年文明的古老而又现代的大国，要想在世界民族之林发挥更大的影响力，良好、正面的国际形象十分重要。

近年来，中国经济飞速发展，综合国力越来越强，中国在国际社会中扮演着越来越重要的角色。但由于种种原因，许多外国人特别是从来没有到过中国的外国人对中国的认知还停留在很多年以前或是认识很肤浅，缺乏对当今中国的全面、客观、清晰的认识和了解。前两年，笔者曾在网上看过一个西班牙人在巴塞罗那的街头采访视频，采访的内容是西班牙人有多了解中国。本以为凭借中国当今的国际影响力，世界其他民族一定对中国有一个基本了解，但视频还是出乎了我的意料。视频中，虽然大部分人都吃过中餐并且对中国的印象不错，但不少人连中国的首都在哪儿都说不出来，当被问到对中国的印象时，有人只知道长城而对其他一无所知。虽然这个视频中被采访的人群样本较少，不具有很强的说服力，但还是能够反映出一些问题，值得我们思考。所以，我们应该讲好中国故事，传播好中国声音，向来华留学生展现一个最全面最真实的中国，重新塑造中国和中国人的国际形象。

（三）培养知华友华亲华的留学生，通过他们讲述中国故事，展现真实的中国

来华留学生是一个数量庞大的群体，这些留学生来自世界各地，拥有不同的文化背景、思维方式和价值观念，具备较好的跨文化交际和跨文化传播的能力。他们中既有汉语专业的学生，也有非汉语专业的学生，有中国政府奖学金生也有自费语言生、进修生，来华的目的也不尽相同，但有一点是共同的，那就是他们都希望了解真实的中国。所以，高校应该重视来华留学生这一群体，完善留学生教育体系，通过多种渠道向他们展示今天的中国，努力培养知华友华亲华的国际友人。

不少留学生在来中国之前，对中国的了解都比较片面，但当他们真正全方位地接触了中国后却普遍对中国更有好感，甚至还有一些留学生选择在中国工作和生活。

讲中国故事，实际上是一个跨文化传播、跨文化编码和解码的过程，传播者需要将活生生的中国故事通过口头讲述或其他方式传递给异文化背景的受众。在跨文化编码和解码的过程中，传播者不仅要十分了解中国文化，还要对目标受众的文化背景了然于心，这样才能确保跨文化编码和解码的有效性和可接受性。讲好中国故事固然离不开官方渠道的传播，但让知华友华亲华的留学生讲述中国故事有更大的优势。

首先，留学生对自己本国文化了如指掌，在中国生活和学习一段时间后能够无缝衔接本国文化，并且他们比中国人更清楚应选取什么样的中国故事和怎么讲述中国故事更能够让本国人接受。

其次，每一个留学生背后都有复杂的人际关系网，涵盖他们的家人、朋友、同学等。如此，留学生讲述中国故事的对象不仅数量庞大，而且辐射范围广，能够在世界各地发挥中国故事的影响力。

最后，留学生讲述的中国故事普遍具有较强的说服力。留学生所讲述的中国故事都是他们的亲身经历，是他们亲眼所见、亲耳所闻的，这样的中国故事充满了真情实感，是生动的、全面的、立体的，更有感染力和说服力。

二、中国故事内涵的特点与讲好中国故事的原则

（一）中国故事的内涵

中国故事是一个总括性的概念，它是中华民族这个民族共同体在漫长的五千年文明中所发生的所有事件的总和，具有深厚的内涵，体现的是中国的民族文化和民族精神，其深度和广度值得我们细细品味。

首先，中国故事的内涵体现为中华传统文化是中国故事的"根"和"魂"。五千年的文明给了我们深厚的文化积淀，儒释道互相影响、互相融合形成了中国传统文化独特而深邃的气质。但它的内容十分庞杂，其丰富性、多样性和复杂性决定了在对留学生的讲述中我们不能全部都讲，一概而论，而应有所取舍、学会甄选、抓住重点，尽量选取优秀的、能够提升中国文化软实力的传统文化内容。

其次，中国故事的内涵也体现为当代中国文化是中国故事的重要组成部分。中华传统文化十分辉煌，但只讲传统文化是不够的，既要重视传统文化，又不能抛弃当代文化。笔者认为，最适合对留学生讲述的当代中国文化主要包括四大方面。一是中国国情，包括中国的地理、国家制度、人口、资源、民族分布、经济状况等。二是新时代的中国精神，主要包含以爱国主义为核心的民族精神和以改革创新为核心的时代精神。三是当今中国人的生活，包括衣食住行各个方面，还包括中国的"新四大发明"，互联网、科技对当今中国人生活的改变等。四是中国的对外关系、大国风范，包括"一带一路"倡议，亚投行的成立，习近平总书记关于"人类命运共同体"的提出，中国在全球抗疫的过程中发挥的重要作用，抵御金融危机、经济危机，以及旗帜鲜明地反对恐怖主义、霸权主义等。

最后，中国故事的内涵还体现为"中国梦"是中国故事的重要引领。习近平总书记把"中国梦"定义为实现中华民族的伟大复兴，具体表现是国家富强、民族振兴、人民幸福。在历史上我们曾经出现了很多盛世，我们可以讲述中国历史的发展进程特别是中国历史上最鼎盛时期的繁荣富强，也可以向他们介绍新中国成立、改革开放以后中国取得的成就，这有助于帮助他们理解为什么当今我们要为实现中华民族伟大复兴而奋斗。由于长期受到国外媒体的误导，一部分留学生对中国共产党和中国特色社会主义道路也有所

误解，我们有必要向他们讲述中国特色社会主义道路，中国56个民族紧密团结在中国共产党领导下为实现中华民族伟大复兴的艰苦奋斗历程。还可以讲述一些中国梦践行者的小故事，选取一些当今在政治、经济、科技等不同领域的具有家国情怀且敢于"做梦"的真实人物的故事，这些逐梦者的故事也能够激励留学生努力学习，为实现自己的梦想而奋斗。

（二）讲好中国故事的原则

笔者认为，高校教师向来华留学生讲述中国故事时，应遵循以下原则。

1. 针对性原则

"使用与满足"理论强调，传播的内容是否能够满足受众的需求是传播成功与否的重要标志，即受众知道自己有什么需要，并且清楚这些需要之间的轻重缓急。它将传播的视角从传播者转向了受众，重点关注受众的需求。这一理论最初用于大众传播，但对文化传播仍然适用。基于"使用与满足"理论的启发，我们在向留学生讲述中国故事的过程中不能一味从自身的角度出发，更重要的是要结合留学生的需求，了解不同国家留学生的文化背景、民族心理、性格特点、思维方式、价值取向，以留学生容易接受的方式讲中国故事，把我们想讲的内容和他们想听的内容结合起来，增强故事的生动性、针对性。

来到中国的留学生国别众多、文化各异，他们的专业、来华目的、停留时间也不尽相同。比如，一些亚洲国家如韩国、泰国等的留学生更青睐中国当代的流行文化，我们就应该更多地向他们讲述当今中国的方方面面；而许多欧美国家的留学生认为中国传统文化更具魅力，我们在对他们讲述中国故事时应该更多地选取传统文化元素。对于汉语专业的留学生，应重点讲述与汉语言文化相关的中国故事；而对于非汉语专业的留学生，如经济、管理、商务、医学等专业留学生，则应该更多地涉及他们专业的内容。对于来中国时间不长的留学生，应选生动有趣的中国故事，引起留学生的兴趣；对于来中国时间比较长、汉语基础较好的留学生，我们可以更多地从中国视角去解释问题并根据他们的汉语水平和接受程度适当深入。总的来说，应该认真研究留学生的特点和需求，具体问题具体分析。

2. 实事求是原则

高校教师在讲述中国故事的时候，应坚持实事求是的原则。应该客观平和，不把中国文化的价值观强加给学生。正如李泉（2011）所指出的，文化呈现应取平和、务实、超然的心态。在讲述中国故事的时候，对自己国家的文化不狂妄自大，也不过于谦虚自卑；对他国文化保持尊重，不刻意诋毁，也不盲目崇拜。

与其说讲好中国故事是向世界展示中国最好的一面，不如说讲好中国故事是向世界展示真实、全面、生动和立体的中国。在面对来华留学生时，我们既要向他们展示中国好的一面，介绍中国的"中庸""己所不欲勿施于人""天人合一"的中华智慧，介绍中华 56 个民族团结友爱，各民族共同繁荣，介绍改革开放 40 多年的伟大成果等，同时，我们也不应否认和回避中国发展中不足的一面。

三、讲好中国故事的路径

（一）建立健全中国故事课程体系

课程是讲好中国故事最直接的途径和最重要的渠道。高校应利用好各门课程的优势资源，充分挖掘各门课程中的中国文化元素，通过设置相关课程的方式向留学生讲述中国故事。

在汉语专业等语言课程中融入相关文化元素，向他们讲述仓颉造字、汉字的特点和形体演变、汉语中的中国智慧等。对汉语水平较高的留学生讲述成语背后的故事、介绍中华诗词和文学中的中国故事不仅能够帮助留学生学习语言，还能让他们更深入地了解汉语言文化，感受汉语的魅力。在经济专业的相关课程中讲丝绸之路、中国古代和外邦的贸易往来，讲中国最早的纸币"交子"，讲宋代商品经济的发达和市民丰富的社会生活等。在医学专业课程中讲中医的"望闻问切"，讲针灸的历史和功效，讲神医"华佗"的故事，讲李时珍与《本草纲目》，等等。此外，还可以设置书法、中国画、茶艺等课程，让学生在亲身体验中感受中华文化的博大精深。

讲好中国故事，涉及文学、艺术、科学、教育、哲学等多个学科，高校应将语言课与文化课相结合，从不同学科吸取经验，融合中国传统文化和当代中国文化，构建讲好中国故事的多元课程体系。在制定留学生的培养目标时，不仅要培养他们的汉语交际能力，教授相关专业知识，也应将了解中国、认同中国文化、知华亲华友华作为重要目标。在开设汉语课和专业课之外，另外开设"中华文化""中国概况"等作为通识课程，以语言课程为主、文化课程为辅，构建多元互动、协同配合的课程体系。高校应着力构建融中华传统文化、中国历史、中国地理、政治经济制度、中国社会发展成果和对外交流等内容于一体的中国故事课程体系。

在授课方式上教师有必要多思考，多动脑，更多地采用任务型教学法，以学生为中心，鼓励小组活动，避免教师"满堂灌"，学生被动接受。

（二）将第一课堂和第二课堂相结合，丰富留学生实践体验

古人说：读万卷书，行万里路。学习不仅需要书本上的知识，还需要第一手的体验。高校在建立健全讲好中国故事课程体系的同时，还应进一步丰富留学生中国故事的体验形式，促进留学生和中国社会的良性互动，让他们在亲身实践中感知中国、了解中国、认同中国。

留学生的课外实践主要可以分为两方面，一是校内活动，二是校外活动。高校可以充分利用第二课堂教学，设置不同的学分，鼓励他们参加不同的体验活动。学校每学期聘请专家学者给留学生开展专题讲座，选取中国文化中有代表性的内容介绍给他们，激发留学生了解中国的兴趣。在中国传统节日，向留学生介绍节日的历史和习俗，让留学生体验包粽子、包饺子，给他们发月饼，组织他们舞龙等。还可以开展中华才艺体验活动，邀请留学生加入不同的社团，请具备中华才艺的教师教留学生武术、茶艺、剪纸、编中国结、画中国画等，通过开展丰富有趣的活动促进文化交流。还可以开展"我和我的中国故事"主题演讲比赛，让学生通过公开演讲、录视频的方式，记录和讲述他们在中国的故事、趣事。还可以创造机会让留学生和中国学生面对面交流、联谊，提供中国学生和留学生的互动平台，促进互相学习、互相交流。

除了课堂内、学校内的学习和活动，学校外的活动也十分重要。高校应多组织留学生到校外参观，比如游览名胜古迹和自然风光，组织他们走进博物馆、纪念馆、历史遗迹、地方特色文化基地等近距离了解当地历史文化。此外，让留学生走进中国社区、乡村，这有助于让他们深入基层，全面了解当今的中国。高校还应尽量创造条件给留学生提供实习机会，帮助他们去企业、公司、工厂实习，一方面可对他们所学知识和专业能力加以运用，另一方面这也是他们了解中国社会的重要渠道。

(三)优化留学生管理机制

对来华留学生讲好中国故事,需要高校各个部门和相关负责人共同参与。比如留学生办公室主要负责留学生的招生,各个学院负责留学生的教学和基本管理,后勤服务中心负责留学生的住宿问题。在课堂上,教师是带领留学生走进中国故事的引路人,课后留学生还会接触到院长、助教、行政人员、辅导员、中国学生等。留学生接触的每一个人都是"行走的中国故事"。要想讲好中国故事,上述相关部门和人员要有主动意识,在各自的岗位上做好各自的工作。

在对留学生的管理上,高校可以借鉴对中国学生的管理,采取留学生"趋同化"管理,实施具有中国特色的留学生管理模式,让留学生在学习和生活中感受中国的管理文化和人文情怀。高校可以在每个留学生班级安排一位任课教师当班主任,班主任除了对留学生进行日常教学外,还应承担类似于辅导员的责任,在班级微信群里主动和留学生互动,解答他们的疑问,及时了解他们的需求和反馈,帮助他们解决在学习和生活中遇到的困难。比如有留学生过生日时,班主任在班上告知全班同学并组织大家一起用中文唱生日歌,让他们在中国度过一个特别的生日。又比如在春节期间慰问留在学校的留学生,免费为他们提供一些日常食品等。还可以给每3~4名留学生安排一位导师,导师除了指导他们的毕业论文写作外,还应在他们的学业、实习、职业规划上给予一定指导,解答他们专业上的问题,帮助他们顺利毕业并找到一份好工作等。

教师的爱心、真诚的关心和耐心、细心的指导,能够让留学生在异国他乡感受到温暖,让他们深切地感受到中国的人文情怀和教育情怀。

(四)充分利用互联网新媒体技术,创新教学模式

随着大数据、云计算、5G 和新媒体技术的飞速发展,今天的人们与互联网的联系也变得前所未有的密切,互联网极大地影响了人们生活。网络教育、线上授课逐渐普及,面对这一新趋势,国际汉语教育工作者应该利用好互联网和新媒体技术,整合优质资源,创新教学模式,构建先进、高效、新颖的中国故事讲述平台。

要想讲好中国故事,国际中文教师应不断丰富故事的传播模式和渠道,将传统的中国故事讲述方式与"互联网+"模式相结合。为了适应新趋势新

技术，国际中文教师必须要掌握好新媒体授课技术。比如，在线上授课的过程中，国际中文教师可以通过精美的 PPT 课件吸引学生的注意，采用图片、视频等方式丰富课堂，使用多模态教学手段，全面展示中国，讲述生动立体的中国故事。今后，随着人工智能技术的进一步发展，学生在课堂上甚至能"云浏览"中国，比如教师通过 3D 等虚拟现实技术介绍中国的某一风景名胜，学生就能有身临其境的感官体验。

除此之外，还可以借鉴李子柒短视频的成功经验，利用各种教学 APP、微信、微博、抖音等客户端，丰富中国故事的讲述路径，增加中国故事的传播渠道。高校应组织一批有经验的教师，提前录制如成语故事、汉字的魅力、中华美食、汉语写作等精品课程，以慕课的形式免费上传到网上，供留学生利用课外时间学习，这样不仅能够打破教学时间与空间的限制，还能起到扩大受众、增强中国故事影响力的作用。

（五）提升国际中文教师文化素养

"三教"（教师、教材、教法）中最核心的内容是建立一支高素质的教师队伍，国际中文教师是留学生学习汉语的传道授业解惑者，也是直接关系到中国故事讲述成功与否的关键因素。一方面，教师是课堂的设计者和操控者，学生在课堂上所学习到的内容都来源于教师的讲授，教师的综合素质特别是关于"中国故事"的知识储备量是讲好中国故事的关键。一个具有良好文化素养的国际中文教师能把握好中国故事的内涵和外延，具备较好的专业技能和丰富的知识储备，以留学生容易接受的方式讲述丰富多彩的中国故事。另一方面，留学生每天接触最多的人就是他们的老师，国际中文教师是中华文化的"代言人"，是留学生了解中国最直接的窗口，因此每一位国际中文教师的言谈举止都会影响到留学生对中国和中国人的评价和印象，从这个角度来说，每一位教师都是活生生的"中国故事"，这也给教师提出了更高的要求。国际中文教师应努力提升自己的专业水平、文化素养，扩大自己的知识储备量，树立终身学习的理念，谨言慎行，时刻不忘教师的职责。只有这样才能建立一批优秀的教师队伍，使其在对留学生讲好中国故事的过程中发挥更大作用。

四、结语

对留学生讲好中国故事是一项目标长远的宏大工程，在当今国际国内大环境下，我们有讲好中国故事的有利条件，同时也面临不小的挑战。国际中文教育应自觉承担起讲好中国故事的责任，高校要整合、优化各类资源，建立健全讲好中国故事的课程体系，积极开展第二课堂，丰富留学生实践体验，优化管理机制，实现"趋同化"管理，运用好新媒体互联网技术，不断提升高校教师的素质，探索出一条科学、高效的路径。

最后，作为国际中文教师，我们应充分肯定对留学生讲好中国故事的意义和价值，努力传播好中国声音，让世界看到真实的中国，让中国文化走向世界！

参考文献：

蔡慧. 来华留学生讲好中国故事的路径探究［J］. 职业教育（中旬刊），2021，20（9）：45－48.

侯颖. 基于"讲好中国故事"的国际中文教育浅析［J］. 继续教育研究，2021（6）：120－123.

刘利. 面向来华留学生讲好"中国故事"［J］. 北京教育（高教），2020（5）：6.

陆俭明. 汉语国际教育与中华文化国际传播［J］. 同济大学学报（社会科学版），2015，26（2）：79－84.

宋海燕. 汉语国际推广战略下的文化认同与中华文化传播［J］. 中州学刊，2015（11）：168－171.

王莹. 文化自信与中华优秀传统文化的对外传播［J］. 广东社会科学，2017（5）：75－81.

吴建章，曹云霞，吴强，等. 新时代高校向"一带一路"来华留学生讲好中国故事策略研究［J］. 安徽理工大学学报（社会科学版），2019，21（6）：87－91.

徐占忱. 讲好中国故事的现实困难与破解之策［J］. 社会主义研究，2014，215（3）：20－26.

袁海萍. 刍议高校向来华留学生讲好中国故事［J］. 新课程研究（中旬刊），2016（12）：20－22.

张佳佳. 来华留学生向世界"讲好中国故事"的优势及策略［J］. 教育教学论坛，2020（21）：145－146.

张思轩. 刍议面向来华留学生讲好中国故事［J］. 公关世界，2022（2）：22－23.

作者简介：

舟宪达，四川大学海外教育学院教师，主要研究方向为国际中文教育。

非物质文化遗产融入城市的对策
——以四川地区为例*

胡 畔

四川大学海外教育学院

摘　要：非物质文化遗产（简称"非遗"）的保护与传承是国家高度重视和建设文化强国的战略举措，将非遗融入城市是推进中国式现代化建设的一项重要任务。目前，全国大中小城市的非遗保护传承都得到了不同程度的发展，非遗在城市的活态化传承为现代化城市的发展赋能已有所体现。但一些城市在理解和执行国家非遗保护政策方面存在局限，对非遗融入城市的重视程度不够，在城市的总体规划中缺乏对非遗保护传承的具体规定和有效措施，同时一些城市民众对非遗的理解更多停留在表面形态，对其文化内涵和现实意义缺乏认知认同，致使非遗融入城市存在一些有待解决的问题。本文针对这些问题进行了分析论述，并以四川地区为例，提出了相关对策。

关键词：非物质文化遗产；融入城市；对策

Countermeasures of the Integration of Intangible Cultural Heritage into Cities
—Take Sichuan as an Example

Hu Pan

School of Overseas Education, Sichuan University

Abstract：The protection and inheritance of intangible cultural heritage is a

---

* 本文为2022年四川省社会科学规划项目"传统与现代：融入城市场景的四川藏羌彝非物质文化遗产"阶段性成果，项目号：SC22KP005。

strategic measure that the country attaches great importance to and builds a strong cultural country. Integrating intangible cultural heritage into cities is an important task to promote the Chinese-style modernization. At present, the protection and inheritance of intangible cultural heritage in large and small cities across the country have been developed to varying degrees, and the dynamic inheritance of intangible cultural heritage in cities has been reflected in enabling the development of modern cities. However, due to the limitations of understanding and implementing national policies on the protection of intangible cultural heritage in some cities, the lack of emphasis on the integration of intangible cultural heritage into cities, the lack of specific provisions and effective measures for the protection and inheritance of intangible cultural heritage in the overall planning of cities, and the understanding of intangible cultural heritage in many cities is more superficial and lack of recognition of its connotation and practical significance. There are some problems to be solved in the integration of intangible cultural heritage into cities. This paper analyzes and discusses these problems, and takes the present situation of intangible cultural heritage integration into cities in Sichuan Province as an example, and puts forward relevant countermeasures.

Keywords: Intangible cultural heritage; Integrate into the city; Countermeasure

在国家和地方政府各项非遗政策的指导和推进下，全国大中小城市的非遗保护和传承都在不同程度上得到了发展，非遗在城市的活态化传承为现代城市的发展赋能已有所体现，在人民群众的生活中已产生一定的实际影响。但一些城市在理解和执行国家非遗保护政策方面有局限，对非遗融入城市的重视程度不够，在城市的总体规划中虽然对非遗的保护传承有所安排，但对如何活态发展缺乏具体明确的规定和有效的措施；在城市民众的观念中，对非遗的理解也更多停留在表面形态，而对其文化内涵和现实意义缺乏认知认同，再由于非遗的地域性、实用性和时代性等局限性因素，非遗融入城市不可避免地存在一些问题，我们要更深入地认识非遗融入城市的意义和目的，从政策的制定与落实以及人民群众观念转变的角度来思考解决这些问题的途径。

一、重视非遗融入城市，契合城市发展需要制定落实政策

随着城镇化进程的加快，现代城市建设不仅注重规模的扩大，还注重城市文化的丰富和品质的提升。近年来，为打造世界文化名城，我国许多大城市在城市空间的更新中都更加强调文化的包容性和城市功能的综合性。我国试点的公园城市建设也更注重城市的自然生态和人文生态的相融共生，不仅要建设生态宜居的城市空间，还要营建城市场景的文化氛围；不仅要推进城市的现代化功能注入，还要在城市空间体现出传统与现代交融的特色文化，增强城市对人们日益提高的生活愿望和需求的满足。与此同时，许多城市高度重视非遗融入城市，契合城市发展的需要制定落实政策，让更多的人了解非遗在继承和发扬地域优良文化传统、丰富城市文化元素、促进物质文明与精神文明建设方面的现实意义和重要作用。

对于公园城市的建设而言，融入非遗元素正是一个很好的契机。公园城市的建设势必在自然与人文生态的融合上有更高的要求。如四川成都的公园城市建设，围绕着城市的创新高效、协调共兴、绿色低碳、开放包容、普惠共享等方面开展工作，不仅要做优做强国际交流交往、现代服务发展、时尚消费引领等核心功能，还要在文化传承创新方面为城市增加精神活力，其中将非遗融入城市大有文章可做。笔者认为，在成都关于公园城市自然人文生态建设的战略框架中，立足于绿色生态，不仅要融入四川历史悠久、内涵丰富深厚的汉民族文化，还应适当融入四川少数民族的代表性非遗。根据成都公园城市建设的总体方案，应因地制宜，合理布局，自然巧妙地融入民族文化的特色标识。可以融入公园城市的文化是多元丰富的，四川少数民族非遗只是其中一部分，各民族非遗包含的内容多种多样，选择什么内容与形式，应结合公园城市人居环境和自然环境文化融入的需要，以及文化展演场景的需要而定。在城市环境中，可适当运用各种实体和虚拟展演平台和场地进行各民族非遗的展示，如利用非遗博物馆、综合博物馆、城市剧场和国际非物质文化遗产节等场地和活动，展示各民族的经典舞蹈、经典音乐、史诗剧、

传统节日仪式庆典、手工艺品制作等。其他公园城市的建设也同样可以充分利用当地非遗资源，丰富城市的文化建设和生活内涵。在公园城市的建设中打造非遗特色景点，以各种代表性、象征性雕塑、露天展示屏等载体来展示具有地域特色的非遗。当然这些还需根据不同生态环境自然巧妙融入而不显得牵强突兀，与其他文化标识和谐呈现、相映成趣，形成多元文化与自然生态的巧妙结合，让广大人民群众感受到公园城市是一个内容丰富多彩的宜居文化生态环境。

二、克服空壳化、临时性现象，加强非遗在城市的活态发展

一些地方在推进非遗融入城市的工作中，还存在临时性、应景式的做法，利用一些活动贴贴标语、喊喊口号、走走过场，这种形式主义的做派无法真正诠释非遗的文化价值，也难以推进城市文化建设和提高城市文化内涵。一些地方对社区街道、公共广场、公园和其他文化空间进行维护打造，保护了城区的古建筑、老城墙等，但忽视了利用和发挥本地的特色非遗资源，造成文化空间的"空壳化"现象。现代城市建设应以文化资源提升软实力，而区域非遗则是富有文化内涵、能打造特色文化城市的不可多得的资源，能唤醒民众的文化自觉，也能延续城市的文化血脉。非遗融入城市应因地制宜，不能盲目地、生搬硬套地将非遗与城市空间随意结合，那样会起到适得其反的效果。推进文化保护传承是全社会的责任，在当下非遗工作中，除了非遗管理部门、非遗传承人以及一些社会团体、非遗工作参与者外，大多数民众还只是非遗事业的旁观者，其尚未形成常态性保护传承非遗的意识，也未积极参与非遗工作实践。

要克服空壳化、临时性现象，就必须加强非遗在城市的活态发展。全国有不少重视非遗保护传承并已取得良好成效的城市在这方面做出了很大的努力，让人们喜闻乐见的非遗项目得以长时间展现，为当地的城市文化增光添彩。江苏南京秦淮灯会是首批国家级非物质文化遗产，也是我国唯一一个集灯展、灯会和灯市于一体的大型综合型灯会，也是中国城市举办的持续时间最长、参与人数最多、规模最大的民俗灯会。秦淮灯会流传于南京地区的民俗文化活动，又称金陵灯会、夫子庙灯会，主要在每年春节至元宵节期间举行，每年持续五十多天，广大城市观众通过亲临现场体验，感受秦淮灯会的

浓浓年味和艺术魅力。灯会还以与境内外主流媒体合作传播、交流办展、邀请驻华使馆官员参展等方式积极地进行跨文化交流，在国际上形成了广泛的影响。西安灯会、成都灯会等国内有名的非遗灯会虽然和秦淮灯会的内容形式有所不同，但都在长期融入城市文化生活的过程中充分体现了文化积淀之于现代城市建设发展的重要性。非遗是城市文化积淀的重要表征，是影响城市文化场景建设的重要资源。在城镇化飞速发展的今天，非遗融入民众生活的必然途径是融入城市文化场景。在现代城市的建设发展中要重视保护和挖掘非遗资源，进一步体现和提升它们的多元价值，在活态化发展中延续非遗的生命，还要重视文化场景引导，善于在现代城市建设中找到或营造出适合非遗生长的文化空间，体现和诠释非遗承载的民族特色与文化精神，以促进城市的综合性、内涵式发展，让城市拥有文化记忆，让人们找到记忆中的"乡愁"。

三、在活态化发展中促进非遗创造性转化、创新性发展

在国家各项政策的指导下，各地在推进非遗落地城市实现活态化发展方面进行探索并取得了初步成效。但过去十多年的非遗工作重在抢救保护，创造性转化和创新性发展相对较弱。一些地方对非遗普查的既有项目给予了必要的抢救和保护，但是在怎样实现活态化传承、体现出创造性转化和创新性发展方面却止步不前。目前普遍存在的问题主要体现为，注重维持或发展一些在城市已经具有深厚文化基础的非遗项目，而许多少数民族非遗项目还极少在城市生根，主要存放在非遗博物馆以供展览，还没有实现活态化发展利用。传统的伟大生命力，正在于它不是挂在墙上，它活着，并且流淌在具体而微的生活之中（罗伟章，2022）。非遗最好的保护途径是活态化传承，即在非遗发展的环境当中进行保护和传承，在人民群众生产生活过程当中进行传承与发展。早在十多年前，《关于加大政府扶持力度，切实推动非遗类民间艺术的活态传承的提案》就指出，非遗类民间艺术的活态化保护传承和产业发展存在传承危机、后继乏人，政府保护扶持不力、管理失当。该提案引起了国务院的高度重视，批转国家相关部门制定政策纠正。十年来，国务院及国家有关部门先后出台了一系列关于非遗保护传承的指导意见、总体规划和实施方案，使非遗活态化传承局面发生了很大变化，并取得了显著的成

效。但客观来看，全国各民族在非遗活态发展上取得的实际效果仍存在差距。在四川非遗活态化传承工作中，有不少地方的经验值得借鉴。例如，凉山彝族自治州越西县城区的非遗扶贫工坊是由当地政府主导、企业投资打造的扶贫创业就业综合平台，集彝绣、银饰器具等特色非遗项目于一体，形成以鼓励创业带动就业的综合性服务园区，促进非遗进社区进市场。该工坊通过就业创业孵化，开展对贫困户的培训指导等，还设立电商中心，通过电商平台邀请网络直播带货，推介、展览和出售当地的特色非遗及农副产品，宣传非遗的同时也促进了易地搬迁脱贫群众增收。2021 年，北京服装学院培训中心在该工坊挂牌成立"北京服装学院培训中心越西县非遗扶贫工坊实训基地"，对彝绣产业进行培训指导，实现产品设计升级以及引入资源搭建平台等，推动彝绣活态传承与市场转化。他们在活态化发展中促使非遗创造性转化、创新性发展的经验值得各地学习。

四、提升民众认知度，推进非遗融入城市民众生活

我国非遗绝大多数来自乡村，和乡村有着天然的不可分割的联系，但在漫长的历史发展中，随着人口的迁移、文化的植入，也有了进入城市获得新的土壤并开花结果的非遗。就现代城市建设而言，应更注重现代价值观念的融入和体现，作为丰富城市文化内涵的非遗，与其他文化一样，都是助力现代城市发展的文化资源。尤其是一些边远地区的少数民族代表性非遗，不仅在其所在地区应得到重视，还应积极推进其融入现代城市文化空间，作为提升文化认同和文化寻根的重要部分。现代城市民众尤其是青年一代，更多受到现代文化价值和时尚潮流的影响，对非遗的认识存在误区，认为非遗只是历史陈迹，没有看到它们的活态发展对城市物质文化需求的满足以及在增强民族团结、促进人类文明交流互鉴方面的深远意义和影响。非遗融入城市、融入民众生活目前主要存在认知认同的限制和价值取向的限制，不少人认为城市发展建设更多是体现现代元素，注重现代而忽视传统，没有看到非遗的价值。此外，目前融入城市空间的非遗也是具有局限的，比如更多局限于城市空间仪式场合的点缀式浅表化融入。对融入城市的非遗也存在一些歪曲误读的现象，如对不同民族非遗的混淆，对特定文化符号内涵的理解偏误，甚至存在一些为博人眼球而故意歪曲恶搞的现象。在非遗的媒体产品传播方面，也存在一些内容同质化、质量不高、缺乏文化底蕴的现象。公民文化意

识的提高、社会文化环境的培育，有利于文化的保护、传承和发展（胡畔，2021）。提升民众对非遗的认知度是需要建立在深入理解各族非遗文化历史与现实意义的基础上的，是需要以铸牢中华民族共同体意识的责任感和尊重不同民族文化的情感去对待的，而不是猎奇和盲目的介入，更不是偏离史实和文化本身，去博人眼球、误导受众的商业娱乐行为。非遗融入城市、融入民众生活，应该尊重民族历史文化，符合城市发展的现实需要，在创造性转化和创新性发展中注重维护文化的真实感和传统的正当性，保持非遗保护传承的良知良心。

非遗融入城市、融入民众生活应丰富内涵、提高品质，符合现代城市生活消费和审美需求。近年来，文化和旅游部根据联合国《保护非物质文化遗产公约》和《中华人民共和国非物质文化遗产法》策划的"非遗在社区"试点项目，就是推进非遗融入城市和民众生活的典型，旨在以尊重、保护和支持以人为核心的非遗传承实践回归社区、回归生活为宗旨，以增强非遗在现代城市中的传承传播活力为目标。这种让非遗融入社区与民众零距离互动的活动切实丰富了民众的精神文化生活。例如，2021年春节，四川的"非遗过大年 文化进万家——视频直播家乡年"系列活动，成都市"非遗在社区"春节联欢晚会，汇集省内各民族著名非遗项目，如羌笛演奏技艺、羌族羊皮鼓舞、川剧等，演员均来自喜爱非遗项目的普通社区民众。网络直播配合线上互动，派发"非遗盲盒""春联""非遗大礼包"等礼品，营建了时髦的"线上非遗年"，以当下流行元素和新颖的文化参与行为融入传统的民俗庆典，传承了文化，也增进了各族同胞间的了解和文化交流。

在非遗融入城市的功能和作用方面，专业博物馆最能体现丰富多样的非遗的直观形象、历史渊源和现实存在价值，促进非遗在现代城市的生活消费和提高民众的审美需求。建在成都国际非物质文化遗产博览园的四川省非物质文化遗产馆是我国第一个建成的省级非物质文化遗产馆，也是四川省非遗资源和非遗保护传承实践集中展示的主平台和总阵地，是四川非遗保护理论研究、研学旅游、产业孵化等的重要专业场馆。四川省非物质文化遗产馆建筑面积为9 800平方米，内含4个专业展厅、非遗档案馆、IDC数据中心、研培教室、非遗剧场等公共文化服务设施。馆内设有多功能放映厅、教学培训室、阅览室、文创区等研学交流体验空间，不定期举办各类活动。该馆还开发了四川非遗大数据平台，囊括了各类非遗数据信息，推动数据资源的整合、共享和利用。全面展陈省内入选联合国教科文组织的7个非遗项目，

153个国家级非遗项目，611个省级非遗项目，以及部分市州级代表性项目。馆藏以传统美术、传统音乐、传统民俗、传统手工技艺、民间文学、传统曲艺、传统戏剧、传统舞蹈、传统医学、传统体育游艺竞技等藏品集群，其中有国家和地方各级代表传承人的代表作品藏品10余万套，长期为展览项目供给展品，现已构成生产生活各领域独具特色的展藏品体系和代表性传承人活态展演队伍。近年推出的"天府根脉——四川省非物质文化遗产精品展""四川省黄河流域非遗展"，让公众可以全面了解四川非遗资源结构和非遗项目保护情况。

  随着时代发展和社会文化场景变迁，非遗融入城市成为一项长期而重要的任务。要完成好这项任务，让非遗在融入城市的过程中对城市文化场景建设和文化生活发挥重要作用，助力提高城市文化建设的总体质量，推进城市的现代化建设，就必须高度重视保护和挖掘非遗、用活非遗、发展非遗。既要制定契合城市发展需要的政策，又要制定具体明确的措施，便于政策的贯彻执行，有效地克服空壳化、临时性现象，保障和加强非遗在城市的活态发展，促进非遗创造性转化、创新性发展。同时拓展传播途径，加大宣传力度，充分体现和诠释非遗承载的民族特色与文化精神，以促进城市的发展，不断提升民众认知，推进非遗融入城市民众生活，让城市建设在根脉文化的基础上，体现出综合性、内涵式、高品质的发展样态。

参考文献：
罗伟章. 凉山叙事[M]. 成都：四川文艺出版社，2022.
胡畔. 传播学视域下的四川藏彝非遗研究[M]. 成都：四川大学出版社，2021.
哈维兰，普林斯，麦克布莱德，等. 文化人类学：人类的挑战[M]. 陈相超，冯然，译. 北京：机械工业出版社，2014.

作者简介：
  胡畔，文学博士，四川大学海外教育学院讲师，公共管理博士后，主要研究方向为跨文化传播、公共管理与政策传播、非物质文化遗产传播。

新汉学专栏

新汉学专栏

栏目语

夯基垒台，积厚成势
为国际中文教育事业培养青年人才

张 科

教育部中外语言交流合作中心汉学研究处处长

"新汉学计划"是教育部中外语言交流合作中心（简称"语合中心"）于2013年开始设立的品牌项目，旨在与顶尖高校合作，通过高水平人才培养项目和高质量学术合作项目，为海外研究中国的优秀青年提供丰富优质的研修资源与多样化的发展空间，为青年学者的成长与发展提供助力。

本栏目所收录的5篇文章是"新汉学计划"最新成果的一次集中展示，既有对国际中文教育的研究，亦有对中国文学、文化的探索。北京语言大学许丽嫱（中国）的《面向国际中文远程教育的教师发展实证研究》对91位国际中文教师的反思日志进行了内容分析，对促进国际中文教师发展、优化中文教学效果具有实践意义。四川大学郭昕慈（南非）以及陈思齐、周巧的《论"把"字句宾语属性明确性与焦点的关系》通过对问题的研究，为把字句教学提供了新的启示。清华大学史惠善（韩国）的《面向国际中文教育的文言文词汇排序研究初探——基于CRITIC法》采用客观权重赋权方法计算出四部先秦文献中出现词语的重要度，为对外汉语文言文教学中的词表拟订提出了新思路。厦门大学狄西蒙（法国）的《中国说唱音乐的现状与发展研究——一个空间理论的视角》对十二位中国说唱歌手进行了访谈和问卷调查，对其代际传承、发展模式和积极因素提出作者自己的看法。复旦大学陈衍宏（印度尼西亚）的《浅谈唐诗印尼语译文中的用韵——以周福源译文为例》为唐诗的印尼韵文的翻译提出了建议。

"国际汉语文化研究"系列文集所开设的"新汉学专栏"，为研究中文与中国文化的海外优秀青年学者提供了成果展示与学术交流的平台，是"新汉学计划"与学术集刊合作的全新探索。我们希望，通过语合中心、中外高校与学术集刊的密切合作，"新汉学计划"能够持续为世界各国青年学者提供支持，不断推进国际中文教育与海外中国研究事业的繁荣发展。

新汉学专栏

面向国际中文远程教育的教师发展实证研究*

许丽嫱

北京语言大学国际中文教育研究院

摘 要：本文通过对91位国际中文教师在远程教学中的反思日志进行内容分析，揭示了远程中文教学中出现的问题，并提出了相应的教师发展策略。研究发现，国际中文教师在远程教学中存在教师教学、师生交流和网络技术三个方面的问题。其中，教师教学是最主要的问题。这说明中文教师能够认识到自身的不足，渴望获得专业发展。为此，本研究从教学实践、专业技能和终身发展等方面提出了中文教师发展的策略，对促进国际中文教师发展，优化教学效果具有实践意义。

关键词：国际中文教师发展；远程教学；教师反思；发展策略

An Empirical Study on Teacher Development for International Chinese Language Distance Education

Xu Liqiang

Research Institute of International Chinese Language Education,
Beijing Language and Culture University

Abstract：Based on the content analysis of the reflection diaries of 91

---

* 本文系教育部人文社会科学重点研究基地重大项目"汉语国际传播资源与推送平台研究、开发与应用"（16JJD740004）阶段性成果；在2022年"新汉学计划"中外博士生国际中文教育专题工作坊宣读并荣获一等奖。衷心感谢教育部中外语言交流合作中心和四川大学主办的本次国际会议，感谢各位专家的宝贵意见和鼓励，感谢导师郑艳群教授的悉心指导。

Chinese language teachers in distance teaching, this study reveals the problems in distance Chinese teaching and puts forward the corresponding teacher development strategies. The study results demonstrate that the issues arising in distance Chinese teaching manifest in three aspects: teacher education, teacher-student communication, and network technology. The results of this study indicate that international Chinese teachers can recognize their shortcomings and are willing to obtain professional development. In order to solve these problems, this manuscript proposes strategies for Chinese teacher development from the aspects of teaching practice, professional skills and lifelong development. The results of this study have practical significance for promoting the development of international Chinese teachers and optimizing the teaching effect.

Keywords: International Chinese language teacher's development; Distance learning; Teaching reflection; Development strategies

一、引言

教师反思是促进教师专业发展的重要途径和手段。在第二语言教师教育领域，对通过教学反思促进教师发展，提高教师教学水平已达成共识（薛笑丛，2000）。反思最早是由杜威于1933年提出的，他认为反思的起点来自"问题的出现"，反思是人们有意识地关注某一问题，并进行反复的、严肃的、持续不断的深思（Dewey，1933）。教师发展的过程就是教师自我反思、自我更新的过程（Doyle，1990）。教师反思有助于发挥教师主体作用，重视教师对教学行为的体验，将成为当代教师发展的主流模式（Wallace，1991）。教师通过反思发现问题，进而分析和解决问题，取得经验，从而提升教学质量和水平，促进自身发展。

教师填写反思日志是一种最常见的教学反思行为（李斑斑、徐锦芬，2011），填写反思日志，记录教学实践中出现的问题，有助于加强教师对自身教学实践的认识，从经验中学习，提出问题，解决问题，提升自己的教学水平（关淑萍，2006）。

科学技术的进步推动了技术增强型语言学习环境的创新，这种以技术为媒介的环境进一步开辟了研究和加强语言学习的途径，推动了国际远程中文教学合作的开展。本研究以 SCOLT（Synchronous Chinese Online Language Teaching）远程中文教学为研究对象，开展基于教师反思的国际中文教师发展的实证研究。由于没有更多可以参考、学习和借鉴的资料，因此本研究以挖掘问题并解决问题为导向，开展反思调查研究，并以此为原则设计教师反思日志问卷。本研究通过收集教师课后反思日志并进行内容分析，探究当前远程中文教学中的问题，给出发展的策略，以为揭示和总结远程中文教学现状和国际中文教师发展现状提供有利的实证支撑，为今后有针对性地开展中文教师专业发展活动提供必要的事实依据。

二、研究设计

（一）研究对象

SCOLT 项目是中国北京语言大学（简称"北语"）与新西兰梅西大学（Massey University）联合设计的远程中文教学项目，以满足个别化教学和提高汉语交际技能为目标。该项目的主要形式是在规定时间内，北语辅导教师为选修梅西大学中文课程的学生提供五次一对一汉语口语训练指导，辅导内容由师生双方共同决定，使用的交流工具是 ZOOM 或 Skype，每次 15 至 20 分钟，并全程录音或录像。

同时，面向远程中文教师师资培养，SCOLT 项目开发和设计了三大课程模块：中文教师课前培训、中文教师教学实习以及中文教师教学研究与反思，旨在促使国际中文教师从教师发展的角度不断地学习、实践和反思，从而提升远程中文教学和研究能力。（郑艳群、White，2021）

（二）数据收集

为了充分了解国际中文教师在远程教学中的经历，促进国际中文教师的发展，在 SCOLT 项目实施过程中，要求教师每次课后借助教学录音、录像复盘教学过程，并根据提供的写作模版填写"课后反思日志"（简称"反思日志"），具体包括以下内容：远程中文教学中的问题、出现问题的原因、采取的行动和理由。

SCOLT项目已成功开展了六个周期,共有93位中文教师参与了该项目,其中既有中文教学经验丰富的优秀教师,也有汉语国际教育专业硕士/博士研究生,共收回91位中文教师的450份日志,约12万字。本研究通过对这些课后反思日志材料开展内容分析来收集数据。

(三) 分析方法

本研究聚焦教师在反思中发现的远程中文教学问题,采用内容分析法对教师的反思日志材料进行分析。具体包括以下步骤:

(1) 对91位中文教师进行编码,如T1表示第1号教师,T88表示第88号教师。

(2) 反复阅读有关"远程中文教学中的问题"的材料,在充分熟悉教师反思日志内容的基础上,从材料中寻找概念类属、提取关键词,并进行概念化处理,最终形成开放编码。例如,从教师的反思日志中提取出"我的语速有些快""语言组织混乱""会话出现了短暂的中断""会话声音听不清"等内容,并将其作为开放编码。

(3) 再次反复阅读材料,对开放编码进行分析,找到并确立各个概念类属之间的联系,自下而上进行归纳,形成主轴编码。例如,将"我的语速有些快""语言组织混乱"编码为"教师话语"的问题;将"会话出现了短暂的中断""会话声音听不清"编码为"网络条件"的问题。

(4) 对主轴编码的各个类属进行审视,通过系统分析在所有已发现的概念类属中归纳出"核心类属",提炼出主题,形成核心编码。例如,将"教学效果""教学实施""教学内容""教师话语""教学设计""外界干扰""课堂管理""教师体态"编码为"教师教学"方面的问题。

三、国际中文教师在远程教学中存在的问题

本研究共提取出380条与"远程中文教学中的问题"相关的条目(含重复编码),具体包括三个方面,按条目数量由多到少依次是教师教学186条(占48.95%)、师生交流159条(占41.84%)、网络技术35条(占9.21%)。

（一）教师教学方面的问题

远程教学中，中文教师对自身教学问题的反思共有186条，具体包括八个方面，按条目数量由多到少依次是：教学效果67条（占17.63%）、教学实施57条（占15.00%）、教学内容24条（占6.32%）、教师话语13条（占3.42%）、教学设计9条（占2.37%）、课堂管理6条（占1.58%）、外界干扰6条（占1.58%）、教师体态4条（占1.05%）。

1. 教学效果

分析结果显示，中文教师在反思日志中提及最多的问题是关于教学效果的问题。56.04%的中文教师在反思日志中提及教学效果不理想。中文教师在远程教学效果方面存在"教学内容没有讲解清楚""学生没有领会所教内容""讲解出现错误""学生所学内容掌握不好""教学节奏混乱"等具体问题。可以看出，很多中文教师对教学效果并不满意，同时此次SCOLT项目在一定程度上帮助中文教师认识到了自身教学上的不足，引发了中文教师在增强知识储备、提高教学能力、学会调整情绪等方面的思考。

2. 教学实施

分析结果显示，43.96%的中文教师在反思日志中提及了教学实施的问题。中文教师在远程教学实施方面存在"教学时间安排不合理""各教学环节任务安排不够清晰""教学方式增加了学生理解的难度""没有根据学生表现及时调整讲解内容""没有及时拓展话题""没有及时给予学生反馈""没有找到讲解所需的图片""不会给汉字加拼音""软件操作（如共享屏幕、录制上课内容）不顺畅""忽视视频呈镜像效果，导致声调笔画和汉字字形呈相反方向"等具体问题。可以看出，中文教师缺乏远程教学经验，还未适应远程环境下的中文教学，其在网络环境下教学时间的掌控、教学环节的安排、教学方式的选择、反馈方式、网络技术的运用等方面的能力还有待增强。

3. 教学内容

分析结果显示，23.08%的中文教师在反思日志中提及了教学内容的问题。中文教师在远程教学内容方面存在"教学内容与学生汉语水平不吻合""教学内容不符合学生的学习需求""教学内容准备不充分"等具体问题。可以看出，由于中文教师不了解学生的中文水平和学习需求，教学内容没有满足学生需求，学生学习的积极性和主动性受到影响。

4. 教师话语

分析结果显示，9.89%的中文教师在反思日志中提及了教师话语的问题。中文教师在远程教学教师话语方面存在"教师语速过快""教师说话啰嗦""教师用语复杂""过多使用媒介语""教师语言组织混乱"等具体问题。可以看出，此次 SCOLT 项目帮助中文教师认识到了自身在语速、语言形式、语言组织等方面的问题。中文教师应高度重视话语能力的提升，为学习者提供具有交际性、示范性和可理解性的目的语输入。

5. 教学设计

分析结果显示，7.69%的中文教师在反思日志中提及了教学设计的问题。中文教师在远程教学设计方面存在"教学内容组织杂乱""教学课件出现练习问题与答案不一致""课件图片与所学词语不对应""课件上没有标出英文翻译导致学生理解有困难""学生不认识或者不熟悉的词语没有做拼音标注"等具体问题。可以看出，部分中文教师在教学设计方面的准备工作不充分：或是内容设置混乱，影响教学；或是课件存在错误，影响学生学习；或是课件制作简单粗糙，没有考虑学生中文水平。中文教师应高度重视远程教学的教学设计，在考虑学生中文水平的基础上，合理安排教学系统中的各个要素，避免出现低级错误。

6. 课堂管理

分析结果显示，5.49%的中文教师在反思日志中提及了课堂管理的问题。中文教师在远程教学课堂管理方面存在"学生无法按规定时间上课""学生迟到或旷课"等具体问题。可以看出，部分学生对此次远程中文教学不够重视，没有提前做好充分的准备，如提前申请网络账户、选择网络条件较好的地点等，甚至有学生出现了迟到或旷课的问题。中文教师必须加强课堂管理，对学生形成一定的约束力，使学生遵守规范，并引导和激励学生主动参与学习。

7. 外界干扰

分析结果显示，6.59%的中文教师在反思日志中提及了外界干扰的问题。中文教师在远程教学外界干扰方面存在"背景声音过大""手机突然来电""他人闯入""发生地震"等具体问题。可以看出，由于教师对可预料事件的准备不够充分（如没有提前将手机设成静音模式或关机等），以及不可预料事件的发生（如地震等），使得远程中文教学受到了外界干扰，影响了教师教学。中文教师应提高随机应变的能力，尽可能减少外界因素对教学的影响。

8. 教师体态

分析结果显示，4.40%的中文教师在反思日志中提及了教师体态的问题。中文教师在远程教学教师体态方面存在"教师面部表情过于夸张""教师眼神飘忽不定""教师小动作过多"等具体问题。可以看出，中文教师还未适应信息技术环境下的中文教学，视频会话时出现不良的举止。此次SCOLT项目使中文教师在一定程度上意识到了远程教学过程中教师体态规范的重要性。

（二）师生交流方面的问题

远程教学中，中文教师对师生交流问题的反思共有159条，具体包括三个方面，按条目数量由多到少依次是交流效果78条（占20.53%）、意义协商71条（占18.68%）、交流话题10条（占2.63%）。

1. 交流效果

分析结果显示，53.85%的中文教师在反思日志中提及了交流效果的问题。中文教师在远程教学交流效果方面存在"师生交流不够顺畅""交流氛围单调乏味""学生表达机会较少""经常出现教师抢话的情况""学生的中文表达水平有限""学生语言出现偏误""学生表现出一种不耐烦的情绪"等具体问题。可以看出，教师的语言交际能力、学生的汉语水平和网络条件等，都会对交流效果产生影响，中文教师的语言交际能力和及时恰当的教学处理能力，对创造互相尊重、平等合作的教学氛围，实现真实而有意义的交流至关重要。

2. 意义协商

分析结果显示，52.75%的中文教师在反思日志中提及了意义协商的问题。中文教师在远程教学意义协商方面存在"教师没有理解学生话语""学生不理解教师话语""意义理解存在偏差引起互相猜测"等具体问题。可以看出，在远程教学过程中，由于中文教师自身外语知识储备不够、话语复杂、教学经验不足，以及学生中文水平有待提升等原因，师生交流在意义协商方面存在不足，在一定程度上影响了学生语言交际能力的提升。

3. 交流话题

分析结果显示,10.99％的中文教师在反思日志中提及了交流话题的问题。中文教师在远程教学交流话题方面存在"学生对交流内容不感兴趣""交流内容涉及学生隐私引发学生不满""交流内容偏离会话主题"等具体问题。可以看出,在远程教学过程中,由于中文教师对学生了解不够、缺乏远程中文教学经验、跨文化知识储备不足等原因,话题的选择与交流出现了一些问题,同时在交流过程中未能聚焦语言教学的任务,将过度放开的聊天场面收拢回来,影响了师生交流效果,削弱了学生的积极性。

(三)网络技术方面的问题

远程教学中,中文教师对网络技术问题的反思共有 35 条,具体包括两个方面,按条目数量由多到少依次是网络条件 27 条(占 7.11％)、交流工具 8 条(占 2.11％)。

1. 网络条件

分析结果显示,24.18％的中文教师在反思日志中提及了网络条件的问题。中文教师在远程教学网络条件方面存在"会话突然中断""会话声音听不清""会话断断续续""视频画面卡顿或有延迟"等具体问题。可以看出,网络条件直接影响教学的顺利进行和教师的教学效果,对于远程教学的开展而言,提前选择网络条件较好的上课地点,准备好网络条件不佳时的应对方案十分必要。

2. 交流工具

分析结果显示,6.59％的中文教师在反思日志中提及了交流工具的问题。中文教师在远程教学交流工具方面存在"电脑没电""无法共享屏幕""视频会话界面消失"等具体问题。可以看出,通信设备(如电脑、耳机等)和通信软件(如 Zoom、Skype 等)问题对师生远程交流产生了一定的影响。中文教师应提前做好充分准备,如给电脑充满电、提前熟悉软件功能(如共享屏幕)等,同时做好应对突发情况的预案。

四、国际中文教师发展策略

探究国际中文教师远程教学中存在的问题,了解国际中文教师发展现状,是实现国际中文教师发展的前提。本研究对 91 位中文教师填写的"课后反思日志"进行内容分析,归纳和总结了中文教师在远程教学中遇到的问题,统计结果如图 1 所示。

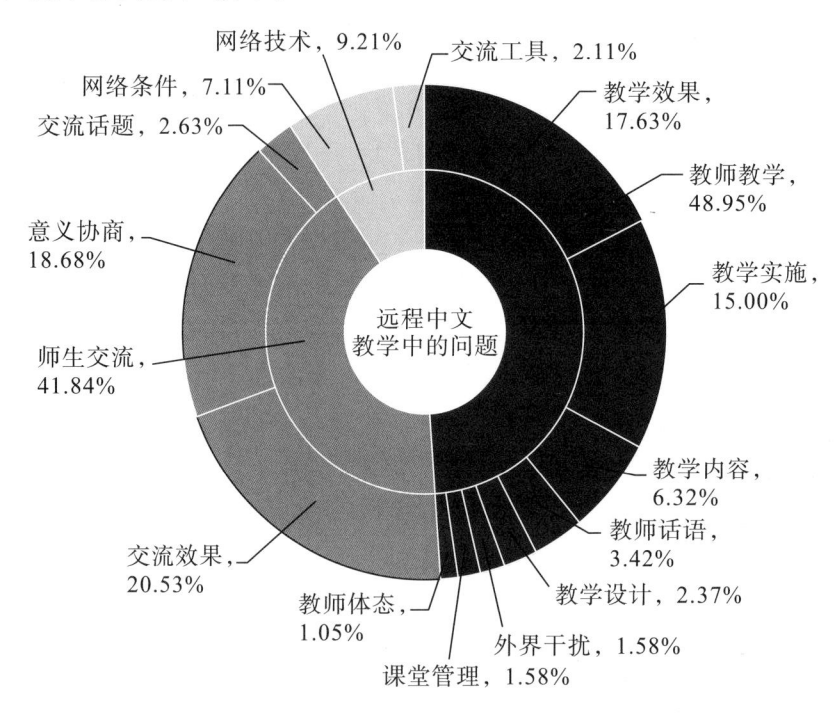

图 1 基于教师反思的远程中文教学中存在的问题统计图

针对上述结果,本研究从以下三个方面提出了促进国际中文教师发展的策略。

(一)教学实践:全方位提升远程教学能力

远程教学的发展对教师应具备的专门技能提出了要求(White & Zheng, 2018)。由图 1 可知,教师教学方面的问题是远程中文教学中最主要的问题,其中教学效果的问题最为突出(占比为 17.63%)。然而,教学效果与教师的教学能力密切相关。教学的设计安排、教学内容的选择、教师话语的运用和教学实施的策略是教师教学能力的重要体现(合计占比为 27.11%)。虽然教学设计、教学内容和教师话语方面的问题反思远少于教学实施,但这并不意味着教学设计、教学内容和教师话语的问题就很少,有可能是教师受自身思维和知识的局限,尚未充分认识到这些方面的重要性。远程教学的教学设计比普通面授教学的难度更大，这是因为教学条件和教学设施，以及学生的年龄、职业和知识基础等因素存在较大差异，远程教学设计要更明确、更具体、更具可操作性（谢新观，1999）。同时，教学内容是教师教学与学生学习相互作用过程中传递的主要信息，是教师教学与学生学习的来源和基础。第二语言教学中的教师话语不仅具有交际性，而且具有示范性，是学习者获得可理解性目的语输入的主要来源（周军平，2006）。因此，重视教学设计、教学内容和教师话语十分必要。

与此同时，教师在课堂管理、外界干扰和教师体态等方面也存在一定的问题（合计占比4.21%）。在网络环境中开展语言训练，通常缺乏面授教学和集体学习环境下相互促进的竞争和约束机制，学生一旦遇到困难，很容易降低主动性和积极性。尤其是语言学习，课堂管理问题更加突出（郑艳群，2012）。此外，在远程中文教学中，教学涉及的不确定因素增加，势必会出现更多的突发状况，教学过程也更容易受到外界干扰。教师体态对学生的体态也会产生直接的影响，教师面部表情、眼神动作在中文教学中具有重要的调适作用，有助于增强学生的直观认识和感性体验，达到最佳的学习效果，提高语言教学成效（王添淼，2010）。总之，教学是一个复杂的动态系统，教学系统中的各个因素都会对教学效果产生影响，因而对教师教学能力提出了更高的要求。国际中文教师必须高度重视远程教学能力的全方位提升，适应完全依赖信息技术的远程教学环境，例如在最短时间内充分了解学习者，能够根据学生的性格、需求、兴趣和中文水平等选择合适的教学内容，优化教学设计，转变教学方式，加强课堂管理，提高随机应变的能力，恰当运用教师话语，规范使用教师体态语，从而改善远程中文教学效果。

（二）专业技能：不断增强语言教育能力

《教师语言教育能力指南》（A Guide to Teacher Competences for Languages in Education，2019）将语言交际能力看作一种横向能力（transversal competence），贯穿教师语言教育能力的各个维度，分为"语言交际使用的关键部分""跨文化交际能力""整合不同的交际方式"三个方面（王添淼、刘薇、赵扬，2022）。由图1可知，师生交流的问题也是远程中文教学中遇到的重要问题。其中，交流效果和意义协商两个方面的问题较为突出（合计占比为39.21%）。方文礼（2005）指出，学生语言的交际能力的形成和培养实质上是一个隐性的意义协商过程。SCOLT远程中文教学以满足个别化教学和提高汉语交际技能为目标,强调真实而有意义的交流,将语言学习建立在师生信息交流和情感交流需求的基础之上。因此,意义协商的质量和学生的情绪情感是影响师生交流效果的重要因素。

与此同时,教师在交流话题方面也存在一定的问题(占比为2.63%)。虽然该问题比例较低,但是话题的选择是师生交流的前提和基础,是调动学生能动性的重要条件。在语言教学中,教师要有目的地引导学生走出文化禁忌的雷区,安全顺利地运用所学的语言,达到交际目的(崔希亮,1992)。总之,国际中文教师在了解中华文化的同时,应该了解世界文化的多样性,尊重不同文化,加强对语言和文化的理解,丰富跨文化交际知识,运用不同策略有效地进行跨文化交际,提升自身跨文化交际能力,从而不断增强语言教育能力,充分调动学生的情绪情感,避免在一对一教学中出现尴尬、单调和乏味的氛围。

(三)终身发展:重视提高个人信息素养

高度依赖网络环境的远程中文教学特别强调教师的信息素养,它是国际中文教师的必备能力,直接关系到教学水平和研究水平,决定着教师自身的竞争能力和生存能力(郑艳群,2012)。由图1可知,中文教师在远程教学中遇到了一些网络技术方面的问题。其中,网络条件的问题较为突出(占比为7.11%)。互联网技术的不断发展为远程教学的实施创造了条件,网络条件的好坏会对远程中文教学能否顺利进行产生一定的影响。

与此同时,交流工具方面也存在问题(占比为2.11%)。交流工具是师生进行交际的基础和手段。这就要求我们能够在国际环境的大背景下对中外网络速度的具体情况、实时交流工具的功能应用、交互式白板技术的发展和网络信息资源的整合情况进行研究,并根据这些调查和研究,为课程时间的安排和交流工具功能的最佳利用等提供相应指导(晏响玲、郑艳群,2014)。总之,国际中文教师应不断提高个人信息素养,提升信息化教学的意识,增强信息技术知识的储备,了解常用信息技术操作,熟悉交流工具,做好充分的课前准备,主动适应信息时代教学方式的发展和变化。

五、结语

本研究采用内容分析法,通过教师反思日志对国际中文教师在远程教学中遇到的问题进行深入调研,提出了国际中文教师发展策略。本研究发现,在远程教学中,中文教师在教师教学、师生交流和网络技术方面存在问题,其中教师教学问题是远程中文教学中最主要的问题。这说明中文教师能够认识到自身的不足,渴望获得专业发展。今后,国际中文教师应从远程教学能力、语言教育能力和信息素养等多个方面进一步提升自己。这与最新发布的《国际中文教师专业能力标准》中对国际中文教师专业能力的要求相一致,即强调以学习者为中心的理念,强调教师终身发展,突出教师跨文化交际能力与数字技术应用能力相一致。

信息技术的发展推动了国际中文教学资源配置趋向国际化,促进了国际中文教育的国际化交流与合作,为远程中文教学的开展与实施提供了便利。本研究有助于促进未来国际中文教师的培养和培训,推动教师的专业发展,从而改善远程教学效果,扩大国际中文教育的影响力,使这种国际化合作的教学模式惠及更多的中文学习者。

参考文献:

崔希亮. 语言交际能力与话语的会话含义 [J]. 语言教学与研究,1992(2):97-113.

方文礼. 意义协商与外语焦点式任务型教学 [J]. 外语与外语教学,2005(1):23-27.

关淑萍. 谈教学反思能力在促进教师专业化过程中的意义 [J]. 教育与职业,2006(9):98-100.

李斑斑,徐锦芬. 中国高校英语教师反思量表构建 [J]. 现代外语,2011,34(4):405-412.

王添淼. 对外汉语教学中教师体态语的运用 [J]. 汉语学习,2010(6):98-103.

王添淼,刘薇,赵杨. 欧洲《教师语言教育能力指南》及对国际中文教师标准的启示 [J]. 汉语学习,2022(1):77-84.

谢新观. 远距离开放教育词典 [M]. 北京:中央广播电视大学出版社,1999.

薛笑丛. 反思教学及其在外语教学中的应用 [J]. 外语界,2000(4):17-19.

晏响玲,郑艳群. 在线师生一对一汉语教学的特点及相关问题 [J]. 汉语应用语言学研究,2014(0):88-97.

郑艳群. 对外汉语教育技术概论 [M]. 北京:商务印书馆,2012.

郑艳群,WHITE C. 远程中文教学与师资培养一体化方案设计与实践——兼论SCOLT一对一远程辅导总体方案设计 [J]. 国际中文教育(中英文),2021,6(1):31-39.

周军平. 教师话语与第二语言习得 [J]. 外语教学,2006(3):69-73.

DEWEY J. How to think [M]. Michigan:The University of Michigan Press,1933.

DOYLE, W. Classroom knowledge as a foundation for teaching [J]. Teachers college record, 1990, 91 (3): 347-360.

WALLACE M. Training foreign language teachers: A reflective approach [M]. Cambridge: Cambridge University Press, 1991.

WHITE C, ZHENG Y. Editorial [J]. Innovation in language learning and teaching, 2018, 12 (1): 1-5.

WHITE C, ZHENG Y, SKYRME G. PPTELL issue: Developing a model for investigating one-to-one synchronous Chinese online language teaching via videoconferencing [J]. Computer assisted language learning, 2020 (2): 1-22.

作者简介：

　　许丽嫱，北京语言大学国际中文教育研究院博士研究生，主要研究方向为国际中文教育、第二语言教育技术。

论"把"字句宾语属性明确性与焦点的关系

郭昕慈[1]　陈思齐[2]　周　巧[3]

1　四川大学文学与新闻学院　2　韩国外国语大学中语中文系
3　云南民族大学文学与传媒学院

摘　要：学界针对"把"字句宾语的研究越来越丰富，无定宾语的"把"字句例子也被提及得越来越多。本文在前人研究的基础上，通过对语言材料的描写，从"把"字句宾语属性明确性与"把"字结构中的焦点指向问题出发，重新讨论"把"字句结构中宾语的性质，得出以下结论："把"字句中说话者想要向听话者强调的"焦点"对"把"字后面宾语属性的明确性有要求；宾语的属性明确性也作用于"焦点"的指向。结论可以为今后的"把"字句教学提供一些思考。

关键词："把"字句；宾语；焦点；语境

On the Relation between the Object Attribute Definiteness and the Focus of the "bǎ-sentence"

Hsin-Tzu Kuo[1]　Chen Siqi[2]　Zhou Qiao[3]

1　School of Literature and Journalism, Sichuan University
2　Department of Chinese Language and Literature, Hankuk University of Foreign Studies
3　School of Literature and Communication, Yunnan Minzu University

Abstract：Recently, studies on the object of the "bǎ-sentence" has become more abundant, and it has been mentioned more and more that the object can also be indefinite. On the basis of previous studies, this paper discusses the nature of the object in the structure of the "bǎ-sentence" from the point of view of the definiteness of the object attribute and the direction of the "focus" in the construction of the "bǎ-sentence". The following conclusions are drawn: (1) The focus that the speaker wants to emphasize to the listener has an impact on the clarity of the object attribute after the character "bǎ"; (2) The categorical clarity of the object also acts on the direction of the "focus". The conclusion of this paper hopes to provide some thoughts for the future teachings of the "bǎ-sentence".

Keywords: "bǎ-sentence"; Object; Focus; Context

一、引言

"把"字句作为汉语的常用句式，几十年来不仅是汉语语言学者们研究和探讨的重点，也是国际汉语教学领域研究的重点。"把"字句中，关于宾语①的性质及使用条件和限制等问题一直争论不休。目前，不少汉语教材在对"把"字句宾语的特点进行归纳时会提出，"把"字句中的宾语一般来说是有定的，至少在意念上是有定的、已知的人或者事物；它们往往有一定的标志，可以有"这""那"等指示代词或其他修饰语修饰，也可以是专有名词、泛指或周遍性事物。②而随着对"把"字句研究的深入，不难发现在实际的语料中，"把"字句中的宾语不一定是有定的，也可以是无定的，且这些句子还不占少数。例如，"他把一个孩子撞到了"中"一个孩子"就是无定的。

我们必须承认，无论是现实生活中，还是各专家学者对"把"字句宾语的相关研究中，无定的宾语并不占少数。若我们继续把这些无定的例子看作"少数"或者"例外"就显得很牵强。当然，关于"把"字句宾语一般来说是有定的这一观点既存在，也是主流，体现了"把"字句的处置义，以区别

---

① 本文所提到的宾语指句中"把"作为介词后带的宾语。
② 此处说明参照《现代汉语》（增订六版）、《新编现代汉语》（第二版）等教材。详见《现代汉语（增订6版）》（黄伯荣、廖序东，高等教育出版社，2017）91—93页；《新编现代汉语（第二版）》（张斌，复旦大学出版社，2008）408—413页。

于其他句式的特点。但从国际汉语教学的角度来讲,强调宾语是否"有定"到底符不符合"把"字句教学的实际情况呢?留学生在习得的过程中是否真能意识到"有定"和"处置义"的关系呢?在学习的过程中难免会遇到"无定"式的句子,只强调"有定"的语法解释是否会使学习者产生困扰呢?基于此,我们认为需要重新审视"把"字结构宾语的性质。本文从本体研究出发,以"把"字句宾语明确性和焦点问题为切入点,重新探讨"把"字句宾语的性质,以期为今后的"把"字句教学提供一些思路。

二、"把"字句宾语和焦点的研究综述

(一)"把"字句宾语的相关研究

关于"把"字的宾语是否都是"有定"的问题,最初吕叔湘在《中国文法要略》[①]一书中就曾提出,"把"字句的动词必须有行动义,且宾语不能是无定的,这一观点得到当时很多学者赞同。当时的学界也普遍认为,"把"字句中"把"所带的宾语是被处置的对象,是有定的。但不久之后,"把"字宾语"无定"的情况就被注意到。王还(1959)提出,"把"字句中大多数宾语是有定的,但也有少数是无定的。而后,王还(1985)对之前的观点进行了解释和修正。他提出,"把"的宾语可以有三种:确指的、泛指的和专指的。之后,对"无定"的研究也越来越多。陶红印、张伯江(2000)专门就无定的"把"字句进行了探讨,提出宾语是无定的句子"把"字后面的名词一般都带"一个"或"个",在形式上是无定的,可称为无定式"把"字句。这一观点提出后,不少学者把无定式"把"字句的着眼点放在了"把+(一)量名"的结构上。如储泽祥(2010)对无定式"把"字句后接"一量名"的存在理据和语用价值做了分析,列举了常用的无定式"把"字句的结构形式。他提到,"把"字句的宾语如果是光杆名词,宾语的有定与无定可以由语境决定。而后,俞志强(2011)否定了过分强调从有定和无定的角度来研究"把"字句宾语的观点,他认为不能笼统地说"把"字句的宾

[①] 详见《中国文法要略》(吕叔湘,商务印书馆,2014)第49—50页。此处参考的是2014年版本。原版最早应为1942年由商务印书馆出版的版本,根据书中凡例可知新版书籍原则上对原文没有修改(修改部分会有特殊说明)。因此,我们把这本书上面所提到的有关"把"字的宾语是否"有定"的叙述看作最早提出的,这也是学界的普遍看法。

语大多情况下是有定的，而将无定当作例外。他提出，受语境影响，有定和无定不是完全对立的观点，应从宾语属性明确性的角度来阐述宾语是"有定无定""定指不定指""可及性"等概念上的更新。他还指出，过度研究"把"字句宾语是否"有定"会导致诸多矛盾，他开辟了一条新的思路，即从宾语属性明确性的高低与语境的明确性是否匹配这个角度对"把"字句的宾语展开研究。朱庆祥（2019）从信息互动的角度进行探讨，认为目前学界对"把"字句宾语的信息新旧倾向有一个基本的共识，即"把"字句的宾语主要是传递旧信息，但也可以传递新信息。当然，这里并不是说有定的宾语就是旧信息，而"（一）量名"的结构一定是新信息。他提出，"把"字句中宾语意义上的有定是成立的，持意义上的倾向有定观比取消有定观更加合适。

（二）"焦点"以及"把"字句焦点的研究

我们意识到，从语境的角度继续探讨"把"字句的宾语属性很有必要。对于语境，有一个重要的概念就是"焦点"。刘丹青、徐烈炯（1998）提到，"焦点"是语言学中的一个重要概念，跟语用学、篇章语言学、句法学、音系学等都有关系，在国际上十分常用，在国内也逐渐用开。近些年，有不少学者将"焦点"的概念引入汉语研究。关于其定义，孟艳丽（2000）提出，焦点是一个句子语义表达中心所在，有广义与狭义之分。广义的焦点指在语境句里说话人所强调的重点。狭义的焦点指的是直陈句所传递的新信息的核心、重点，一般位于句末的实词上。金立鑫（2007）综合国外学者的研究，将焦点分为信息焦点、对比焦点、语义焦点和话题焦点。他认为，从说话人的角度来看，焦点是说话人试图传递给听话人、希望引起听话人关注的部分，说话人认为这个需要突出的部分是比较重要的。这种重要的信息可以是新信息，也可以是旧信息。夏全胜、蒙紫妍、吴曦淼（2019）提到，信息焦点仅表示新信息，语义焦点既包含新信息，又包含旧信息，且通常需要语音手段来凸显。

"焦点"的概念也被运用到"把"字句的研究中。范开泰（1985）认为，介词"把"把原来的宾语提到动词前，使动词的补语处在句末，作为表达上的重点，这可以看作支持把"焦点"放在补语处的观点。孟艳丽（2000）认为焦点有广义和狭义之分，从狭义上看，"把"字句的宾语不可能是焦点，原因之一是焦点应该是新信息的核心和重点，而非已知信息。她认为"焦点"应为宾语后面的成分。而徐杰、李英哲（1993）认为，"把"字所引进的名词词组较容易成为焦点成分，这个名词词组本来的深层位置是在动词之后，表层上它没留在原位置而移动到动词之前，原因可能有两个，一个是某种句法规则的要求，另一个是为了强调焦点的需要。由此可见，学者们对"把"字句中焦点的研究，着眼点不一，看法也不一。这其实是由各学者对"焦点"概念的界定不同所致。

本文采用广义上"焦点"的概念，以作用于我们的研究。我们对"焦点"的定义为，焦点是主观上说话人应该要传递给听话人，或者希望引起听话人注意的部分，既可以是新信息，也可以是旧信息，但一定是当下语境中不可缺少的部分。若改变这个部分的内容会影响双方的信息传达。这里我们需要强调，本文中所提到的焦点都不是指整个句子的焦点，而是"把"字结构中的焦点。

结合前人研究的主要成果，本文从宾语属性明确性的角度探讨"把"字句结构在语境中焦点的指向问题。

三、宾语明确性与焦点的关系

有关宾语属性明确性，陈平（1987）曾提到，一般性的定语成分，限定性越强、越具体，该名词性成分的指定性就越强，这也是语言学中的一个普遍认知。俞志强（2011）提到，除了少数专有名词外，多数名词或多或少存在一些"无定"的因素。据此，他认为除了专有名词、特定语法位置上的光杆名词和周遍性名词之外，"把"字句中"把"的宾语属性的明确性可以通过在前面加上修饰语来实现。他把宾语属性明确性按照从高到低的顺序进行排列如下：

有指定性且修饰语长的＞有指定性且修饰语短的＞有指定性且无修饰语的＞无指定性且修饰语长的＞无指定性且修饰语短的＞无指定性且无修饰语的。

以上排列表明，宾语指定性越强且修饰成分越长，则宾语属性明确性越高。反之，宾语属性明确性就越低。本文参照此标准讨论"把"字句结构中宾语明确性和焦点的关系。

新汉学专栏

（一）属性明确性高时的焦点指向

句子中焦点的位置往往会影响句子意义的表达，"把"字句也如此。当"把"字句结构中焦点位于宾语位置时，该宾语就必须是明确性高的宾语，这样才能够满足高要求的语境，不然句子就可能不合法。例如：

例① 把那些爱情小说给我收起来，从今天起开始练习打字，一个礼拜之内把这本书给我打完。（青梅弄竹马 A：芄羽 Y：1997）①

例② 我回去就将我的书寄给你，你也把你的书寄给我。（城与夜 A：乔雪竹 Y：UN）

例③ 她边说边哭，把一张尚未卸妆的脸蛋哭成五颜六色的大花脸。（最佳女婿俏千金 A：杨晓静 Y：1996）

例④ 当妻子知道丈夫早已死去的真相以后，有没有把这个孩子生下来？（夜半笛声 A：蔡骏 Y：2003）

上面的例子中，"这本书""你的书""尚未卸妆的脸蛋""这个孩子"都可以看作焦点。即，说话者向听话者提供了新的或者重要的语义信息，且都是说话者应该向听话者强调的部分。这里需要解释的是，焦点既然是主观上说话人应该要传递给听话人或者希望引起听话人注意的部分，那么焦点的主观性就必须承认。上面举出的"这本书""你的书""尚未卸妆的脸蛋""这个孩子"都可以看作焦点的解释，是具有主观性的。我们不妨认为这些"焦点"正是主观上说话人应该要传递给听话人或者希望引起听话人注意的部分。可以是新信息，也可以是旧信息，是该语境中不可缺少的部分，否则会影响双方的信息传达。

上面的例子中，"把"字的宾语是有定的成分（如例①、例②和例④），说明在结构中宾语是双方都已知的被处置对象，是当下语境中不可随意替换的部分。要不然，我们就不清楚具体"要打完什么""要寄什么""生下谁"了。而当宾语为"一量名"的形式时（如例③），一般会加上一些必要的修饰成分让它变得更"有定"。相反，若我们用删除法把例③的修饰部分删除，句子可能就不那么自然：

---

① 本文的语料均出自 BCC 语料库以及各学者研究中所出现的语料。其中，出自 BCC 语料库的语料都用括号进行了标注；出自其他学者研究的语料在文中均有说明。其他例句中未特别标注的语料为本文改写的语料。

例⑤ 她边说边哭，把一张脸蛋哭成五颜六色的大花脸。

在这个句子中，我们当然也可以认为结果"五颜六色的大花脸"才是焦点。这正体现了"焦点"的主观性。但是，从语义的角度来看，"尚未卸妆的脸蛋"是一个必要前提，也能够成为说话者应该要强调的部分。因为"五颜六色的大花脸"可以由很多原因导致，其原因"尚未卸妆"应该被强调，要不然怎么能哭成"五颜六色的大花脸"呢？通过以上分析我们不难发现，当"把"字句中焦点位于宾语位置时，该宾语不能是无指定性、无修饰语的。即，该宾语的明确性必须比较高，否则就不能很好地传达想要表达的语义了。

我们还可以用替换法对例④进行改写，更能够解释这个问题：

例⑥* 当妻子知道丈夫早已死去的真相以后，有没有把一个孩子生下来？

例⑦* 当妻子知道丈夫早已死去的真相以后，有没有把一个胖乎乎的孩子生下来？

我们不难发现，例④中，"这个孩子"是语义的焦点，而且我们通过上文可以默认"孩子"是这个"妻子"和"丈夫"所生的，不会出现其他的情况，那么我们就需要明确性高的宾语。这时，把"这个孩子"换成"孩子"也可以，因为我们已经默认了这个"孩子"是谁的。而我们用"一量名"的结构，即使加上修饰语也是不合法的。

若宾语为一个专有名词，或是特定语法位置上的光杆名词，就没有必要加上过多的修饰成分。

例⑧ 两个月时间，把一本《说文解字》重新断句，合上书本的时候，有一种如释重负的感觉。（微博）

这个例句中，"《说文解字》"显然是一个专有名词，指的就是"东汉许慎所著的文字学著作"，而非其他著作。我们来看以下替换：

例⑨ 两个月时间，把《说文解字》重新断句，合上书本的时候，有一种如释重负的感觉。

例⑩ 两个月时间，把东汉许慎所著的文字学著作——《说文解字》重新断句，合上书本的时候，有一种如释重负的感觉。

例⑨和例⑩的区别在于"《说文解字》"的前面是否有修饰成分。我们可

新汉学专栏

以看到,这两个句子都是合法的。由于《说文解字》本来就是一个专有名词,它直接代表了"东汉许慎所著的文字学著作"这个说明概念,已经具有很高的明确性了。因此,我们即使不需要修饰语,也能够很好地理解句子表达的意思。

以上例句中我们都可以把宾语看作焦点,这时我们需要宾语的属性明确性高才能符合俞志强(2011)提到的高要求语境的条件。由此,我们可以证明"把"字句的宾语属性明确性会受其语用功能的影响。当宾语具有"把"字句结构焦点的功能时,就需要其属性明确性高。

(二)属性明确性低时的焦点指向

综上,当"把"字句结构中焦点的位置位于宾语位置时,该宾语必须是明确性高的宾语才能够满足高要求的语境。反之,我们就需要讨论宾语属性明确性低和低要求语境的情况。

俞志强(2011)把宾语明确性低和低要求语境分为不留神、失手,听者不在场,宾语细小,从句从轻,信息填补和诧异状态几个方面。这很好地解释了低要求语境的条件,即若属于以上几类,则我们可以将句子看作低要求语境,那么在句子中对宾语明确性要求就低。但我们似乎也可以从另外的角度进行探讨。我们认为,当句子的焦点不仅仅是宾语,而是整个事件时,为低语境要求。我们分别用俞志强(2011)的例子来进行对比。

例⑪ 昨天晚上吃鸭脖子的时候,我不小心把一根很粗的骨头吞下去了。怎么办?(不留神、失手)

例⑫ 她在国外学习期间,曾经把一只小猫当自己最好的朋友看待。(听者不在场)

例⑬ 坏了,我把几个小虫炒在客人的菜里了。(宾语细小)

例⑭ 她把一片树叶含在嘴里,悠悠地在花园里漫步。(从句从轻)

例⑮ 那个外国战犯关了八年,可是因为政策,大家只好无奈地把一个犯了死罪的人放了出去。(信息填补)

这些例句"一量名"结构是弱读的。这时,"把"字句结构的焦点一般不会看作宾语本身而是整个事件。我们能够清楚地看出,"把一根很粗的骨头吞下去""把一只小猫当自己最好的朋友看待""把几个小虫炒在客人的菜里""把一片树叶含在嘴里""把一个犯了死罪的人放了出去"这些成分使我们注意的是整个事件,在这样的句子中我们并不关心到底是哪根"骨头"、哪只"猫"、哪几个"小虫"、哪片"树叶"和哪个"犯人"。

(三) 焦点指向的变化

为了解释焦点指向的变化,我们可以将明确性高的结构放入上面的例句中进行对比。如:

例⑯ 昨天晚上吃鸭脖子的时候,我不小心把这根很粗的骨头吞下去了。怎么办?

例⑰ 她在国外学习期间,曾经把这只小猫当自己最好的朋友看待。

例⑱ 坏了,我把这几个小虫炒在客人的菜里了。

例⑲ 她把这片树叶含在嘴里,悠悠地在花园里漫步。

例⑳ 那个外国战犯关了八年,可是因为政策,大家只好无奈地把这个犯了死罪的人放了出去。

对于替换后的句子,我们把重点聚焦到了具体的某根"骨头"、某只"小猫"、某几个"小虫"、某个"犯人"。也就是说,当句子的焦点是整个事件时,就是低要求语境,我们不需要要求宾语属性明确性一定要高;而当我们的宾语属性明确性变高时,句子的焦点也发生了变化。

对俞志强(2011)提到的诧异状态,我们却不能随意进行以上的修改:

例㉑ 他曾经竟然把一条小蛇活活地吞了下去。(诧异状态)

例㉒ 他曾经竟然把这条小蛇活活地吞了下去。

这个问题出在,例㉒的语义解释不通。若"他"真的把一条"小蛇"吞进肚子里,那么这条小蛇的原貌我们是很难再见到的,即我们不可能做到把"小蛇"看作一个"有定"的宾语,这句话的重点只能在这个事件上,而不是宾语本身。

四、讨论

(一) 明确性高低与焦点指向变化

我们用更简单的例子继续分析。我们先来看储泽祥(2010)的例子:

例㉓　a. 他买了一辆车。　　　　b. *他把一辆车买了。

例㉔　a. 他卖了一辆车。　　　　b. 他把一辆车卖了。

储泽祥（2010）认为，用无定式"把"字句来"首现"一辆车，必须满足"＋说话人已知，－听话人已知"的条件。在上面两个句子里，动词"买"的车是无限的，而"卖"的车一定是车主"他"的。因此例㉓不能说而例㉔能说。这样的解释很能够说明问题，而且也更好地区分了"买"和"卖"这对反义词在语义特征上面的差异。但是，若我们换动词的话，似乎就很难解释下面的句子了。

例㉕　把一个苹果丢在地上。（苏菲的世界A：乔斯坦·贾德Y：1999）

例㉖　于是他把一个苹果放在了屋顶上。（微博）

显然，同样可以看作反义词的"丢"和"放"与上面的情况就不一样。我们先来看例㉓和例㉔，当我们使用"把"字句时，由于动词的语义特征不同，句子的焦点也不同。动词"买"在听话人不知道"买"的是具体什么东西时，"把"字句应该着眼于"买"的东西才能够传达语义。如果只关注事件本身的话，我们一般会用主谓宾句式，即"他买了一辆车"。因此，我们如果需要使用"把"字句，那么就需要使宾语属性的明确性提高。如果我们换成以下几种表达，句子就可以是合法的：

例㉗　他把一辆最近很火的车买了。

例㉘　他把这辆车买了。

例㉙　他把车买了。

例㉗中"一辆最近很火的车"显然比"一辆车"更"有定"，这个句子似乎就能说。换句话说，至少不能算完全不合法的句子。而当例㉘中"车"变成"这辆车"时，说明听话者和说话者都已知是什么车，这时句子就是合法的。而例㉙中，车不是具体指某一辆车，而是"车"的统称，也是合法的。即，在这类句子中，焦点只能是宾语而不是整个事件，因为说话者在"＋说话人已知，－听话人已知"的条件下，"一辆车"必须作为一个新信息出现，也就必须是句子的焦点。但是例㉔就不同。"卖"的语义说明"＋说话人已知，＋听话人已知"。因为"他"自己拥有的车是有限的，这里的"一辆车"指的是车主所有车里面的一辆。在这个条件下，焦点可以是宾语本身，也可以是整个事件。当焦点是整个事件时，对宾语属性的明确性要求就不是那么高。反之，若是句子的宾语明确性高的话，句子的焦点又落在宾语本身了。如：

例㉚　他把一辆他最喜欢的车卖了。
例㉛　他把这辆车卖了。
例㉜　他把车卖了。

例㉚中"车"被更多的修饰成分所修饰，这就使得焦点落在了"哪一辆车"上面。而例㉛同理，"这辆车"是定指的，那么焦点也不是整个事件，而是强调"这辆车"。例㉜和例㉛不同，这里的"车"可能指的是车主拥有的所有的车，即"他把他所有的车卖了"，也可以指车主拥有的其中一辆车。

综上，例㉚、例㉛、例㉜和例㉔在语义上有很大的差异。动词"买"和"卖"语义上对宾语明确性的要求不同，使得例㉔的宾语明确性必须提高才能使用"把"字句。

我们再来看例㉕和例㉖。例㉕和例㉖中"一个苹果"都属于宾语属性明确性不高的成分，这时句子的语义和下面两例经过替换的语义不一样。我们把属性明确性不高的"一个苹果"替换为属性明确性高的"这个苹果"，结果如下：

例㉝　把这个苹果丢在地上。
例㉞　于是他把这个苹果放在了屋顶上。

我们结合例㉕和例㉖来看，可以很明显地感受到焦点指向的变化。例㉕和例㉖中"把"字句结构的焦点可以看作整个事件，因为动词"丢"和"放"与"买"和"卖"的差异并不一样。这时我们注意到的焦点是整个事件，而非宾语本身。当宾语明确性变高时，焦点才指向宾语本身。

（二）从对外汉语教材编写情况的角度思考"把"字句教学

除了以上对"把"字句本体研究的讨论之外，为了能够着眼于国际汉语教学研究，我们选用一些目前被广泛使用的汉语教材对"把"字句的编写情况进行分析。

国内对外汉语本科系列教材《汉语教程（第二册下）》（杨寄洲，北京语言大学出版社，2006）在解释"把"字句时提到，"把"字句表达通过动作使某确定事物（"把"的宾语）发生某种变化或产生某种结果。同时也提到，

"把"的宾语必须是特指的。教材给出的例句如下：

例㉟　你把昨天的作业做完了吗？
例㊱　你把护照和机票给我。

教材中明确指出在没有"这""那"或其他指示代词的"明指"情况下，"把"字句的宾语必须符合在语境中听话人已知说话人所指的"暗指"要求。这本教材在讲解时，避开了对无定"把"字句的说明。

《当代中文》（吴中伟，华语教学出版社，2010）一书中，讲解"把"字句宾语时，也明确提到宾语是"限定的"。教材给出的例句如下：

例㊲　*我把一本词典买来了。
例㊳　我把词典买来了。
例㊴　我把那本词典买来了。

教材中指出例㊲是不合法的。只有听话者已知说话者所指的，如例㊳，以及有指示代词"那"的例㊴才符合"把"字句的语法规则。这本教材虽然给出了不合法的例句，但是如上面讨论部分提到的例㉓和例㉔一样，没有具体解释动词"买"和"卖"的语义差异的话，很有可能对学习者习得造成困扰。如：

例㊵　我把一本词典卖掉了。

《对外汉语教学核心语法》（杨德峰，北京大学出版社，2009）一书中，对宾语做出如下解释：一般是已知的，即是听说双方都知道或了解的。教材给出的例句如下：

例㊶　大家把她送回家了。
例㊷　姐姐把衣服都洗了。

教材中对这两句话的解释为，"她"是听说双方都知道的，"衣服"也是听说双方都知道的。这部教材也避开了对无定"把"字句的说明。

正如我们前文所提到的，随着对"把"字句研究的深入，我们越来越意识到若是对"把"字宾语过分强调"有定"，可能会对留学生习得造成困扰。当然，这并不代表我们主张"取消有定论"的看法，但我们更认为在对外汉语教材中，不能避开对无定式"把"字句的解释和说明。

我们可以思考，在"把"字句教学中是否可以使用"宾语明确性"的概念来进行教学。这里需要提出的一点是，就国际汉语教学研究而言，宾语明确性的解释似乎比"可及性"更为直观。

我们不妨从宾语属性明确性的角度重新思考"把"字句的教学。如我们对例㉕继续进行改写（表1）。

表1 对例㉕的改写

	例句	指定性	修饰语
例㉕	把一个苹果丢在地上（指某一个苹果）	无	无
改写1	把一个干净的苹果丢在地上	无	短
改写2	把一个没吃的、干净的苹果丢在地上	无	长
改写3	他手里拿着一个苹果，随后把苹果丢在地上（特定的语法位置）	有	无
改写4	把那个干净的苹果丢在地上	有	短
改写5	把那个没吃的、干净的苹果丢在地上	有	长

从表1我们不难看出，句子焦点的变化是从一个事件到宾语本身的过程。这样的方式同样强调了"处置义"的概念，但却可以更清晰地说明宾语和语义的联系。在教学中需要提一下，"焦点"这个语用学的概念具有很强的主观性。即，在没有指定宾语的情况下（改写1、改写2）或者在特定的语法位置上的时候，我们既可以把焦点看作这个事件，也可以把焦点看作宾语本身。而例㉕的焦点却只能看作一个事件，相反，改写4和改写5却只能看作宾语本身。这一点，可能会成为教学中需要注意的部分。

五、结语

本文从本体研究出发，从宾语明确性和焦点的新角度讨论"把"字句结构中"把"字宾语的性质，并通过对语言材料的描写，解释宾语明确程度和焦点指向的关系。本文得出以下结论。

第一，"把"字句中说话者想要向听话者强调的"焦点"对"把"字后面宾语属性的明确性有影响。这里我们需要再次说明，本文的焦点是指广义层面的焦点。宾语根据焦点语义指向的不同，其属性明确性也会发生变化。一般来说，当"焦点"位于宾语处，或者说话者必须进行说明时，要求在该语境中宾语的性质明确性高；当"焦点"不是宾语本身而是整个事件时，在该语境中就不要求宾语的性质明确性高。

第二，宾语的属性明确性也作用于"焦点"的指向。在既可以使用属性明确性高的宾语又可以使用属性明确性不高的宾语的句子中，宾语属性的明确性会改变句子"焦点"的指向。若在这类句子中说话者使用属性明确性高的宾语，则该句子的焦点一般为宾语本身；而说话者使用属性明确性不高的宾语时，该句子的焦点一般不是宾语本身，而是整个事件。

目前，关于现代汉语"把"字句的研究极为丰富，无论是本体研究领域还是习得研究领域，都取得了丰富的成果。特别是关于"把"字句宾语"有定"和"无定"的研究，为我们的研究提供了坚实的理论基础。本文主要关注"把"字句中宾语的使用，从"把"字句焦点的角度出发探讨宾语性质明确性的问题。遗憾的是，本文在研究和写作的过程中，还没有办法真正进行教学和实验，以至于本文大部分内容只能从本体研究的方面进行写作。即便如此，本文亦可为今后"把"字句教学提供新的思路和思考。上文提到，"把"字句宾语明确性的概念在实际教学中到底能不能教？如果能，那么"在哪个阶段教""怎么教"等就成了可以继续讨论的问题了。

参考文献：

陈平. 释汉语中与名词性成分相关的四组概念［J］. 中国语文，1987（2）：81-92.
储泽祥. 事物首现与无定式把字句的存在理据［J］. 语言研究，2010（4）：28-34.
范开泰. 汉语语用分析三题［C］//世界汉语教学学会. 第一届国际汉语教学讨论会论文选. 北京：北京语言学院出版社，1985.
傅雨贤. "把"字句与"主谓宾"句的转换及其条件［J］. 语言教学与研究，1981（1）：27-44.
郭德润. 汉语常见句型的用法［M］. 北京：新华出版社，1981.
黄伯荣，廖序东. 现代汉语［M］. 6版. 北京：高等教育出版社，2017.
金立鑫. "把"字句的句法、语义、语境特征［J］. 中国语文，1997（6）：415-423.
金立鑫. 语言研究方法导论［M］. 上海：上海外语教育出版社，2007.
刘丹青，徐烈炯. 焦点与背景、话题及汉语"连"字句［J］. 中国语文，1998（4）：243-252.
吕叔湘. 现代汉语八百词［M］. 北京：商务印书馆，1980.
吕叔湘. 中国文法要略［M］. 北京：商务印书馆，2014.
孟艳丽. 也论"把"字句的主题和焦点［J］. 解放军外国语学院学报，2000，23（3）：

44—46.

邵敬敏，赵春利. "致使把字句"和"省隐被字句"及其语用解释 [J]. 汉语学习，2005（4）：11—18.

陶红印，张伯江. 无定式把字句在近、现代汉语中的地位问题及其理论意义 [J]. 中国语文，2000（5）：433—446+479—480.

王还. 把字句和被字句 [M]. 上海：上海教育出版社，1959.

王还. "把"字句中"把"的宾语 [J]. 中国语文，1985（1）：48—51.

王力. 中国现代语法 [M]. 北京：商务印书馆，1943.

夏全胜，蒙紫妍，吴羲淼. 汉语"都"字句语义焦点的韵律表现——"都"关联句首主语的实验分析 [J]. 南开语言学刊，2019（2）：83—90.

解厚春，梁修勤. 浅谈把字句转换为无把字句的条件 [J]. 吉林师范大学学报：人文社会科学版，1989（1）：90—93.

徐杰，李英哲. 焦点和两个非线性语法范畴："否定""疑问" [J]. 中国语文，1993：81—92.

俞志强. 论把字句宾语属性明确性与句子语境的匹配 [J]. 世界汉语教学，2011（1）：32—47.

张斌. 新编现代汉语 [M]. 2版. 上海：复旦大学出版社，2008.

张伯江. 论"把"字句的句式语义 [J]. 语言研究，2000（1）：28—40.

朱庆祥. 从信息互动角度看三类把字句宾语的有定性特征 [J]. 语言科学，2019，18（4）：347—360.

作者简介：

郭昕慈，四川大学文学与新闻学院博士研究生，研究方向为国际汉语教学、跨文化研究。

陈思齐，韩国外国语大学一般大学院中语中文系博士研究生，研究方向为现代汉语语法、韩汉对比研究。

周巧，云南民族大学文学与传媒学院硕士研究生，研究方向为学生工作、现代汉语语法。

面向国际中文教育的文言文词汇排序研究初探

——基于 CRITIC 法

史惠善

清华大学人文学院

摘　要：本研究旨在面向国际中文教育的文言文词汇排序与分级，以《论语》《孟子》《左传》《战国策》为研究对象，采用客观权重赋权（Criteria Importance Through Intercriteria Correlation，CRITIC）法算出四部先秦文献中较为常见且重要的词汇。具体操作为：首先从这四部先秦文献中提取22 638个词汇，然后比较不同种类的书籍的词汇特征，一共甄选了404个常用词。在排序的过程中，本文的主要发现如下：第一，基于统计学的 CRITIC 法能够作为文言文词表构建的辅助工具；第二，词表构建还需要人为调整，例如，常用的国家名、人物名、时间词等与现代汉语意义一样的词汇应被删除，中国历史及文化相关的词汇应被收录。本文基于研究中析取的常用词，提出了面向国际中文教育的文言文词表构建及词汇教学方面的建议。

关键词：CRITIC 法；国际中文教育；文言文词汇；词表构建

A Preliminary Study on Sequencing Strategy of Ancient Chinese Vocabularies for International Chinese Language Education Based on CRITIC Method

Shi Huishan

School of Humanities, Tsinghua University

Abstract: This study included *The Analects*, *Mencius*, *Zuo Tradition*, and *Strategies of the Warring States* as its study objects, with the purpose of sequencing and categorizing the ancient Chinese vocabularies for application to International Chinese Language Education. The most frequent and significant words in the four pre-Qin classics have been identified by CRITIC (Criteria Importance Through Intercriteria Correlation) method. In this study, we retrieved 22,638 words from the four classics, analyzing the lexical features of different kinds of books in general, and subsequently selected 404 commonly used words. The main findings of this paper were as follows: (1) the statistical based CRITIC method might be applied as a supplementary tool for the construction of an ancient Chinese vocabulary list; (2) the word list remained to be adjusted in a manual way after the retrieval. For instance, some ancient words with the exact same meaning as modern Chinese, such as countries, characters, and time words, should be eliminated, and words concerning Chinese history and culture ought to be introduced. Finally, this research provided suggestions not only for the establishment of an ancient Chinese word list, but also for vocabulary teaching strategies in International Chinese Language Education.

Keywords: CRITIC; International Chinese Language Education; Ancient Chinese vocabulary; Word list construction

一、研究缘起与目的

汉语具有悠久的语言发展历史，是世界语言中最具价值的语言之一。现代汉语由古代汉语演化而来，许多现代汉语常用词汇和语法中保留着古代汉语的痕迹，因此针对古代汉语开展研究的重要性不言而喻。尤其是现代汉语书面语，通过文言文学习掌握汉语书面语的语体特征，并进行恰当的表达是留学生汉语使用真正高端的表现（李泉，2017）。为了提高留学生的书面语能力，国际中文教育无法回避文言文的教学。目前，面向国际中文教育的文言文教学标准和教学指南不足，特别是缺乏统一的学习指南——词表。为尝试解决上述问题，本文利用客观权重赋权（CRITIC，Criteria Importance Through Intercriteria Correlation）方法（简称"CRITIC法"）对文言文词汇进行排序并分级。

当前，国际中文教育的文言文教学方面的相关研究主要包括教学方法、教学策略、教材编写研究等。杨晓雯、彭婧雅（2020）分析了20世纪70年代以来出版的17部国内外留学生古代汉语教材及其研究情况，对近40年的留学生古代汉语研究教材编写中存在的问题进行了详细讨论。科学信息化和研究方法的多元化，使近10年来此领域的相关研究更加深入，如语料库建构、教材评估研究等。然而，以词汇本身为研究对象的教材研究相对缺乏。在已有研究中，对留学生的古代汉语词汇教学研究寥寥无几。邱冰、皇甫伟、朱庆之（2018）关注了古代汉语语料库建构与留学生古汉语教材客观评估方法，他们在先秦16部经典文献中提取55 647个词汇，发现学生掌握前1 000个词汇知识点，就可以覆盖16部先秦文献的66%，掌握前3 795个词汇知识点，就可以覆盖先秦16部文献的80%，这表明了常用词对文言文教学的重要性。

词表编写研究的主要研究对象是现代汉语，主要分为汉语母语者的词表研究和非汉语母语者的词表研究。根据针对非汉语母语者的《汉语国际教育用音节汉字词汇等级划分》（2010）、《国际中文教育中文水平等级标准》（2021）和针对汉语母语者的《义务教育常用词表》（2019）的制定原则，词语收录与等级划分主要参照词语频率统计、对语料库的覆盖率、书写的难易度等。具体而言，刘华、于艳群（2016）结合"分布率""频率"计算现代汉语词语的"使用率"，其分布率公式为"$D_i = t_i / T$"，频率公式为"$U_i =$

$F_i \times D_i$"（D_i 是第 i 个字的分布率，t_i 为第 i 个字的出现文本数，T 为语料总数；U_i 为第 i 个字的使用率，F_i 为第 i 个字的频率），可是这种计算方法会受到篇幅长短的影响。本文采用的 CRITIC 法不仅关注频率，而且计算各种古代文献对每个文言文词汇的权重和两者之间的相关性，以减少篇幅长短对词汇排序的影响。详细的计算方法见下文。

为了更好地推动面向国际中文教育的文言文教学，本研究对《论语》《孟子》《左传》《战国策》四部先秦经典重要文献进行了分析，并试图构建文言文词汇的等级系统，最后在此基础上，尝试提供以词汇为主的面向国际中文教育的文言文词表构建和词汇教学的策略。

二、研究对象

本研究的目标在于找出文言文常用词的等级，使非汉语母语者循序渐进地把握古代汉语词汇。研究对象是《论语》《孟子》《左传》《战国策》。我们首先将四部先秦文献文本转为 txt 格式，并根据中国台湾"中央研究院"上古汉语标记语料库的标记标准对其进行词性标注。其后，对四种文献所出现的词汇进行排序。四种先秦文献简介如表 1 所示：

表 1　四种先秦文献简介

文献名	形符	类符
《左传》	152 394	14 285
《战国策》	106 077	9 329
《论语》	13 367	2 448
《孟子》	30 606	4 358
	302 444	22 638

三、研究方法

本研究选取了由 Diakoulaki 等（1995）提出的 CRITIC 法。"权重"是某个指标相对于另一个指标的重要程度。计算"权重"是在决策时常见的一种综合评价方法，在统计软件 SPSS 里也有"CRITIC 权重"计算功能，这说明 CRITIC 法在统计学上有可信度。该方法被广泛应用于金融、经济、医疗、农业等多种学科，从而综合评价不同指标对评价对象的权重。CRITIC 法利用指标之间的强度（intensity）和冲突性（conflict）确定其权重值。指标间强度由指标之间的标准差衡量，冲突性由指标之间的相关系数衡量。具体算法步骤如下。

首先，收取现有的古汉语词语和相应的评价变量的数据，比如有第 i 个古汉语词语，第 j 个评价变量数据，形成一个数据的原矩阵：

$$\boldsymbol{X} = \begin{bmatrix} x_{11} & \cdots & x_{1j} \\ \vdots & \ddots & \vdots \\ x_{i1} & \cdots & x_{ij} \end{bmatrix}$$

第一，采用离差标准化法对各个指标进行标准化处理。

$$x_{ij} = \frac{f_{ij} - f_{j*}}{f_j^* - f_{j*}} \tag{1}$$

x_{ij} 表示标准化处理以后的取值，f_{ij} 是第 i 个待评对象的第 j 个指标，f_j^* 表示指标 j 中的最高值，f_{j*} 是指标 j 中最小值。最后得出标准化后的数据。

第二，计算每个矩阵（x_j）的标准差（σ_j），用标准差 σ_j 表示第 j 项指标的强度。

第三，计算每个指标之间的冲突性，反映出不同指标之间的相关程度。构建指标之间的相关系数矩阵 r_{ij}，该矩阵指的是指标 i 和 j 之间的相关系数。表示指标之间的冲突性的公式如下所示：

$$T_j = \sum_{i=1}^{m}(1 - r_{ij}) \tag{2}$$

第四，计算每个指标的信息量。下面公式中 T_j 为指标 i 和 j 之间的冲突性，σ_j 为第 j 个指标的强度。C_j 越大，该指标的重要性（权重）越大。

$$C_j = \sigma_j T_j \tag{3}$$

第五，计算每个指标的权重。

$$W_j = \frac{C_j}{\sum_{j=1}^{n} C_j} \tag{4}$$

第六，计算每个待评对象的分数结果，S_i 是第 i 个评价对象的最终分数。该公式如下：

$$S_i = \sum_{j=1}^{n} W_j x_{ij} \tag{5}$$

四、研究结果

（一）计算步骤及结果

本节对应用第 3 节的公式计算得出的结果进行展示及分析。指标是四部先秦文献，待评价的对象是所有的词汇，共有 22 638 个。最后生成的原始数据矩阵分别是 90 552 个（n 个词汇 $\times m$ 部文献）。

每个词汇在各种文献中出现的频率不同，这会导致综合评价结果存在偏差，因此通过公式（1）进行数据标准化。

首先，找出数据里的最大值和最小值，对原始数据进行计算，将数据的取值落到 [0，1] 区间。得到的标准化结果如表 2 所示：

表 2　出现频率标准化结果①

序号	词汇	《左传》	《战国策》	《论语》	《孟子》
1	惠公 NB1	0.00563	0.00107	0.66017	0
2	元妃 NA1	0.00188	0	1	0
3	孟子 NB1	0.00134	0	0.02507	0.24065
……					
22637	来至 VA	0	0	0	0.000813
22638	居 NA4	0	0	0	0.000813

---

① NB1 人兽名（有生）；NA1 有生名词；NI 抽象名词及衍生名词；VE 后接句宾或动词组的动作及物动词（外动子）；VA 动作不及物动词（内动）；NA4 处所词。

新汉学专栏

之后，计算得到对第 j 项指标的标准差 σ_j 为：

$\sigma_1 = 0.01916$ $\sigma_2 = 0.01549$ $\sigma_3 = 0.01281$ $\sigma_4 = 0.01532$

根据公式（2）算出的矩阵 r_{ij} 的相关系数结果如表 3 所示：

表 3 四部文献之间的相关系数结果

相关系数	《左传》	《战国策》	《论语》	《孟子》
《左传》	1	0.857893	0.749701	0.886781
《战国策》	0.857893	1	0.719237	0.885182
《论语》	0.749701	0.719237	1	0.839437
《孟子》	0.886781	0.885182	0.839437	1

计算得到各种评价指标的冲突性（T_j）、信息量（C_j）、权重（W_j）结果如表 4 所示：

表 4 基于 CRITIC 法的四部文献对词汇的权重结果

	T_j	C_j	W_j
《左传》	0.505625	0.009687	0.295081
《战国策》	0.537687	0.008329	0.253717
《论语》	0.691625	0.008859	0.269880
《孟子》	0.388600	0.005952	0.181329

应用公式（5）进行计算，得出的结果是，在四部先秦文献中较为重要的词汇（最后得到 S_i 值高于 1 的词汇）有 437 个，得分最高的词汇是"也（助词）"。前 100 个常用词如表 5 所示：

表5 基于CRITIC法的前100个常用词语[①]

词语种类	前100个常用词语（按重要度高为顺）
四部文献词语	也T、曰VE、不DC、之T、之NH、而C、以P、于P、其NH、人NA1、有VG、矣T、子NA1、者NH、则C、王NA1、为VG、乎T、可VM、使VF、无VG、必VM、秦NB3、齐NB3、所NH、楚NB3、谓VF、吾NH、是NH、君NA1、我NH、能VM、焉NH、将DD、何NH、公NA1、今NA5、与P、伐VC1、晋NB3、民NA1、师NA3、欲VK、天下NA3、国NA3、亦DL、臣NH、非DC、故C、一S、知VK、子NH、请VF、闻VK、君子NA1、其DB、礼NI、无DC、见VK、在VA、此NH、诸侯NA3、魏NB3、未DC、皆DA、乃DL、敢VM、道NI、为P、郑NB3、言NI、又DL、对VC1、夫NH、三S、十S、哉T、二S、杀VC1、宋NB3、赵NB3、至VA、问VE、得VC2、事VC1、为VC1、来VA、事NI、孟子NB1、死VH1、韩NB3、且C、从VJ、弗DC、如VG、君NH、命NI、虽C、者T、遂DL、自P

（二）常用词语分析结果

由表5可知，前100个常用词语大多是名词和动词，虚词比例也不低（32个）。其中，国家名（NB3）在《战国策》和《左传》中出现得较多，如秦、齐、楚等。与之相反，人兽名词（NB1）一般多出现在《论语》和《孟子》中，如孟子、孔子等，这也与该文献内容的特征有关联。值得关注的是，关于抽象名词及衍生名词（NI）和及物动词类（VC类）的词语，"命"在《战国策》和《左传》中频繁出现；"道、言、礼、德"都在《论语》和《孟子》中经常出现。另外，VC类词语"杀、伐"通常出现在《战国策》和《左传》中，因此，对前100个常用词语进行分析，能够看到各种文献的特有词语。

[①] A 饰词；C 连词；DA 范围副词；DB 语气副词；DC 否定副词；DD 时间副词；DF 程度副词；DG 处所状语；DH 方式副词；DJ 疑问副词；DL 关连副词；DN 名词状语；DV 动词状语；I 感叹词；NA1 有生名词；NA2 无生名词；NA3 集体名词；NA4 处所名；NA5 时间词；NB1 人兽名（有生）；NB2 事物名（无生）；NB3 国家名（集体名词）；NB4 处所名；NB5 时间名；NF 量词（单位词）；NG 方位词；NH 代词（指代词）及第一二人称尊卑称；NI 抽象名词及衍生名词；P 介词；S 数词；T 助词；U 待分析词句；VA 动作不及物动词（内动）；VC1 动作单宾动词（外动）；VC2 准动作单宾动词（准外动）；VD 动作双宾动词（外动双宾）；VE 后接句宾或动词组的动作及物动词（外动子）；VF 复杂双宾动词（外动复）；VG 分类动词；VH1 状态不及物动词（内静）；VH2 准状态不及物动词（准内静）；VI 状词（叠音而表状态之词、附词缀的词，以及连绵词有中表状态用的词）；VJ 状态及物动词（外静）；VK 后接句宾语或动词组的状态及物动词（外静子）；VM 助动词（法相动词）；VP 使成动词；动词的使动、意动及其他不及物转及物用法。

新汉学专栏

进而，通过对 437 个词语进行分析，本文不只再次确认了各种文献具有的特有词语，还发现了有些常用词语需要人工调整，这类词语可以分为五种。

第一，表示国家和人物的常用词语不必收录，如秦、孔子等。阅读先秦文献时，国家和重要人物名词（NB1 和 NB3）经常出现，可是该词汇一般指某个国家或者人物，可以采用在文章中采取添加标注的方式显示该词指的是哪一个国家和人物。

第二，与现代汉语用法相同的常用词语不必收录，如有生名词（NA1）、时间词（NA5）、方位词（NG）、数词（S）。有生名词包含人、王、父母等；时间词包含今、春、夏、秋、冬等；方位词包含先、后、外、中、上、下、内、西等；数词包含一、二、三、十等。在本文的常用词语中，所有的该类词语表示与现代汉语一样的意义。

第三，可以猜出意义的常用词不必收录，如大国、小国等。可是"小人、先王"等词语虽然可以根据现代汉语推测其意义，但是具有引申义的名词需要收录。比如，"先王"表示前代的帝王，还能表示历史上尧舜禹汤文武几个有名的帝王。

第四，与现代汉语本义相同的常用词语中，具有引申义的动词必须收录，如见、闻、来、知、死等。古汉语不仅有本义，还有引申义。例如，"见"在上古汉语中有"出现"的意义。另外，有些词语如"闻"在古汉语和现代汉语中表示"听见"，可是在现代汉语中经常表示"用鼻子嗅"。

第五，在现代汉语中保留一致的意义的常用词语中，需要收录中国历史与文化相关的词语，如仁、礼、正月、田、君子、臣、百姓、天下、诸侯等。由于这些词语具有时代性、文化性，汉语母语者可能经常使用，但是在国际中文教育中却较为罕见，例如不属于汉字文化圈国家的留学生需要学习"正月"的概念才能懂古代记录时间的方法。对于与古代的职业或身份相关的词语，比如诸侯、公、大夫、卿、令尹等，以及关于"诸子百家"的词语，如仁、礼、道等，这类词汇跟其他具有与现代汉语不同意义的常用词是文言文教育的重点词汇。

本文通过人为优化调整，甄选了比较常用的 404 个常用词语（见表 6）。《义务教育常用词表》的收词说明解释了词汇需要拥有较高的使用度和覆盖率。本研究的常用词语覆盖四部先秦文献的 53%、《左传》的 51%、《战国策》的 53%、《论语》的 59% 和《孟子》的 60%，404 个词语对所考察的文献覆盖率相当高。根据邱冰、皇甫伟、朱庆之（2018）研究，前1 000个词语覆盖了16部先秦文献的66%。本文发现了利用CRITIC法甄选的404个词汇可以平均覆盖4部文献的53%，可以说是减少了留学生对掌握文言文词汇的负担。

表6 根据CRITIC权重法的常用词语表

常用词语（404个）
之T、也T、不DC、之NH、曰VE、而C、于P、以P、其NH、有VG、为VG、使VF、矣T、必VM、者NH、无VG、将DD、则C、伐VC1、可VM、乎T、谓VF、能VM、是NH、所NH、焉NH、与P、何NH、请VF、吾NH、乃DL、故C、欲VK、诸侯NA3、子NH、为P、此NH、闻VK、杀VC1、又DL、其DB、君NH、来VA、敢VM、遂DL、亦DL、皆DA、非DC、至VA、弗DC、礼NI、在VA、天下NA3、攻VC1、对VC1、如VC1、且C、毋DC、若C、见VK、知VK、死VH1、为VC1、事NI、自P、夫NH、从VJ、命NI、入VA、取VC2、卒VH1、未DC、事VC1、归VA、得VC2、出VA、告VF、故NI、罪NI、用VC1、寡人NH、会VC1、如VG、及P、及VA、战VA、虽C、行VA、帅VC1、立VP、诸P、求VE、自DH、盟VC1、公NH、大DV、言NI、受VD、亡VH1、令VF、不如VG、救VC1、相DH、得VM、愿VK、执VC1、功NI、有C、与C、犹DD、德NI、还VA、复DD、然VH1、是以C、盟NI、与VD、奔VA、言VE、侵VC1、围VC1、失VJ、者T、可以VM、葬VC1、莫NH、因DL、朝VA、难NI、听VE、乱NI、怒VH2、善VH1、哉T、及C、召VC1、败VP、弃VC2、既DD、余NH、问VE、名NI、唯DB、获VC2、往VA、归VP、实DB、生VP、待VK、正月NA5、许VE、命VF、灭VP、曰VG、出VP、之VC1、且DD、死NI、利NI、谁NH、惧VH2、谋VE、岂DB、己NH、或NH、行VP、何以DJ、社稷NA3、逐VC1、奉VC1、辞VC1、政NI、里NF、书VC1、道NI、成VP、因VJ、致VC2、祸NI、成VH1、即VJ、役NI、而后C、逆VC1、已DD、初DD、与VK、食VC1、纳VC2、免VH1、报VE、御VC1、焉DJ、位NA4、恐VH2、信NI、城VA、合VH1、乘NA2、固DB、败VH1、尽DA、去VP、患NI、勿DC、胜VH1、田NA2、爱VH1、献VC2、义NI、力NI、退VA、志NI、反VA、聘VC2、出奔VA、举VC1、作VP、守VC1、亡VP、始DD、彼NH、甚DF、强VH1、当VK、独DA、计NI、复VP、恶VK、行NI、弑VC1、重VP、敝邑NA3、会NI、危VH1、会VC1、合VP、多DV、赋VC1、止VP、为VK、好VK、同VH1、成NI、止VA、族NA3、收VC2、观VE、舍VC1、甚VH1、久VH1、诸A、图VE、昔NA5、邑NA2、足以VM、次VA、数A、赐VD、将VC1、以为VE、说VF、于是C、称VF、生VH1、尔NH、废VP、遇VK、苟C、忘VK、弱VH1、丧NI、足VM、畏VH2、讨VE、脩VP、绝VP、再DD、交NI、患VK、疾NI、难VM、吾子NH、适VC1、过VA、破VP、凡DA、多VH1、克VC1、辞NI、击VC1、佐VF、是T、争VC1、谋NI、家NA3、割VC1、朝NA4、果DB、怨NI、忧NI、若VG、居VA、享VC2、孰NH、重VH1、反VP、立VH1、战NI、送VC1、君子NA1、君NA1、仁NI、与T、为VG、斯C、

续表6

常用词语（404 个）
予 NH、而已 T、乎 P、仁 VH1、如 C、为 VC1、犹 VG、斯 NH、夫子 NA1、以 VC1、乐 NI、臣 NA1、然后 C、善 NI、大夫 NA1、何如 VH1、邦 NA3、养 VC1、已 T、悦 VH2、立 VA、天子 NA1、思 VE、云 VE、诸 T、治 VP、圣人 NA1、色 NI、夫子 NH、学 NI、贤 VH1、百姓 NA3、去 VA、性 NI、学 VE、惟 T、然则 C、怨 VH2、文 NI、异 VH1、方 NI、乐 VH2、如之何 VH1、爱 VH1、同 VH1、昔者 NA5、仁者 NA1、敬 VH1、视 VE、作 VA、否 VH1、知 NI、过 NI、奚 NH、已 VH1、仁义 NI、禄 NI、信 VH1、仕 VA、勇 NI、正 VH1、友 VC1、生 NI、由 P、过 VH1、达 VH1、贤 NA1、恶 NI、王 VH1、由 VJ、夫 T、识 VK、卿 NA1、是故 C、公 NA1、兵 NA1、士 NA1、盟 VC1、寡君 NA1、众 NA1、太子 NA1、辞 VC1、军 NA3、夫人 NA1、令尹 NA1、书 VC1、说 VH2、上 NA1

综上所述，CRITIC 法能够为面向国际中文教育建构文言文词表奠定基础，可是最后还需要进行人工调整。在常用词分析当中，最重要的发现是词表中收录词汇的标准，该标准可以分为三类：第一，常用词表必须收录与现代汉语不同意义的文言文词汇，与现代汉语意义同样的词汇应被删除。第二，常用词表还要收录与现代汉语不同引申义的文言文词汇，特别是少用本义、多用引申义的现代汉语词汇，如"闻"。第三，常用词表需要收录中国历史及文化相关的词汇，如与古代历法、职位、身份、农耕文化等相关的词汇。另外，基于研究结果，还可以向文言文教学提出建议，教历史相关的文献时，可以更多包括国名和政治、战争等相关的名词和动词，教《论语》《孟子》等诸子百家的文献时，可以多包括人名和仁、德、礼等思想有关名词。按照各种书籍特征进行划分的常用词排序也许有助于针对性的文言文教学。

五、对面向国际中文教育的文言文词表构建的建议

目前的文言文教学研究已经证实了词汇教学对文言文教学的重要性，可是至今还没有针对非汉语母语者的文言文词汇学习的统一教学标准。通过文言文常用词语的分析，我们对面向国际中文教育的文言文词表构建上提出以下三个建议。

第一，采取与现代汉语统一的系统性的词表分级形式。本文建议参照《国际中文教育中文水平等级标准》的词汇分级系统。根据《国际中文教育

中文水平等级标准》的三等（初等、中等、高等）九级（一至九级）分级系统，本文将设置的文言文词表也分为九个等级。词语分级步骤如图1所示：

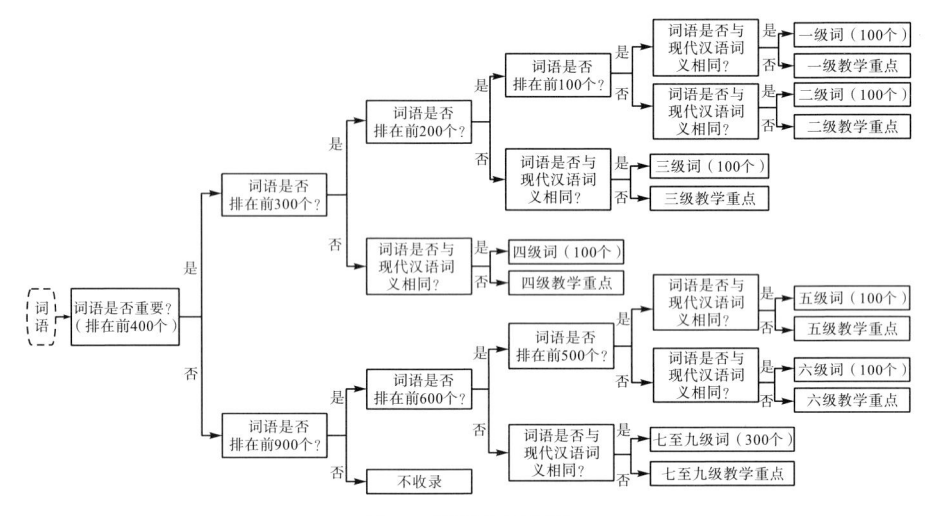

图1　词语分级步骤

第二，建议每个级别设置教学重点。教学重点是与现代汉语存在显著差异的词语，这些词语对非汉语母语者来说较为复杂。例如，古汉语"是"的指示代词用法消失，现代汉语的"是"主要做系词，"是"的教学重点包括词的本义、今义、引申义、各个用法出现的例句。

第三，建议采取"综合比较法"的学习模式。古汉语学习的难点是"一词多义"，特别是重要度高的词汇［即，计算公式（5）后 S_i 值高于1的词汇］，大部分有一个以上的义项，如"之"有动词、指示代词、人称代词、介词的用法。按照目前的留学生文言文教学，一篇文章中出现了"之"的动词用法，下面注释是"去、前往"，而另一个篇章中出现了"之"的指示代词，下面注释是"此、这"。这种教学方式可以帮助学生理解当前文章，但是容易造成学生对"之"的多种意思及其之间的联系理解得不够透彻。本文对一词多义的词汇建议用"综合比较法"，即从一个词的多种用法及例句入手，逐步习得一个多义词。① 例如，"之"有动词、指示代词、人称代词、介词的用法，不同词性和用法在教学中同时出现，参看图2的教学范例。这种教学方法可以使非汉语母语者更容易理解多义词并读懂与多义词相关的句子，进而理解整个篇幅。

```
之

动词    到（某地）去
指示代词  此，这
人称代词  他，她，它（又指复数），一般用作宾语
介词    的。


填写"之"的词性和例句意义
□    孟子梁惠王上："牛何之？"
     _____
□    诗经周南桃夭："之子于归。"
     _____
□    孟子梁惠王上："是何异於刺人而杀之？"又："以羊易至。"
□    孟子梁惠王上："王道之始也。"
```

图2 文言文常用词教学范例

---

① 这种教学方法可能会引起争议，因为这会使学生在理解并记忆文言文词汇时产生混乱。然而，针对我国高中学生的文言文多义词教学策略的研究中，管夫永（2007）在《运用综合比较法辨析文言文中的多义词》一文中总结了"综合比较法"在一线教学中教多义词的较为有效的方法。他所指的比较法是同时展示一个词语的多种词性和用法，使学生综合比较词义之间的联系和差异。与他的研究相似的有王玉秋（2017）等。Taylor（2001）也解释了多义词的不同义项之间存在的"意义链"，所以不同义项具有相似性和独立性。通过综合比较法，学生整理归纳多义词，形成连锁记忆，这有助于学生较好地习得词汇意义。所以，本文采取综合比较法，提出面向国际中文教育的文言文词汇教学方面的建议。

六、结论与余论

本研究不仅利用 CRITIC 法对四部先秦文献中的常用词进行排序，还对以后的文言文词汇的教学提出了建议。CRITIC 法可能会为面向国际中文教育的文言文教学的词汇等级词表研制提供参考。可是，本研究存在三个不足之处。第一，统计语言学本身具有限制，CRITIC 法是一个词汇排序上的辅助工具，得出的词语排序结果还需人为调整。比如，古代和现代汉语用法有巨大区别，后续词汇排序研究还要把这些重点词汇一一排列，建构更加完整的词表。第二，收集的文献不足，本研究会继续增加更多的文言文文献进行词汇排序。第三，本文还需要对 CRITIC 法与其他计算权重方法进行比较，进而选取适合面向国际中文教育的文言文词表构建工作的计算方法。

参考文献：

教育部语言文字信息管理司. 义务教育常用词表［M］. 北京：商务印书馆，2019.

管夫永. 运用综合比较法辨析文言文中的多义词［J］. 宿州教育学院学报，2007（10）：60-61.

郭望皓. 基于 CRITIC 加权赋值的汉语句子难度测定［J］. 语文学刊，2016（12）：10-12+20.

李泉. 对外汉语课程设置：总反思与再规划［J］. 语言战略研究，2017，2（2）：84-90.

刘华，于艳群. 华语作为第一语言教学的常用分级词表研制［J］. 海外华文教育，2016（5）：587-597.

邱冰，皇甫伟，朱庆之. 基于语料库的古代汉语教材预期成效评估方法及应用［J］. 中文信息学报，2018，32（6）：132-142.

王玉秋. 浅谈文言文教学中的一词多义［J］. 文学教育，2017（9）：73.

杨晓雯，彭婧雅. 20 世纪 70 年代以来留学生古代汉语教材研究综述［J］. 云南师范大学学报（对外汉语教学与研究版），2020，18（1）：23-35.

DIAKOULAKI D, MAVROTAS G, PAPAYANNAKIS L. Determining objective weights in multiple criteria problems：The critic method［J］. Computers & operations research，1995，22（7）：763-770.

TAYLOR L R. Linguistic categorization：Prototypes in linguistic theory［M］. Beijing：Foreign Language Teaching and Research Press，2001.

作者简介：
　　史惠善，清华大学人文学院博士研究生，主要研究方向为语料库语言学和国际中文教育。

中国说唱音乐的现状与发展研究[*]
——一个空间理论的视角

Simon Tom Decker

厦门大学社会与人类学院社会学系

摘　要：本文对十二位中国说唱歌手进行了访谈和问卷调查，发现中国说唱音乐面临各种情况和挑战：一是新旧两代说唱歌手出现观念差异，说唱音乐的传统和精神正在发生变化；二是商业化与保持风格存在冲突。不过，虽然中国说唱音乐的发展仍处于风格的探索阶段，但说唱歌手专注音乐的初心和互助的关系将一如既往地不断推动说唱音乐创作的发展。

关键词：说唱音乐；主流文化；亚文化；空间理论

The Current Situation of Chinese Underground Rap
—A Space Theory Perspective

Simon Tom Decker

School of Sociology and Anthropology, Xiamen University

Abstract：Through interviews and questionnaire surveys with twelve Chinese rappers, we found that there are cultural gaps between the new and old generations of rappers, and the tradition and spirit of rap seems to be increasingly unsustainable. There is conflict between maintaining an style and commercialization. However, although the development of Chinese rap music is still

---

[*] 感谢导师易林教授对笔者在本文撰写过程中给予的悉心指导。

in the exploratory stage of style, rappers' focus on music and the relationship between mutual assistance constantly promote the development of music creation as always.

Keywords：Rap music；Mainstream culture；Subculture；Theory of Space

一、引言

说唱音乐虽然早在 20 世纪 80 年代就进入了中国，不过最初一批中国本土说唱歌手出现在 20 世纪 90 年代末和 21 世纪初。说唱音乐真正出现在中国大众的视野中并引起广泛关注，是从 2017 年第一个推广说唱音乐的综艺节目《中国有嘻哈》开始的，从此中国说唱音乐进入一个新阶段，并且在短时间内经历了大起大落的复杂过程：一夜之间闯入主流文化，但又很快从主流文化中退出。如今中国说唱音乐似乎回到了原来的位置，但情况又跟以前完全不同。可以说，从说唱音乐在 20 世纪 80 年代进入中国开始，到 2017 年《中国有嘻哈》这一综艺节目将说唱音乐推向大众，中国说唱音乐表现形式和仪式的转变正反映了中国主流文化与亚文化之间的张力关系。

二、研究方法

本文对十二位中国说唱歌手进行了访谈和问卷调查。访谈和问卷调查的时间是其中 2019 年 9 月到 2020 年 1 月，包括对其中八位说唱歌手进行面对面的半结构式访谈，对其中两位说唱歌手的访谈过程进行了全程录音，对其中四位说唱歌手的访谈则是通过邮件进行。受访者基本信息如表 1 所示：

表 1 受访者基本信息表

代称	性别	出生时间	常住地	说唱年限	访谈方式
A	男	1980	北京	23	半结构式
B	男	2000	北京	2	半结构式
C	男	1999	厦门	2	半结构式
D	男	1998	福州	1	半结构式

续表1

代称	性别	出生时间	常住地	说唱年限	访谈方式
E	男	2001	上海	2	邮件问卷
F	男	1997	厦门	5	半结构式
G	男	1991	成都	10	邮件问卷
H	男	1992	重庆	7	邮件问卷
I	男	1998	福州	2	半结构式
J	男	2002	厦门	1	半结构式
K	男	1997	上海	6	邮件问卷
L	男	1999	上海	2	半结构式

本文分析访谈内容时，将2017年之后开始玩说唱的歌手称为新一代说唱歌手，将2017年之前开始玩说唱的歌手称为老一辈说唱歌手。之所以选择2017年作分水岭，是因为在这一年诞生了中国第一个说唱音乐综艺节目《中国有嘻哈》。2017年中国说唱音乐真正出现在大众的视野中并引起广泛关注，因此，这一年可以被看作中国说唱音乐的转折点。访谈的问题包括他们对自己的说唱音乐的看法、对中国说唱行业情况的看法、对《中国有嘻哈》《中国新说唱》等综艺节目的看法，以及外国说唱音乐对他们自身说唱的影响，等等。这些说唱歌手有的是直接在社交媒体上联系到的，有的是朋友推荐的，还有的是访谈过的说唱歌手推荐的。

三、空间理论视角下的说唱音乐研究

空间理论的基本思想是，人们之间的相互关系是被空间构建的，同时他们也构成了空间；社会主体的行为和身份存在于他们工作和娱乐的空间。社会主体居住在这些空间，投入不同级别的规模以及个人强度。虽然空间不是决定性的因素，但它用各种方式对人们产生影响。学者们研究空间居住和利用的社会元素，主要是受到亨利·列斐伏尔（Henry Lefebvre）提出的空间生产理论的影响。列斐伏尔提出"空间实践"的概念，旨在将空间投射到"社会实践的各个方面、要素以及时间点"（Lefebvre, 1991）。空间是被生产出来的，或者更准确地说，社会空间是一个社会的产品。被生产的空间也充当着一种思想和行为的工具,"除了作为一种生产的手段,它也是一种控制的手段"(Lefebvre,1991)。在不同的时间点,空间既是社会实践的产物,又是社会现象的动力,它是"一系列活动和一系列操作的产物"(Lefebvre,1991)。因此,空间被文化张力和冲突束缚,而文化张力和冲突在其固有的起伏波动中总是显示出空间属性。每个社会都会产生一个空间,即属于它自己的空间。

墨里·弗曼(Murray Forman)从空间形态的角度考察了说唱音乐和嘻哈文化的发展和演进。这是学术界第一次运用空间理论来研究嘻哈文化。在他看来,"Hood"(Neighborhood)这一出生与生活的空间被看成说唱音乐产生与再生产的典型要素。另外,说唱音乐的辅助媒体,包括电台广播、音乐视频、报纸杂志和嘻哈风格的电影等,都可以被看作说唱音乐再生产的重要因素。弗曼指出,说唱音乐跟当代流行音乐、民间音乐相比,更倾向于与特定的街道和街区以及其他空间。说唱艺术家的灵感来自他们出生和生活的地区,以及他们对"极端地方"的敏锐感受。这些地区是说唱艺术家构建自身空间影像的基础(Forman,2002)。特定的城市以及其中的多元空间是说唱音乐文化生产的基础,因此,说唱与表现形式有关,少数族群的青年群体通过这种表现形式来定义个人和集体身份,无论这些身份是基于理想的还是实际的空间,虚构的还是真实的地方(Forman,2002)。

四、中国说唱音乐的现状

(一)新旧两代的观念差异

自从 2017 年《中国有嘻哈》爆红,中国说唱音乐就被认为进入了一个新纪元。薛凯丽(2018)运用赫伯迪格的亚文化理论,提出嘻哈文化的抵抗性最终都会被时尚工业所整合或者商品化。对《中国有嘻哈》分析得最深入的应该是王嘉军(2018),他揭示了这一综艺节目怎样将说唱音乐进行整合,并完成去政治化和商品化的目的。说唱音乐的流行使得很多新生代的青年加入说唱音乐的领域。不过,新一代的说唱歌手更偏重的是享乐主义,并且几乎不涉及对政治和社会问题的关注。致力于宣传和发展中国说唱音乐的 Zhong.TV 音乐视频网站的创建者 Stanley Yang 表示,新时代、新种类的中国说唱音乐艺术家正在全国各地出现,很多年轻的说唱歌手来自中国的南部省份和西南部省份,例如来自成都的 Higher Brothers,他们的说唱音乐主题更多的是关于派对和寻欢作乐。① 基于对十二位说唱歌手的采访,我们可以归纳出新旧两代说唱歌手在观点上的一些差异,当然其差异不是绝对的,而是从相对意义上进行的区分。

1. 对主流说唱和地下说唱定义的不同看法

主流说唱和地下说唱的关系偶尔会很模糊,但两者之间保持密切的关系,对二者的关系可以从两个角度来理解。第一,在现代社会中,能通过大众媒体被传播开来的说唱可以被看作主流说唱,这也可以指一段时期内广泛被大众接受和喜欢的说唱。一般来说,主流说唱可采用商业化运作方式,有时称作商业说唱。相反,地下说唱或非主流说唱指未签约商业公司、在大众媒体上一般看不到的说唱。但这样理解主流说唱与地下说唱之分仅是单纯考虑专业性以及规模大小的维度。第二,从说唱风格来理解。事实上,小众关注的说唱不一定是说唱,同样大众关注的说唱也可以保持一种地下风格。无论是主流说唱还是地下说唱,都拥有很丰富的风格,主要的区别在于主流说唱更会为了让更多的人喜欢和关注而避免一些话题。相反,地下说唱被看作不以营利为目的说唱,更准确地说,不会为营利而改变自己的说唱风格。

关于对主流说唱和地下说唱的看法,根据访谈可以发现,新一代的说唱歌手和老一辈的说唱歌手有着不同的观点。总体来说,新一代的说唱歌手不认为地下说唱和主流说唱有着不可逾越的鸿沟,也不在意对它们进行界定。在问到主流说唱与地下说唱的差别时候,他们的回答是:

> 地下和主流我觉得界限在于有没有签公司,以及他的作品够不够真实、有态度……说实话我不太在意这个东西,更多我希望知道的是大家觉得我的歌好不好听,不好听的话是为什么,有没有好的优化建议。地上、地下这个东西其实现在在中国界限还蛮模糊的,所以我其实也不会特别把自己划分为哪一类(新生代说唱歌手 B)。

> 我觉得不在于主题和内容,而是在于流量,主流说唱歌手由于签约公司后,拥有更好的制作团队和宣发团队以及粉丝基础,而说唱一切得靠自己,最优秀的地下歌手也总有一天会被挖掘,走向主流,这是一个

---

① 参见视频资料 EXCLUSIVE INTERVIEW: ZHONG. TV founder 22k(杨学麟)Stanley Yang documentary by START UP TV(CHINA),https://www.youtube.com/watch?v=mJHyvYQt TXE.

规律（新生代说唱歌手D）。

其实很难有一个评判标准 这是地下还是主流。我是觉得没有太多的区别。只是那些rapper出名了之后会对自我要求更高，就不能像以前那样想说什么就说什么。要考虑到各个层面的问题。因为出名了，一点以前可能没什么的小事会放得特别大（新生代说唱歌手E）。

从新一代歌手对主流说唱和地下说唱区别的回答中可以看出，除了认为地下说唱更自由一点之外，他们对主流说唱都抱有向往和认同的态度。在问到自己是属于主流说唱还是地下说唱的时候，很多新生代的说唱歌手认为自己属于地下，因为自己实力不够，或者粉丝少、挣钱少。

我相信地下的人都会想走向主流，让更多人听到自己的歌，我也一样（新一代说唱歌手D）。

属于地下吧。一是因为自己的实力还不够。二是因为成为主流说唱很多话不能说，没那么自由（新一代说唱歌手E）。

而对于老一辈的说唱歌手而言，说唱的意义是关键的，虽然地下说唱的定义有时候比较模糊，但"地下"对他们而言是一种自我的身份认同。他们会考虑什么是说唱，以及作为一名说唱歌手意味着什么。他们认为"地下"首先是一种音乐风格，关乎态度、思想和内容，也就是说歌曲的内容和思想是最重要的，说唱可以包括政治性或者良心说唱，主要是要有对政治、社会、人生的思考，考虑自己想要代表的是什么，表达的是什么。

首先我们是从街头来的，这个就是一个很重要的一点，你没法从一个有钱人家的孩子变成一个对Hip-hop文化那么了解的一个人，但是如果你够了解街头文化的话，那你肯定明白Hip-hop是什么，然后我们并没有拿它看成一个市场。我们不会去过多地去宣传吧。

我希望更多人能听到我们的音乐，但不会为了出名而改变自己。因为我们觉得太出名会给人带来麻烦，也会影响你自己的生活。当你的生活发生变化了以后，你的音乐肯定也就会有变化（老一辈说唱歌手A）。

可以看出，中国新生代与老一辈说唱歌手之间对主流说唱和地下说唱的想法有差别，这个差别关乎说唱音乐风格的延续和发展。实际上，这个差别的出现正反映了中国社会环境的变化。新生代的说唱歌手生活在一个新的社会背景下，一方面社会环境越来越复杂，另一方面商业气息浓重，充斥着商品化、市场化的说唱音乐。老一辈说唱歌手生活的社会环境有很大的不同，当时说唱音乐在中国一直处于边缘和地下的状态，因此他们对说唱音乐有着深刻的体会和理解。

中国说唱音乐成员的个人和集体身份更会形成于宣传自己的城市或者厂牌，但这些空间因为中国说唱音乐的历史段以及厂牌的影响力还是有限，但它反映了百姓生活的各种矛盾和困惑。然而《中国有嘻哈》这一综艺节目对定义"真实"起到了决定性的作用。节目将"真实"归纳为做自己以及和平与爱，将原本西方"真实"概念中通常存在的特定空间和社会阶层做了分离，也对原本中国说唱的"真实"概念进行了限制。

2. 对《中国有嘻哈》节目的不同评价

被访谈的说唱歌手对《中国有嘻哈》这样的综艺节目的评价是复杂的。总体上，新一代说唱歌手对《中国有嘻哈》的评价是正面的，他们认为这个节目让中国说唱音乐进入大众视野，让大家了解说唱音乐，他们的工作和挣钱机会多了。

> 还蛮复杂的，对这个节目的评价有好有坏。好的那一方面是因为这个节目带火了中文说唱，关注这个音乐的人变得越来越多，身边很多做说唱的兄弟生活也过得越来越好了（新生代歌手B）。

> 是一个很好的平台。既然不能按照百花齐放的模式来推广Hip-hop，那就让小部分人先富起来带动吧。这样会有更多人喜欢，更多人了解。当然也伴随了更多优胜劣汰，这是一个固定的生存法则。这样的节目除了带来更多流量以外也会带来更多讨论，会给从业者和听众一些自己无法触及的想法和领域去学习（新生代歌手C）。

对于《中国有嘻哈》在主流平台短暂亮相后又归于沉寂，新生代歌手并不以为意。他们很少对中国说唱音乐的未来表示担心，认为说唱音乐只需要一些时间就会更被社会大众接受，而且国家和政府也会支持说唱音乐的发展。而对于《中国有嘻哈》之后甚至《中国有嘻哈》节目本身对说唱音乐的框束与收编，新一代的说唱歌手也不以为意，他们本身就非常认同说唱音乐需要是正能量的，甚至有的人认为《中国有嘻哈》这个节目所反映出来的说唱音乐还不够正能量。

> 《中国有嘻哈》坏的那一面是因为，这个节目让更多人了解到了这个音乐风格，但是更多时候是只了解了表面的东西，他们没了解到这个

音乐风格带给人的那些正能量的一面（新生代说唱歌手B）。

对一些说唱歌手来说，中国说唱音乐最重要的就是正能量，他们还提到说唱音乐需要考虑对青少年成长的影响，认为青少年需要音乐陪伴成长，因为中国独生子女的政策使得这一代青少年在生活中缺少陪伴。

> 我会更多是想去教会他们怎么做，怎么去上进去努力。这才是对的事情，这才是成熟的人应该做的事情，就是正能量的。我们是独生子女，所以我们更多需要的是陪伴。为什么我会想要帮助别人呢？因为有时候更多是因为我缺乏陪伴，那说唱音乐陪伴了我，我也希望用自己的音乐陪伴到别人（新生代说唱歌手B）。

可以看出，相对于从批判的视角指出社会存在的问题，新生代的说唱歌手更偏向用歌曲去鼓励每个个体努力学习和工作来争取获得更好的生活。在一篇CNN的采访报道中，来自长沙的说唱组合C-Block的成员大傻认为，美国的说唱音乐没有传达出好的共鸣，而是在表达愤怒。中国的说唱音乐不应该是这样的，应该给听众输入一些观念。因为中国不是美国，文化背景和游戏规则都不同。[1]

老一辈说唱歌手认为《中国有嘻哈》有害的一方面是因为这个节目只是让更多人了解说唱音乐表面的一些东西，甚至对说唱音乐产生误解。

> 现在大部分青少年接触到嘻哈是通过综艺节目。青少年很难会去接触地下，像我们之前的歌已经接触不到了，你只能找一些听过的人给你听（老一辈说唱歌手A）。

他们还认为，有关说唱音乐的综艺节目只是把文化变成市场了，但是这个市场并没有给文化带来什么。

> 文化做得越好你才会越有市场，然后你的市场应该给你的文化做出来相应的回馈或者服务，但是这些我都没有看到，他们就是马上把这个市场做起来，然后马上开始挣钱，但是他们并没有想这个文化该怎么发展，或者我们该怎么给这个文化服务（老一辈说唱歌手A）。

---

[1] Liu Marian, Hating' on hip hop: China's rap scene frustrated by crackdown, published March 29 2018, accessed October 30 2022. URL: https://edition.cnn.com/2018/03/29/asia/hip-hop-china-intl/index.html.

另外，另一位老一辈说唱歌手对《中国有嘻哈》这类综艺节目走红之后主流文化和媒体采取的遏制、框束和收编有着清醒的认识和深层的反思。值得注意的是，这种认识和反思是新一代歌手完全不具备的。

> 我们这么唱歌的时候没有人来管我们，因为这个他们觉得这个没有人知道你们，然后你们说这么点话也不会改变什么，事实上也不会改变什么。但是当有一天它发现 Hip-hop 这个文化将作为市场的时候，这样发展的时候，那这里边不好的那些东西，我一定就是我不喜欢的东西，我一定要拒绝这个（老一辈说唱歌手 G）。

(二) 风格与生存的矛盾

1. 商业化与保持风格的冲突

无论在哪儿，说唱音乐都面临着商业化的选择。《中国有嘻哈》的爆红，使中国的说唱音乐第一次得到资本和市场的垂青。有一些说唱歌手因为这一契机走向大众视野，名利双收。这使得新一代的说唱歌手都以其为榜样，以此为目标。在这一社会环境背景下，中国说唱的发展就更难延续了，因为新生代已经是完全接受商业化影响的一代。老一辈的说唱歌手自然也想成名或者挣钱，但是成名或者挣钱所要付出的代价就是难以保持原来的说唱风格，因为主流文化、媒体、资本和市场都会对说唱音乐进行严格的框束和收编。

> 目前对保持地下音乐风格来说可能会更难，有更多人来关注这个，一旦你做得好，你就会被更多人知道什么的，然后那时候你就要看你怎么选择了，我还是保持之前的样子什么，像我们现在这样，还是我也可以往前迈一步，我可以去做更多的尝试什么的那种，但是那个时候你可能就会在偏离"地下"（老一辈说唱歌手 A）。

此外，在中国，说唱歌手如果突然成名并想保持这个身份，他不会或者说不能让说唱风格继续，而只能变换为主流接受的风格。关于为什么在中国出名的说唱歌手不能让地下风格变得更有名，有人提出了自己的看法。

> 我觉得在以前，他去这个节目之前，我们合作的可能性更大一些，因为我们的环境是一样的。那他现在去了这样的节目他的环境就变了。他的公司要让他去创作的歌曲已经不一样了，对，或者他也不能再像以前似的那样唱他以前出来的那样的歌曲。去了《中国有嘻哈》以后，像

他最出名的,他之前的一些歌曲就不能再唱了。所以不可以和像我这样保持地下风格的歌手合作,如果他这么做的话,对他来说会有非常大的影响。我觉得会对他有很不好的影响,他就会考虑这个。

2. 保持风格与定义身份

对老一辈的说唱歌手而言,坚持自己,保持地下风格就很难定义自己的身份。因为说唱歌手没有签约公司,不算是艺人或者明星。而在中国,没有经济资源开自己的唱片公司的说唱歌手就很难保持地下风格,而只能按照某个唱片公司的风格方向来创造音乐。可以说,中国大陆的说唱歌手处在一个不稳定的状态之中。因此,说唱歌手需要考虑在这个新的社会环境背景下,如果不做商品化、市场化的说唱音乐,要如何开拓一条全新的生存道路。

> 我们还在定义我们在这个社会当中我们是一个什么样的人群。我们既不是这种上班的人,我们也不算是一个艺人,因为我没拿一个作为一个艺人的标准来要求我自己,我得去签公司或者我得考虑这个市场,或者我得怎么处理好我跟我粉丝的关系什么的,我们还是没在做这个。所以唯一一个能用的一个词,就是一个混,混的这个状态。(老一辈说唱歌手A)。

从访谈可知,一些中国说唱歌手因为版权的问题,与音乐平台的关系不好,或者即使协商版权问题也因为没有流量和名气而不受重视。因此说唱歌手更倾向于做实体的专辑CD,虽然这种音乐形式已经十分老派,但售卖CD既可以让一些小众的粉丝听到他们的音乐,又可以获得一点收入。虽然有些说唱歌手为了能够保持风格自己开办独立音乐工作室,比如北京丹镇、FoReal或者Undaloop,但因为资金原因能够开办这种唱片公司的人数量还是有限,其对中国的整个说唱音乐风格的影响同样是有限的。

(三) 中国说唱的发展与未来

尽管中国说唱面临风格与生存的矛盾,多元化受到了各方面的限制,但是我们还是应该考虑有关说唱的发展与未来的一些积极方面。

首先,对主流说唱音乐的推崇和对商业说唱音乐的审查,可能使中国说唱音乐的地下基础比以往更加牢固。中国说唱音乐从2017年开始流行,虽然被限制、框束和收编,但也拥有了更多的潜在受众。总部位于北京的音乐服务公司Outdustry的A&R负责人马库斯·罗兰(Marcus Rowland)表示，主流媒体不接受说唱音乐将迫使说唱歌手的注意力从通过广告活动和电视节目露面来追求名声这一方面转移开来，而将更多的精力放在流媒体平台和线下的活动中，以此来发展更广大的粉丝群体。①

其次，中国说唱音乐仍然存在于音乐节中，存在于各种演出中，仍然可以通过这些渠道推广更为多元的说唱音乐风格。虽然经历了大起大落，但是中国说唱专注自我和音乐本身的初心并没有改变。虽然缺钱是说唱歌手面临的窘境，但是挣钱却从来不是他们最关心的问题。正如说唱歌手 A 所说的：

> 我也不用在乎有多少人专门看我们来，我知道大部分人不知道我们。但是我觉得更重要的是那些就是从来没听过我们，我知道一百个人来看演出，可能只有 3 个人是冲我们来的，有 97 个人都是喜欢别人的那种，我们不用给这 3 个人演，我们也不用给那 97 个人演，我们就还是做我们自己在所有地方做的一样的事，就是我来我就是演出，我把我的演出演好，我相信今天至少会多出来两个人喜欢我们并会支持我们。而哪怕是一个我都已经非常满足。我觉得我们来音乐节演出的意义可能是在这（老一辈说唱歌手 A）。

最后，说唱一直以来都有互相帮助、互相支持的精神和传统。这一群体虽然边缘和小众，突然在大众面前爆红之后还会遭到主流意识形态的抵制，但其文化精神并不因为与主流文化不符而存在什么问题。相反，说唱歌手的精神一直都是独立又互助，并不畏权威，这一精神和传统在中国说唱领域得到最好的体现。正如说唱歌手 A 所说：

> 现在我们每次演出的时候，我们都会带我们觉得好的中国的其他的还在地下的这些人，带他们出来演出，我们就是为了让他也有这个感觉。你喜欢我们，我们也喜欢你的话，你跟我们一块来演出，观众也肯定会喜欢，他们也会通过看你在今天我们这儿演出，他会去找你自己的音乐，这样地下的 Hip-hop 可以互相帮助（老一辈说唱歌手 A）。

---

① Schwartz, Rob. Chinese Music Industry Reacts to Government's Hip-Hop Ban. Published February 5, 2018, accessed November 2, 2022. URL: https://www.billboard.com/articles/business/8098147/chinese-music-industry-china-government-hip-hop-ban.

五、结语

本文分析了中国说唱的现状和面临的挑战，展望了中国说唱的未来。基于对十二个中国说唱歌手的访谈和调查，我们可以看到被主流文化框束、重新定义、重新诠释的说唱音乐如何对中国说唱音乐的发展造成挑战。虽然采访的样本数量有限，并不能因此得出一个确定的结论，但不能不注意到，主流音乐文化、媒体、资本与市场的介入，不仅对说唱音乐的内容和形式具有重要的影响，也对说唱歌手的观念和思想产生了巨大的影响。中国说唱仍然拥有一些有利因素，可以找寻未来的出路。

参考文献：

王嘉军．《中国有嘻哈》与嘻哈的文化政治［J］．文艺研究，2018（6）：113-123.

薛凯丽．亚文化的重塑与整合：论互联网时代青年亚文化的转向——以《中国有嘻哈》为例［J］．东南传播，2018（8）：47-48.

FORMAN M. The hood comes first：Race，space，and place in rap and hip-hop［M］. Middletown：Wesleyan University Press，2002.

FORMAN M，NEAL M A. That's the joint！：The hip-hop studies reader［M］. London：Routledge，2004.

HEBDIGE D. Subculture：The meaning of style［M］. London：Routledge，1993.

LEFEBVRE H. The production of space［M］. Oxford：Basil，1991.

ROSE T. Black noise：Rap music and black culture in contemporary America［M］. London：Wesleyan，1994.

作者简介：

Simon Tom Decker，法国国籍，厦门大学社会与人类学院博士研究生，主要研究方向为中国嘻哈音乐文化。

国际汉语文化研究（第八辑）

浅谈唐诗印尼语译文中的用韵情况
——以周福源译文为例

陈衍宏

复旦大学古籍整理研究所

摘　要：中国古典诗词的印度尼西亚语译本数量不多，本文以周福源的《明月出天山·中国古代诗歌选集》为研究对象，重点分析了其中31首唐诗的用韵和词语数量，发现周福源的译文和很多其他唐诗译文相比，更加重视"音美"，不仅关注了诗歌译文的押韵，同时也考虑到了译文词数的吻合，实现了诗歌翻译的"三美"，为以后唐诗印度尼西亚语的翻译提供了有价值的参考。

关键词：唐诗；印尼语译本；韵律；比较

A Discussion about the Tang Poetry's Rhythm in Indonesian Translation: Zhou Fuyuan's Translation as an Example

Clement Tanaka

Chinese Classics Research Institute, Fudan University

Abstract: At present, there are not many Indonesian translations of classical Chinese poetry. This article focuses on Zhou Fuyuan's *Purnama di Bukit Langit*, *Antologi Puisi Tiongkok Klasik* and analyzes 31 Indonesian translations of Tang poems. Through comparing their rhyme patterns and word quantity, we found that Zhou Fuyuan's translation places more emphasis on sound beauty compared to many other Tang poetry Indonesian translations. Not only did it pay attention to the rhyme of the poetry translation, but it also took into account the best possible match in the number of words in the translation. It has achieved the "three beauties" of poetry translation, providing a reference for the future translation of Tang poetry in Indonesian.

Keywords：Tang Poetry；Indonesian translations；rhyme；comparison

一、前言

唐诗是中国古代文学的重要瑰宝，在各国文化交流日益频繁的背景下，唐诗传播极为广泛，曾被翻译为英语、法语、泰语、越南语、印度尼西亚语（简称"印尼语"）等语言。作为中国在东南亚"海上丝绸之路"的重要途经国之一，印度尼西亚（简称"印尼"）是世界上华人华侨人口最多的国家（庄国土，2008）。然而，从20世纪50年代起，印尼政府陆续颁发关于限制华人华侨在印尼各方面活动的禁令，严重阻碍了中国文化在印尼的传播与发展，中国文学作品的印尼语译本数量不多，诗歌翻译方面的作品更少。

诗歌翻译方面，印尼翻译家 S. Mundingsari 的《中华诗集》（*Himpunan Sadjak Tionghoa*，1948）收录了《诗经》以及李白、杜甫、苏轼等诗人的诗歌译文；陈冬龙（Wilson Tjandinegara）的《汉印（尼）对照·唐诗》（*Antologi Sajak Klasik Dinasti Tang （Versi Modern） Mandarin-Indonesia*，2001）收录了100首唐诗的印尼语译文；印尼诗人、翻译家戴俊德在华文月刊《呼声》上陆续发表了多首唐诗及其印尼文译文，其中包括李白的《夜宿山寺》和杜甫的《咏怀古迹》等；Liang Liji 于2005年出版印尼版《唐诗一百首》（*100 Puisi Dinasti Tang Tionghoa-Indonesia*）；周福源（Zhou Fuyuan）的《明月出天山·中国古代诗歌选集》（*Purnama di Bukit Langit-Antologi Puisi Tiongkok Klasik*）（下文简称"《明月》"）于2007年出版，总共收录了560首汉语诗、词、曲的译文，其中诗歌322首、唐诗164首。唐诗印尼语译本对唐诗在印尼的传播起到了积极作用。然而，由于唐诗译本的数量有限，针对唐诗印尼语翻译的研究并不多见。目前，关于唐诗印尼语翻译的研究主要集中在语言风格和诗歌情感因素等方面，如 Catur Wulandari 的《Yangyangtu

收集的唐诗漫画中的诗意忧郁元素》(2016)、Indah Dwi Aprilia 的《诗人李清照在周福源著〈明月出天山〉中的诗歌语言风格》(2020)等,对译文中的韵律情况研究较少。许渊冲在《翻译的艺术》(2006)中提出,诗歌翻译应当遵循"三美",分别是"意美""音美""形美"。意美指在"意似"的前提下,尽量传达诗歌原文在用词、句式上的美感;"音美"指要注意到诗歌原文的"悦耳"成分,如押韵、声调等因素的转换;"形美"指翻译者应当参考诗歌的长短及对称,达到译文的"形似"。本文将以该理论为基础,尝试探讨唐诗印尼语翻译的韵律问题。

二、《明月》中唐诗译文的韵律情况与古今音变的关系

唐诗的写作严格遵守当时的用韵规则,然而随着时间的推移,汉语语音发生了变化,因此出现了一些在唐朝时期押韵,而到了现代已不再押韵的诗歌,如:

江南逢李龟年
唐·杜甫　(押十二文；七言绝句)
岐王宅里寻常见,
崔九堂前几度闻(wén；文韵、*miuən)。
正是江南好风景,
落花时节又逢君(jūn；文韵、*kiuən)。[①]

通过观察韵脚字的古今读音,我们可以看出非常明显的变化。两个韵脚字在唐朝时期均归入"文韵",但随着时代的发展,"闻"和"君"在现在汉语语音中已经不押韵了。这种情况对周福源的翻译会产生影响吗?我们来看周福源的译文。

BERTEMU LI GUINIAN
Du Fu (712—770；*Tang*)　(押 a-a-a-a)
Dalam wisma Raja Zhi sering kali menyaksikan [an],

---

① 本文所有韵脚字的中古音值构拟均采取刘晓南(2023)《汉语音韵研究教程》中的音系构拟分析。

depan aula Tuan Cui berapa kali mendengarkan ［an］.
Panorama selatan sungai sedang indah menawan ［an］,
kala musim bunga gugur kembali bertemu Tuan ［an］.

通过对比《江南逢李龟年》的原文与译文，我们不难发现，周福源并没有受到原文在现代汉语中已不再押韵这一情况的影响，从译文中也无法看出周福源对古代汉语押韵情况的关注。可见，周福源在翻译的过程中，根据印尼的诗歌韵律，重新创造出另一种押韵系统。下文将重点探讨周福源译文的用韵和词语数量。

三、《明月》中唐诗译文的用韵和词语数量

周福源（1956—）出生于印尼中爪哇省梭罗市，是《明月》一书的编撰者。他在该书中总共翻译了560首汉语诗、词、曲，其中唐诗有164首。由于该书为绝版书，因此本研究采用《明月》网络上流传较广的版本。由于篇幅有限，笔者选取书中的31首唐诗（共40段）作为研究对象，以"一段"为"一首诗"，从"音美""形美"两个方面对周福源的唐诗译文进行分析，重点考察周福源唐诗译文的用韵和词语数量。

（一）《明月》中唐诗译文的用韵

传统的印尼古典诗词以每一行句为单位，押韵位置在每一行句末词语的最后一个音节（或元音）。根据句子与句子之间的押韵关系，印尼诗歌可以分为4类："对称"韵诗（sajak merata），韵律规则为a—a—a—a；"交替"韵诗（sajak berselang），韵律规则为a—b—a—b；"序列"韵诗（sajak berangkai），韵律规则为a—a—b—b；"夹抱"韵诗（sajak berpeluk），韵律规则为a—b—b—a。此处需要特别说明的是，四个字母分别代表四行句子，如，a（第一行句子末尾音节）—a（第二行句子末尾音节）—b（第三行句子末尾音节）—b（第四行句子末尾音节），而并非以逗号或句号为押韵单位。以"对称"韵诗和"序列"韵诗为例，a—a—a—a代表四行句子当中的最后一个音节相同（即押同韵），a—a—b—b则代表前两句和后两句分别押韵。

我们根据传统印尼诗歌的押韵特点，将《明月》中31首唐诗译文分为5种类型，具体如下。

第一类:"对称"韵诗

该类型的诗歌译文在押韵方面是最完美的,其用韵方式与印尼的"词"文体以及中国近体诗的用韵标准较为接近。尽管如此,该类型的译文大多也无法做到词语数量的平衡。在31首唐诗译文中,押a—a—a—a韵的译诗共有6首,以《渡汉江》为例:

渡汉江

唐·李频　（押十一真：五言绝句）

岭外音书绝,

经冬复立春（chūn；谆韵、*tɕʰiuen）。

近乡情更怯,

不敢问来人（rén；真韵、*nzien）。

*真、谆、臻同用。

MENGARUNGI SUNGAI HAN

Li Bin（？—876；*Tang*）　（押a—a—a—a韵）

Dari luar gunung surat suara tersekat [at'],

musim dingin musim semi melesat [at'].

Rumah mendekat rasa takut meningkat [at'],

tak berani bertanya pada yang lewat [at'].

第二类:"交替"韵诗

如前文所述,该类型的诗歌押a—b—a—b韵,在用韵方面最接近印尼"班顿"诗（pantun）的样式。在31首诗中,"交替"韵诗共有7首,如《石头城》（a—b—a—b）。

石头城

唐·刘禹锡　（押十灰：七言绝句）

山围故国周遭在,

潮打空城寂寞回（huí；灰韵、*ɣuʌi）。

淮水东边旧时月,

夜深还过女墙来（lái；哈韵、*lʌi）。

*灰、哈同用。

新汉学专栏

BENTENG BATU
Liu Yuxi（772-842；*Tang*） （押 a-b-a-b 韵）

Gunung mengitari negeri tua jejaknya masih ada [a],
ombak memukuli benteng kosong sepi pulang sendiri [i].
Di tepian timur Sungai Huai rembulan yang lama [a],
larut malam masih datang melintasi Tembok Putri [i].

第三类："序列"韵诗

押 a-a-b-b 韵的诗歌最多，共有 12 首，如《碛中作》（a-a-b-b）。

碛中作
唐·岑参　（押一先：古体诗）

走马西来欲到天（tiān；先韵、*tʰɛn），
辞家见月两回圆（yuán；仙韵、*ɣiuæn）。
今夜不知何处宿，
平沙万里绝人烟（yān；先韵、*ʔɛn）。

*先、仙同用。

TULISAN DI GURUN
Cen Can（715-770；*Tang*） （押 a-a-b-b 韵）

Kuda menapaki langit hendak jalan menuju barat [at'],
berpamit ke rumah telah dua kali bulan membulat [at'].
Malam ini belum tahu di tempat mana menginap [ap'],
ribuan kilo pasir menghampar asap manusia lenyap [ap'].

第四类："夹抱"韵诗

31 首唐诗译文中，押 a-b-b-a 韵的诗歌仅有 1 首，即《早寒江上有怀》的第二段。此外，1 首押 a-b-a-a 韵的诗歌（《十五夜望月》①）以及 3 首押 a-a-b-a 韵的诗歌（《静夜思》、《商山早行》第二段以及《乌衣巷》）与该类型诗歌特征较为接近，也应当纳入此类型。

---

① 该诗歌题目为周福源书中原文，译文内容与此相匹配。流传较广的题目当是《十五夜望月寄杜郎中》。

国际汉语文化研究（第八辑）

早寒江上有怀

唐·孟浩然 （出韵——1. 寒押十四寒；2. 端押十四寒；
3. 看押十四寒；4. 漫押十五翰：五言律诗）

乡泪客中尽，
孤帆天际看（kān；寒韵、*kʰan）。
迷津欲有问，
平海夕漫漫（mán；桓韵、*muan①）。

*寒、桓同用。

DI ATAS SUNGAI DINGIN

Meng Haoran（689-740；*Tang*）

Air mata rindu lunas dalam perantauan [an]，（押 a—b—b—a 韵）
layar terkucil memandang kaki angkasa [a].
Ketika di jalanan sesat hendak bertanya [a]，
senja meremang—remang merantai lautan [an].

第五类：其他韵诗

最后一种类型是周福源采取印尼古典诗词韵诗之外的韵律规则翻译的，从形式上看，接近中国的古体诗。31首唐诗中，该类型的诗歌有10首，其中6首为a—b—c—b韵诗（如《次北固山下》第一段、王之涣《出塞》），2首为a—a—b—b—c—d韵诗（如《月下独酌》第三段、《游子吟》），1首为a—b—a—c韵诗（《望庐山瀑布》），1首为a—b—b—b韵诗（《凉州词》）。以《望庐山瀑布》为例：

望庐山瀑布

唐·李白 （押一先：七言绝句）

日照香炉生紫烟（先韵；ʔɛn），
遥看瀑布挂前川（仙韵；tɕʰiuæn）。
飞流直下三千尺，
疑是银河落九天（先韵；tʰɛn）。

*先、仙同用。

---

① 此部分需要特别说明的是，根据平仄规则，"漫"字当取其"平声"，《广韵》中并未收该字的平声，而《集韵》中，平声二的"桓"韵的"瞒"小韵中收该字，并解释为"漫，水广大貌"。参丁度等. 集韵 [M]. 上海：上海古籍出版社，2017。

AIR TERJUN GUNUNG LU

Li Bai（701-762；*Tang*） （押 a—b—a—c 韵）

Kabut ungu bangkit surya menyorot bokor setanggi [i],
di jauh nampak air terjun bergelayut di tebing curam [am].
Terbang mengalir lurus menuruni tiga ribuan kaki [i],
sungai galaksikah yang jatuh dari langit sembilan [an]?

（二）《明月》中唐诗译文的词语数量

印尼语和汉语存在差异，印尼语的一个词语对应汉语的一个汉字。根据词语数量，本文研究的 31 首唐诗译文可以分为如下 4 种类型。

第一类：汉语字数与印尼语词数相等

该类型诗歌共 2 首，占总数的约 6.4%，分别为王之涣的《出塞》以及《十五夜望月》。以后者为例，原诗为七言绝句，译文从第一句到第四句分别为 7—7—7—7（各句为 7 个词语）。例如："中庭地白树栖鸦"翻译为"Pelataran tengah memutih gagak berdiam di dahan"，7 个汉字对应 7 个印尼语词语。

第二类：印尼语词数比汉语字数多一个

该类型诗歌数量最多，一共 22 首，占总数的约 71%。例如："巴山夜雨涨秋池"翻译为"hujan malam di Bukit Ba kembali meluapkan kolam"，7 个汉字对应 8 个印尼语词语。

第三类：印尼语词数比汉语字数多两个

该类型诗歌有 4 首，占总数的约 13%。例如："姑苏城外寒山寺"翻译为"Di luar gerbang Kota Gusu Vihara Bukit Dingin berada"，7 个汉字对应 9 个印尼语词语。

第四类：印尼语词数比汉语字数少一个

该类型诗歌有 3 首，占总数的约 9.6%。例如："举头望明月"翻译为"Tengadah menatap rembulan purnama"，5 个汉字对应 4 个印尼语词语。

我们可以看到，周福源的唐诗译文在词数方面尽量保持与原诗吻合，词数差别大多是一个词，最多不超过两个词。

四、结语

从接受美学的角度来看，文学作品的价值是由作者与读者双方共同实现的，这是因为读者接受文学作品的过程，也是对该文本的再创造过程（姚斯、霍拉勃，1987）。文学作品需要通过翻译者消化之后才能被非母语者理解。因此，文学作品的翻译不同于普通的文本翻译，不是简单地将文本材料替换成另外一种语言。文学作品的翻译工作，尤其是诗歌翻译，应当在"求真"的前提下上升到"求美"的境界（许渊冲，2000）。

由于语言的差异，中文诗歌与印尼诗歌的韵律差异明显，从现有的唐诗印尼语译文来看，大多数翻译者的翻译重点仍然是对诗歌语言及其传达情感的翻译，达到了翻译的"意美"和"形美"。周福源的翻译除了做到以上两点，还关注到了诗歌的"音美"，从上文的研究来看，其大部分诗歌都按照印尼语诗歌的押韵习惯进行了翻译，最大限度地保留了诗歌韵律的美感。韵律是唐诗的精华，使人朗读时朗朗上口，若译者能将这种语音美感带入印尼语译文，便能更好地传达诗歌原文作者的思想和感情。因此，笔者希望通过本文让更多读者了解周福源的唐诗翻译，也希望为更多翻译家提供唐诗翻译的参考。

参考文献：

陈彭年. 宋本广韵［M］. 南京：江苏凤凰出版社，2008.

丁度，等. 集韵［M］. 上海：上海古籍出版社，2017.

刘晓南. 汉语音韵研究教程［M］. 增订本. 上海：上海教育出版社，2023.

许渊冲. 翻译的艺术［M］. 北京：五洲传播出版社，2006.

许渊冲. 新世纪的新译论［J］. 中国翻译，2000（3）：3－7.

姚斯，霍拉勃. 接受美学与接受理论［M］. 沈阳：辽宁人民出版社，1987.

叶蜚声，徐通锵. 语言学刚要［M］. 北京：北京大学出版社，2010.

庄国土. 论中国人移民东南亚的四次大潮［J］. 南洋问题研究，2008（1）：69－81.

CATFORD J C. A linguistic theory on translation ［M］. London：Oxford University Press，1965.

CATUR W. Unsur Melankolis Puisi dalam Komik Puisi Dinasti Tang yang Dikumpulkan oleh Yangyangtu ［J］. Mandarin UNESA，2016，1（1）.

INDAH D A. Gaya Bahasa Puisi Penyair 李清照（Lǐ Qīngzhào）Dalam Buku "Purnama di

Bukit Langit：Antologi Puisi Tiongkok Klasik《明月出天山》" Karya 周福源（Zhōu Fúyuán）[J]. Mandarin UNESA，2020，3（1）.

MAMAN S.，WIYATMI. Puisi Indonesia [M]. Yogyakarta：Penerbit Ombak，2012.

ZHOU F Y. Purnama di Bukit Langit-Antologi Puisi Tiongkok Klasik [M]. Jakarta：Gramedia Pustaka Utama，2007.

作者简介：

陈衍宏（Clement Tanaka），复旦大学古籍整理研究所在读博士研究生（印度尼西亚来华留学生），主要研究方向为国际中文教育、传统汉语音韵学。